SELF-DIRECTED LEARNING

黄兆旦——编著

# 自驱型学习力

## 名校学子成长手记

机械工业出版社
CHINA MACHINE PRESS

本书从十六位具有代表性的名校学子以及部分家长、校长的视角，探讨了不同家庭和教育背景的学生如何拥有强大的学习力，每一篇手记分别从家庭教育、学校教育和自我成长等几个方面展开阐述，通过分享名校学子在成长过程中家长教育、亲子关系、学习动力、兴趣爱好、待人处世等方面的经验，讨论广义上的"学习力"——学什么、怎么学、为什么学，帮助广大家长读者和学生读者理解自驱型学习力的培养过程。

希望这些思考和故事激励、影响更多的年轻人！

## 图书在版编目（CIP）数据

自驱型学习力：名校学子成长手记 / 黄兆旦编著 . — 北京：机械工业出版社，2022.5
ISBN 978-7-111-70743-1

Ⅰ.①自… Ⅱ.①黄… Ⅲ.①学习方法 Ⅳ.① G442

中国版本图书馆CIP数据核字（2022）第079934号

机械工业出版社（北京市百万庄大街22号 邮政编码100037）
策划编辑：王淑花 徐曙宁　　责任编辑：王淑花 徐曙宁
责任校对：肖 琳 刘雅娜　　责任印制：刘 媛
盛通（廊坊）出版物印刷有限公司印刷

2022年8月第1版第1次印刷
148mm×210mm・9.5印张・1插页・207千字
标准书号：ISBN 978-7-111-70743-1
定价：69.80元

电话服务　　　　　　　　　　网络服务
客服电话：010-88361066　　机 工 官 网：www.cmpbook.com
　　　　　010-88379833　　机 工 官 博：weibo.com/cmp1952
　　　　　010-68326294　　金 书 网：www.golden-book.com
封底无防伪标均为盗版　　　　机工教育服务网：www.cmpedu.com

# 前言 PREFACE

小时候,老人常说"学什么不重要,关键是做什么",而我的经历真的印证了这句话。本科在北京大学学的是印度尼西亚语专业,研究生保送北京大学东南亚学研究中心,博士到美国哥伦比亚大学咬着牙学完教育学。最终,跟教育这个"成就人"的事业纠缠了近二十年,目测还会无限期继续,直到生命不允许。表面看,我从求学到职业和事业的探索路径是曲折的,但正是这种"曲折"让我认识到了教育的真实面貌——<u>受教育不是为了谋生,而是生命成长的一部分,没有终点</u>。正是这样的视角转换,让我在引导学生成人成才的过程中,更注重培养来自内在驱动的学习力,而不仅看升学这个结果。

很幸运的是,我的工作允许我跟成千上万的中外校长、老师、家长和学生近距离接触,不断实践、验证和加深对教育的思考和认知。这样的职业路径与其说是刻意选择,不如说是兴趣加偶然。我和两个姐姐在从上学到事业的转换上,都走了很长一段时间的"弯路",甚至可以说是"黑路",因为我们没有方向,也没有视野,只能靠直觉、机会,带着点乐观精神,横冲直撞,摸索前进。虽然我从一个小县城走出来，上的都是国内外的顶级名校，也有幸周游了小半个地球，但我一直处在不断学习、不断反思、不断分享的状态中，因为害怕辜负了前半生走过的珍贵的弯路。每个人都有与生俱来的天赋和使命，只是有些人更幸运，早早找到了激发自己天赋的使命，而有些人也许终生都在错位中生活。不过，绝大多数人应该像我一样，走过一段找不着北的路，最终看见了曙光，从此走上追求使命的道路。

如果说我有什么天赋的话，那就是我爱总结道理，把听到的、看到的故事结合自身成长经历和理论研究，用通俗易懂的话讲给更多的人听。因为工作原因，我经常接触到焦虑的家长，他们每每向我抱怨孩子身上的各种问题，被我总结成了"七宗罪"——缺乏目标、缺乏动力、缺乏行动、缺乏自控、缺乏毅力、缺乏逆商、缺乏自信。与此同时，我又有机会接触到一些看似"无为而治"的民主家长，他们的孩子往往动力十足，属于"自推娃"。当然，一个孩子是否成才是一个复杂的过程，并不仅取决于家长的教养方式。只是，如果一个家长陷入负能量的魔咒，那么孩子也许就会长成那个被家长不断描绘的模样，完成一个"自我实现的预言"，最终，你反复说的话变成了孩子生命中的"诅咒"。当然，反之亦然，如果你经常说积极正面的话，那也会成为现实的预言。所以，我必须想办法让家长们从焦虑的泥沼中挣脱，多听些美好的故事。

我对"学习动力来自哪里""优秀的孩子是怎样养成的""有成就且有爱心的人有什么特质"这种话题特别感兴趣。先说明一下，我理解的"优秀"和"有成就"的人，是兼具成就和德行的人。每每遇到一个有故事的人，我都会刨根问底地追问他们的成长故事。我很幸

# 前言

运,在美国留学的时候接触了来自美国各个阶层的家庭,回国后也倾听了成千上万的故事,其中有成功的、失败的,也有令人惋惜,甚至令人痛心的。我很好奇,也爱分享,曾写过一个家庭纪录片的策划案、一个聚焦教育话题的谈话节目和一个教育真人秀的方案,还联系好了美国真人秀的金牌导演,只可惜因为种种原因,这些项目都虎头蛇尾了。既然拍摄节目困难重重,我想写书是一个更容易实现的小目标。本书的初心来源于我在跟家长和学生沟通的过程中,意识到故事带给大家的力量。很多家长和孩子的改变不是靠讲道理,而是在一个个独特的活生生的故事中受到触动。我在演讲中讲了很多名人的故事和身边人的故事,最后发现,身边实实在在发生的故事是最能引起共鸣的。

于是,我买来了市面上十几本学霸成长、名校学生家庭教育方面的书,有家长写的,有学生写的。我发现大多数书都聚焦某种类型的学生,从不同的角度探讨他们如何成为学霸,细节多于总结。杰夫·布朗(Jeff Brown)在《成功者的大脑》一书中,分享了成功者大脑与众不同的八大要素,分别是自我意识、动机、专注、情绪平衡、记忆、复原力、适应性及关爱大脑等要素。这本书成稿后,我研究并分析了书中各位学生和家长的特点,发现他们几乎都拥有这八大要素。当然,考入名校并不代表他们就是最终的成功者了。但他们确实在人生以学习为主要评估准则的阶段,成为传统认知中的相对成功者。在未来的道路上,如果他们能够秉持这些已经拥有的特质,继续努力,再加上一点点运气,相信他们会保持成功。

这本书探讨不同家庭和教育背景的学生是如何拥有强大的自主学

习力的，从家庭教育、学校教育和自我成长三个方面展开阐述，讨论广义上的"学习力"——学什么、怎么学、为什么学。我希望学生们来自不同的地理区域，接受不同的教育模式：他们有的在国内接受完整的基础教育，在国内就读大学；有的选择到国外接受大学教育；有的小小年纪到国外从中学上到大学；还有的是在国外长大的华裔。总之，我们是在一群五彩缤纷的名校学子成长故事中寻找值得借鉴的共同点。我也希望学生们作为主笔，有细节有总结，有成功经验有失败故事，把自己鲜活地呈现在读者面前。

为了找到不同类型的学生，我写好了邀请函，发给近百位学生和家长，还有近三十位来自全国各地的校长，邀请他们推荐优秀学生。经过一次次的电话沟通，最终选定十六位学生，其中的五位学生家长和一位校长也参与了本书的写作。从地理区域方面说，这些学生有来自江苏、浙江、广东、上海、新疆、青海、内蒙古等省、市、自治区的，还有在美国、加拿大长大的华裔学生。他们的教育背景有传统中国公立学校、中国民办双语学校和国际学校、美国寄宿中学等。他们的家庭背景也各自不同，家长的职业有工人、农民、国企干部、企业高管、教师、民企老板等。他们中有的为了更好的教育资源，小小年龄背井离乡；有的成长在单亲重组家庭，自强不息；有的历经挫折，依然充满信心；有的凭借惊人的毅力，克服重重挑战；也有的在温室中长大，品性纯良。总之，他们会分享自己在成长过程中家长教育、亲子关系、学习动力、兴趣爱好、待人处世等方面的经验和思考。

组编策划这本书的过程给了我更多关于教育的思考。不是所有进了名校或者拥有优质教育资源的学生都愿意无私分享，因为他们有自己认为更重要的生活追求。我更理解了耶鲁大学教授威廉·德雷谢维奇（William Deresiewicz）笔下"优秀的绵羊"⊖是什么意思。也有些学生越学越焦虑、越迷茫、越功利——好不容易进了名校，认识了更多更优秀的人，却发现自己原来很普通。其实，迷茫和焦虑也是积极向上、希望自己有所作为的人一辈子要做的功课。人生没有完美的解决方案，只有阶段性的平静。人到中年的我，依然被时不时的焦虑和迷茫折磨。就像李宗盛在《凡人歌》中唱的"你我皆凡人，生在人世间；终日奔波苦，一刻不得闲；既然不是仙，难免有杂念"。只有不断地学习如何保持正念，善待自己的身体，这种焦虑和迷茫才能缓解。

在跟学生反复沟通写作和修改文章的过程中，我也意识到真正了解一个人靠几次谈话是远远不够的。在细节处、在紧急处、在高压下，才能看到一个学生真正的处事风格和能力，而这些，除了承继于父母的言传身教，也受到学生进入学校和社会后遇到的人和事的影响和反思。有的学生精益求精，反复修改自己的文章，多达十几遍，这体现了对自己和他人负责的态度；也有的中途放弃，只因写得不够完美。这都让我开始更深层地思考我为什么要编写这本书。它真的不是要给读者正确的教养和成长方式，而是给出不同的视角，希望引起大家的思考。我想要呈现的是成长的多样性，而不是完美的模板。通过

---

⊖ 《优秀的绵羊》是耶鲁教授威廉·德雷谢维奇的著作。他在美国常春藤名校执教二十四年后，写下此书。因为他感觉美国的精英教育培养出来的学生大都聪明、有天分、斗志昂扬，但同时又充满焦虑、胆小怕事，对未来一片茫然，极度缺乏目标感。他们被包裹在一个巨大的特权泡泡里，所有人都在老实巴交地向着同一个方向前进。他们非常擅长解决手头的问题，却不知道为什么要解决这些问题。

这个写作任务，我越来越明白不定期写总结的必要性。我们都在忙碌卖力地生活，阶段性地回望自己走过的路能够帮助我们明确接下来要走的路和要做的事。很感谢这些勇敢真诚的学生和家长，愿意将自己的故事一五一十地写出来。相信这个过程本身就是成长，当这些故事飞到千千万万的读者手中，激励、感化、影响他们的时候，所有的付出都会变得更有意义，这就是分享的力量。

在这本书的完成过程中，我得到了很多人的无私支持，他们是（排名不分先后）：万科双语学校顾问校长陈舒女士、浙江省浦江中学陈建浦校长、呼伦贝尔市中心城新区新海中学庞英军校长、山西汾阳中学武松校长、青海湟川中学郑颂校长、协和高级中学陈洁妮校长等。没有他们的引荐，我无法接触到这么多不同家庭背景的学生。在此，一并表示诚挚的谢意。也感谢原民办进华初中副校长王旭华女士对于部分文章的修改建议，优你教育的学生丁宁和傅楠对于英文文章的翻译、排版和修订的协助。

畅读本书，你一定会被书中生动的小故事吸引，也会发现这些学生的共性是什么。我相信每一位打开此书的人都会收获不一样的感动。愿我们在书中看见生命不同的生长形态，对教育充满信心！

黄兆旦
2021 年 10 月 6 日

# 目 录

前言

## 01 第一章
### 引言：学习力概论　　001

学习力模型　　004
学什么？　　005
怎么学？　　009
为什么学？　　016

## 02 第二章
### 原生家庭：学习力启蒙　　021

好奇好学，活出想要的人生　　022
突破舒适区，破茧成蝶　　033
被爱的教育唤醒的灵魂　　055
永远的好奇心　　072
及时当勉励　　094
只要你相信，希望就在前方　　105

## 第三章
## 校园：学习力拓展　　　　　　　119

非学霸的逆袭之旅　　　　　　　120
从县城里走出来看世界　　　　　　128
小镇不出做题家，沙漠也能开出花　　151
选择的权利，试错的勇气　　　　　　165
勇于尝试，不给自己后悔的机会　　　181

## 第四章
## 终身成长：学习力远航　　　　　　191

成就更好的自己，不止不休　　　　　192
通向麻省理工学院的旅程　　　　　　213
果壳中，成为无限宇宙之王　　　　　226
教育中求自由，有限中寻超越　　　　242
不随波逐流的倔强　　　　　　　　　256

# SELF-DIRECTED LEARNING

## 第一章

## 引言：
## 学习力概论

学习力模型
学什么？
怎么学？
为什么学？

教育，从本质上说是关于成长的探索，应该是独立于功利心和得失心之外的纯粹存在。然而，现在的教育像是一个商品，它跟家庭的经济状况有关；又像是一个附属品，被成绩、排名、考试定义；更像是一个战利品，跟荣誉和未来的社会地位关联。我们的教育资源相较过去极大丰富，足不出户也可以在弹指之间找到自己想学的课程，甚至能跟远在千里之外素昧平生的教授沟通。但是类似"鸡娃""内卷""躺平"这些体现新时代教育焦虑的词汇却层出不穷，折射出了无数家庭的无奈和挣扎。家长一方面希望说服自己坦然接受绝大多数孩子终将成为普通人的现实，另一方面又不可遏制地想要在自己的能力范围内为孩子争取尽可能多的机会。这是一个矛盾多元的时代，也是一个复杂多变的时代。

为什么我们的生活更好了，机会更多了，人却越来越焦虑了呢？一方面，科技的进步让学习变得"轻而易举"，只要想学，随时随地都可以。而恰恰是这样的便利无形中拉开了人和人之间的差距，让学习欲望不强、专注力不够的人更容易分心，在不知不觉中愉快地虚度光阴，而好奇又自律的人更容易获得知识的滋养。人与人之间的差距在于谁浪费的时间更少——你上网学习，我上网刷剧；你用手机听课，我用手机闲聊。另一方面，科技和社交媒体使我们的生活更加透明了，好的坏的真的假的消息都可以在很短的时间内传递出去。人最怕的就是比较，普遍的心理逻辑是"我家孩子不够优秀，我认；可是听说隔壁老王家的孩子都在补课，我们不能落下"。本来"别人家孩子"的故事是用来励志的，这下却成了加重焦虑的砝码。这些故事每时每刻都可以在网上刷到，甚至在你不想看的时候也会涌现到你的眼前。很多故事只是告诉你"别人家孩子"优秀的结果，而没有告知过程和原因。即使退出了热（焦）闹（虑）的家长群，信息还是会无孔不入地传到你耳中，信息时代最防不胜防的就是"消息"。于是，本来打算"偃旗息鼓"的家长们又不得不重拾战斗的勇气，加入到持久比拼的大军。所以，与其无效地逃离，不如加强自我定力，因为关注"学习"是上进的中华民族永恒的话题，重视它没有错，也不会过时，关键是我们如何更加科学理性地面对"学习"这件事。

信息闭塞的时代我们已经回不去了，既然不能屏蔽也绕不开，就让这些故事为你所用，取其精华。"别人家孩子"的背后大概率有着"别人家父母"。本书中的十几位学生的故事里都可以隐隐约约看到家长影响力的身影。这些考入名校的学生并不能保证从此功成名就，成为人生赢家，但是名校至少证明了他们在一个特定赛程的角逐中略胜一筹。一所几百年积累下来的名校品牌还是给了学生们无形但有力的背书。国内外的名校各有千秋，考核和录取机制也不尽相同。无论在哪个赛道上胜出的选手都有自己的过人之处，而超强的学习力正是他们脱颖而出的不二法门。国内高考自不必多说，中国留学生最爱去的国家如美国、英国的名校，至少 80% 的录取权重也是看成绩，所以如何有效学习是一个常议常新的话题。有所成就的人除了有"时势造英雄"的运气，基本上都是学习的强者。无论是校园学霸还是街头智慧，从本质上来说，学习是有共性、有章法的。在我看来，学习就是从不知到知、不会到会、不明到明的一个永动的状态，所以它是不断变化、永无止境的。我试着为读者提炼出一个简单的学习模型，希望对读者有所启发。

## 学习力模型

学习力是一个包罗万象的概念，也是人和动物最基本的差异之一。关于学习的科学，是在20世纪90年代初开始发展起来的，彼时认知科学、脑科学、学习设计、教育技术等受到越来越多的关注。对于一个学生学习力的评估并不仅取决于他知道多少知识，学过多少才艺，游历过多少国家，获得过多少奖励，考取过多少证书，也要看他是否知道为什么学习，如何有效学习。"为什么学习"的答案指向学习动力，"如何学习"指向学习方法，"学什么"指向知识和技能。知道自己什么不知道也同样重要。瑞·达利欧（Ray Dalio）㊀在《原则》一书中说道："不管我一生中取得了多大的成功，其主要原因却不是我知道多少事情，而是我知道在无知的情况下自己应该怎

---

㊀ 瑞·达利欧，1949年生于美国纽约皇后区杰克逊高地的一个意大利裔家庭。1975年，他在位于曼哈顿的公寓内创立了桥水基金（Bridgewater Associates，目前全球最大的对冲基金公司），现任桥水基金总裁。他的著作《原则》分享了让他从一个普通中产阶级家庭的孩子成长为我们这个时代最成功的人士之一需要遵循的原则。

做。"所以,学习绝不是拼命学习知识。通过阅读书中作者们的故事,你会发现他们兼具动力、方法和知识,在我看来他们都是拥有自驱型学习力的人。

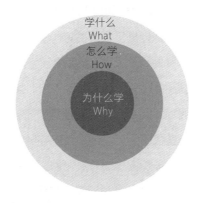

借用西蒙·斯涅克(Simon Sinek)的"黄金圈法则",我把学习力看成是三个同心圆。最中间的是"为什么学",然后是"怎么学",最外圈是"学什么"。我们最容易执行的是"学什么",虽然随着时代的变迁,学习的内容在不断更新变化,但只要"学校"这个庞大的机器依然在有条不紊地运行着,"学什么"就保持着一定的不变性。我就从外向内——剖析一下。

## 学什么?

我们往往会比较在意"学什么",因为仿佛这是最直白的,做到了就有结果,哪些要点考试会考到?哪个专业好申请大学?哪些技能和知识最容易找工作?哪些能力最不会被机器人替代?然而,知识日新月异，不断更新迭代，且总是不断在被证伪。曾经的真理很多是经不起时代变革的挑战的，在它崩盘之后又会形成新的模型。这是辩证思考和科学进步的证明。这里我把"学什么"概括为"硬实力"和"软实力"。"硬实力"在本书中指那些可以被衡量的能力，比如阅读水平、成绩、排名、竞赛、考级、证书等，就是由左脑负责的逻辑推理能力。人类的教育制度，长久以来都是为了发展左脑而设计的，因此绝大多数国家都在不断衡量学生的学术表现。那些成绩优异的人会获得更多的社会资源。然而，随着科技的发展，这些能力又恰恰是人工智能相对比较容易替代的，因为计算机拥有更快、更多、更强的运算、储存、分析和提取等能力。<u>未来的人才很注重哲科思维，就是既有理科的逻辑运算能力，又能够透过现象理解事物本质的思维能力。</u>未来学科的界限也会越来越模糊。根据北京大学元培学院副院长卢晓东对高考文理分科的渊源的说法，他认为："当初文理分科的思想基础是亚当·斯密的'社会分工论'，认为在文科和理科之间，集中精力专注其一，能提高全社会的效率。"教育是社会发展的产物，也会随着经济发展对人才的需要而改变。

所以，学习力的范畴必须包含"软实力"，或者说"素质"，那些看不见摸不着，却越来越重要的能力。"软实力"到底包含哪些能力，有各种不同的说法。有未来趋势学家丹尼尔·平克（Daniel Pink）概括的"决胜未来的六大能力"，即"三感三力"，三感分别是设计感、娱乐感、意义感，三力分别是故事力、交想力、共情力。还有美国21世纪学习联盟总结出来的最需要学习的四种能力，即批判性思维与解决问题的能力、沟通能力、团队合作力和创造与创新能力。

经过总结、提炼，在本书的学生故事中，我看到六个关键能力，简单来说就是CRM（4C+1R+1M）——连接力（Connection）、沟通力（Communication）、创造力（Creativity）、自我意识（self-Conscious）、复原力（Resilience）、驱动力（Motivation）。这些能力是对硬实力的有力补充，能够使个体更好地将所学的知识应用到现实生活中解决问题。其他的能力都不言自明，我重点讲一下"连接力""创造力"和"自我意识"。

"连接力"是指建立人与人之间联系的能力，是"社交力"的延伸。在高度关联的社会和世界，需要团队协作的地方越来越多，与他人有效沟通和合作的核心是建立连接。也就是能够理解他人的需求和特点，同时又能够得到他人的认可和欢迎，一起联手把任务完成。这种与人连接的能力绝对是一种关键能力，是机器人所无法替代的。李开复曾经说过，爱和共情才是人类的特质，人工智能是不会去爱的，因为它们没有感情和自我意识。家长可以从培养孩子的同理心和感同身受的能力入手，丰富孩子情绪的词汇，理解每种情绪背后的原因。简单一点说，就是让孩子变得有"眼力见儿"。家里的小霸王或者学校霸凌他人的孩子是看不见别人的情绪变化的，更不用说理解他人为什么会愤怒，因为他一直在自我的世界里称王称霸。书中的几位学生都提到了转换生活和学校环境后如何在陌生的环境中交朋友，如何一起去完成一些任务，这些学生都是早期连接力培养得较好。

"创造力"的核心是批判性思维，这是在这个繁杂多变的时代尤其需要的能力。它让我们在面对无聊、非议、挑战的时候能够听见自己思考的声音，从而做出自己的理性判断；能够分辨"事实"和"观点"；能够不人云亦云。这个能力的培养很大程度上取决于学生阅读的深度和广度、个人经历的多样性，以及思考的客观性。本书中清华大学的超谦同学和北京大学的仁杰同学都提到了如何在枯燥高压的学习中通过阅读找到内心的平静和头脑的极大激荡。

"自我意识"简单地说就是对自我的认知，包括对自我身体、行为、情绪、状态、思维、意志和意识的感知。有了自我意识，我们就会自我反思和纠正。《论语》中说的"吾日三省吾身"的目的，在我看来就是加强我们的自我反思意识。在日常生活中，家长可以带领孩子做定期的复盘，通过提问让孩子早早学会回顾自己的生活和行为。复盘的时候可以问三个问题，"我做得好的是什么"（keep doing）、"我需要改进的是什么"（stop doing）、"我可以新尝试的是什么"（new doing）。甚至可以加问一句"我为他人做了什么"。让反思复盘成为一种习惯，等孩子长大，就会成为其生活方式的一部分。

当然，我们在专注"学什么"的时候，要避免知其一而不知其二。美籍诺贝尔物理学奖获得者理查德·P. 费曼（Richard P. Feynman）曾经讲过一个故事，他说：一个希腊学者跑到一个不认识希腊文的国家，发现那个国家的人都在努力地学习希腊文，于是学者高兴地问大家："苏格拉底谈到真理和美之间的关系时，提出过什么主张？"结果学生们都回答不出来。学者只能换一种方式提问，"苏格拉底在第三次对话录中跟柏拉图说了什么？"一听到这个问题，学生就脱口而出，这些他们都背过。其实，苏格拉底在第三次对话录中所说的就是真理和美的关系，只是没有这么直接地表述而已。这里的问题就是，学生在学习内容本身，但是没有思考这些知识背后的引申含义,更不用说应用价值了。

再举个例子,谷歌面试员工的时候经常会问一些非常规性的问题,比如"上海每年会卖出去多少个冰激凌""你买彩票中奖的概率是多少"。这些问题考察的是被试者的思考逻辑,而不是标准答案。所以,在关注"学什么"的时候,需要思考基于现实世界的应用和一个概念举一反三的引申含义。

## 怎么学?

这是家长们最爱问的问题——怎样让孩子爱上学习?怎么学好英文?怎么说服孩子不要玩游戏?别人家的孩子是怎么培养出来的?怎么培养学习力?"How"是一个重要问题,在这个瞬息万变的时代,我们更需要学会有效的学习方法。经过大量的阅读、案例分析和访谈,以及本书中学生和家长的深度分享,我画出了下面这个图。

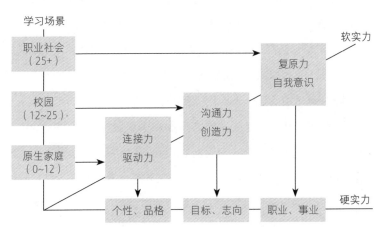

纵轴是从学习发生的场景变化（不仅是物理场景）来分类，"学习力"的培养经历了三个场景的更迭，分别是原生家庭、校园和职业社会。

在软实力的培养中，好奇心、连接力是在原生家庭就打下基础的，也是内驱力的来源。原生家庭阶段重点塑造了孩子的个性和品格，这是基石，将陪伴孩子一生。随着孩子进入学龄期，外部环境即老师、同学、朋友以及身边的资源等，会慢慢取代家庭的影响。当父母的影响力逐步下降的时候，个性和品格这些特质会决定孩子在后面两个人生场景中的很多选择和决策，比如选择跟谁交朋友，付出多少努力，追求什么等。

进入校园后，随着学科学习边界向纵深发展，竞争和压力扑面而来，在此过程中，沟通力和创造力不断得到历练。与此同时，孩子也在探索中慢慢树立自己的志向和目标。即使那些看起来毫无方向感的孩子，至少也知道自己不喜欢什么。

等孩子步入职场社会（通常在二十五岁前后），全脑发育完成，除了前面提到的软实力，自我意识和复原力会发挥更加重要的作用。作为一个成人，他们的自我觉察和主动修正纠偏的能力会越来越强。而这个时候，他们需要把前面习得的所有能力和思维都综合应用起来，在跌跌撞撞中找到自己职业和事业的定位。

所以在模型中，六个能力的培养和学习场景的改变是呈正向递增的关系。从结构上来说，学习的发生主要依靠大脑。人类的大脑在出生时，就拥有上千亿个神经元和神经网络，好比是一段段基础设施建造完成但还没有开通连接四面八方的"高速路"。而大脑的发展则完全是由后天的环境来决定的，即由这些神经元不断激活脑回路。也就是说，一个人在日常生活中跟谁互动、有什么刺激和具体体验，都将决定哪些脑回路会被激活。一旦被激活，又会衍生出不同的神经网络，就像在不断地对大脑"重新布线"。所以，孩子早期输入大脑的视觉、听觉、嗅觉、触觉等信息、互动对象和经历，在他们的大脑发育过程中起到了至关重要的作用。家长对待孩子的说话方式、孩子体验到的活动内容、父母间的相处模式等，都可能影响到孩子大脑发育的进程和结果。孩子在对他人和外界的回应中形成自己的行为和思维模式。举个例子，在孤儿院长大的孩子，因为疏于与人在语言、肢体上接触，加上居住活动环境的单一，其智商在测量时相比正常环境长大的孩子会低二三十分。长大成人后，他们有的一直没能离开孤儿院，有的只会从事一些简单的重复性的劳动。

基于大脑这样的学习机制，我们可以毫不吃惊地从书中名校生们与父母互动记忆的描述中看到共性。他们的描述中充满着生动的画面——父母说话的样子，妈妈的笑容，妈妈身上的香味，妈妈教的英文单词，等等。还有父母小时候带着他们体验的各种活动，都留下了学习的烙印。

那么问题来了，这么多事可以做，这么多人可以见，在家庭教育中到底什么才是优先级的呢？我以为第一位的是<u>让孩子感受到父母的"爱"和"信任"，这是建立美好关系的基础</u>。在几位学霸的文章中，说到家庭教育的高频词汇就是"放手"和"支持"。第二位是培养孩子爱上阅读的习惯，通过阅读拓展知识面是最表层的好处，它隐藏的好处是可以帮助孩子搭建一个横跨古今中外的"人物关系网"，培养他们同理共情的能力，同时使他们的心胸豁达。在这些孩子的成长中，无论是身处哪个城市、什么样的家庭形态，他们都有爱他们、支持他们的父母。

而父母跟孩子的互动可以简单地分成两类——知识性互动和温情性互动。前者可以很好地启发和呵护孩子的好奇心，而后者能够让孩子在无形中感受到美好关系的力量。知识性的互动方面，几乎所有人都谈到了阅读的重要性。小说、历史、哲学等，这些经过时间考验的经典拓宽了孩子们的眼界，也涤荡了他们的心灵。书中 Derek 同学写道，自从识字开始，在妈妈的熏陶下，他找到了能够陪伴自己的"挚友"——阅读。在书中，他找到了宁静的力量。他的妈妈张燕回忆说，有一次子夜两点，Derek 兴奋地给她打电话分享自己阅读德国作家黑塞的名著《悉达多》的感受，他仿佛在书中看见了自己。张燕在美国陪伴儿子 Derek 四年。她认为，与其说是自己陪伴孩子，不如说她和儿子见证了彼此的成长。她实实在在地用"身教"让孩子明白了什么是"生命不息，学习不止"。

孩子对于母亲的渴望不仅是知识，更多的是温暖。有一个很著名的恒河猴实验，因为恒河猴 94% 的基因和人类相似。英国比较心理学家哈里·哈洛（Harry Harlow）选择数十只刚出生就和母亲分开的幼猴，并为幼猴们制造了两种人造猴妈妈：一种人造猴妈妈是用柔软的绒布做成的，但是不能给猴宝宝喂奶；另一种人造猴妈妈体积与前者类似，但躯干是由铁丝弯折而成，另外还装备了哺乳装置。他把八只幼猴，放在两种人造猴妈妈身边。实验结果是，幼猴无一例外地都喜欢去找绒布猴妈妈，即使是在铁猴身上吃奶，吃完了会立刻回到绒布猴妈妈身边；受到惊吓后也会争先恐后地扑进布猴妈妈的怀抱寻求慰藉。所以"有奶便是娘"的说法并不成立。对于灵长类动物来说，爱是需要有温度、互动和玩耍的。

书中的另一位学生沈雨濛在美国著名的范德堡大学修习教育学，她笔下的妈妈特别美好：小时候她依偎着妈妈，能闻到她身上的润肤露香甜的味道；她还说自己的妈妈是大拇指妈妈，总是找机会鼓励她；妈妈的眼睛有魔力，手能制造奇迹，还能创造美的生活环境。这样的成长体验让她得出了这样的结论——良好的家庭教育是父母有发现美好的眼睛、夸赞孩子的嘴、热爱生活的心灵。

经历了种种挑战和挫折的佳琪同学写道：在我的成长经历中，我的父亲一直陪伴着我，让我这个单亲家庭的孩子更加有底气。

也有"吐槽"家长花式"坑娃"的。Brian说，他的妈妈总是在订机票的时候让他到各种神奇的地方去转机，比如俄罗斯、韩国、卡塔尔，最终培养了Brian独立、自信、有担当的能力；从小学五年级就开始出国读书的Doris，被父母安排参加了各种探险运动等。在他们的笔触中，我读到了暖暖的温度，长大后的孩子懂得了父母的一份苦心。一个温柔而坚定的家长带给孩子的，绝不仅是抚养他们长大，而是教他们更好地生活。在诸多的共性中，有一个关键词也格外重要，就是"信任"，信任孩子，让孩子自己做决定。

加拿大华裔Lilly和妈妈始终保持着平等对谈的关系。在妈妈无条件的支持下，Lilly不但成绩优异，还胸怀大志。她希望自己在美国哈佛大学肯尼迪学院完成学习后，可以更好地为气候变化做贡献。被美国斯坦福大学和麻省理工学院同时录取的美国华裔Vivian的妈妈Grace，自律而坚定，她在鼓励孩子的同时也从未放弃自我成长。所以，"孩子的起跑线是父母"这句话一点不假。

随着孩子进入学校,他们需要进入生命中第二个重大的场景。在学校里,他们遇到来自不同背景的同学、不同性格脾气喜好的老师,也开始攀爬学术的楼梯。这个阶段,学习力的习得不可避免地伴随着挑战、竞争和压力,还有各种关系的处理。Eric 同学在文章中就说道,青春期的自己会更愿意去跟朋友沟通自己的问题,他们的影响力甚至超过了自己的父母。在各种社会活动中,他结交了很多优秀的朋友,学会了沟通,也学会了在竞争中找到前进的动力。在他看来,名校的优势就是"同学和老师"。

除了人际关系变得多元,学习力的发展在这个阶段更为重要的是发展自我意识,建立自信。父母的影响力在逐渐消弭的时候,学校这个外部环境传递给学生的隐形心理暗示就变得更加重要。美国心理学家罗伯特·罗森塔尔(Robert Rosenthal)曾经做过一个实验。他带着助手们来到一所乡村小学,从一到六年级各选了三个班的学生进行一个叫"未来发展趋势"的测验。参加测验的学生占了学生总数的20%。对这十八个班的学生测验结束后,他把一份"最有发展前途者"的名单发给了校方,并叮嘱老师们要保密,免得影响实验的正确性。奇妙的是,八个月后,上了名单的那部分学生,成绩普遍有了显著的提高,性格更外向了,自信心、求知欲都变得更强了。但其实校长和学生都不知道的是,名单上的学生都是随机选的,罗森塔尔根本没有去看这个测验的成绩。然而很有意思的是,这些学生并没有得到明确的语言信息来告知他们自己是"最有发展前途"的人,只是通过老师们的情绪和态度信号就发生了变化。这个现象被称为"罗森塔尔效应"。这个实验告诉人们,"权威"的适当"信任"可以大大地激发一个人的潜能。这个效应在孩子成长的早期适用于父母，后期也适用于老师和学校。我们也更能理解为什么学生会因为喜欢或者讨厌一个老师而喜欢或者讨厌一门学科。

书中有不少学生选择走国际路线，绝大部分都是希望自己能够在一个更加宽松的环境中找到自己的潜能。而他们的故事也确实证明了环境的改变对于学生综合"学习力"的提升能带来质的变化。号称自己是一个非学霸的 Brian，在美国学习六年后，成功被美国常春藤大学之一的布朗大学录取。他说，这个逆袭得益于自己尝试了各种各样不同的活动。在尝试每个活动的时候，他又能尽力而为。也许环境的改变是外因，但是从小 Brian 父母为他打下的基础和创造的机会，也让这种蜕变成为可能。我们在书中收录了不少"少小离家"的学生案例。比如出生在新疆的刘远，通过政府支持新疆好学生的机会，一路从小镇走到了中国人民大学。还有从小学开始就离开老家江苏丹阳来到上海求学的丁宁。虽然他独自离开爸爸妈妈在外地求学，但是妈妈也没有让自己的爱留在家乡，而是竭尽所能地让自己的孩子感受到爱和支持。

环境的改变对一个人的影响是巨大的。决定从国内教育体制走上国际教育路线的张锦同学，在海外求学的过程中受到冲击的并不仅是语言能力和学习成绩，而是她意识到自己过于聚焦学习成绩而错过了很多其他的兴趣爱好。在跟优秀的同学互动的过程中，她也看到了更多的美好和自己未来的更多可能性。随着校园学习场景的转换——从上海到美国、从女校到美国排名前十的顶级名校，她一点点立志，一步步揭开自己的潜能地图。她说，成功并不是一个公式，而更多的是由身边的环境、自我的向往和所做的决定共同构成的一则故事。

## 为什么学？

我花了很大的篇幅说明了人在三个场景变化下的发展周期中是如何发展学习力的。最后，我们来聊聊"为什么学习"这个关键问题。很多孩子没有驱动力或者说学习如"小和尚念经有口无心"的原因是他们没有把"学习"这件事情当作自己的责任，认为学习是父母、老师交代的不得不完成的任务。接下来，我从大脑和客观条件两个方面来说明如何帮助孩子找到学习的驱动力。

首先，学习是一件辛苦的事情，从脑科学的角度来说，我们负责学习的大脑并不擅长思考，而是试图"避免思考"。上学做作业、考试是家常便饭，不思考是万万不行的。所以学生顶着一颗不擅长思考的大脑去上学，就自然容易找不到学习的乐趣。

大脑的使命和价值就是思考，怎么会不擅长思考呢？我们来简单还原一下思考的流程。当我们碰到一个问题需要解答或者知识点需要记住的时候，我们首先是在长期记忆中搜索答案。举个例子，我们小时候学习乘法口诀，在理解怎么计算之前，老师说"都给我记住啦，必须背得滚瓜烂熟，脱口而出"。一看到 $7 \times 8$，我们就条件反射出 56，这种情况下大脑是不需要思考的。可是，学校的关键任务就是不断挑战学生啊。当一个知识点被熟练掌握，也就是开始新知识新挑战的时候。当我们看到 $17 \times 28 = ?$ 这道题时，我们首先回忆乘法口诀，想到 $7 \times 8 = 56$，$8 + 5 = 13$；然后再算 $20 \times 17 = 340$，最后再算出乘积 476（340+136）。当然还有别的算法可以得出相同的答案。不管用哪种方法，大脑都需要工作，这是一件辛苦的事情。等我们终于学会了两位数的乘法，其他的运算和应用题又迎面扑来。难怪"学海无涯苦作舟"这句话流传这么广，因为它道出了求学的真相——学习是辛苦的，学习是无止境的。人的天性就是趋利避害，那谁会想学习呢？

哈佛大学的认知心理学博士丹尼尔·威林厄姆（Daniel Willingham）在他的畅销书《学生为什么不喜欢上学》一书中提到，大脑"不擅长"思考并不代表大脑"不喜欢"思考，人类是天生好奇的，好奇心会驱使我们去寻找新的主意和问题。要让学生爱上学校，在很大程度上取决于学校是否能让学生持续体验到学习和解决问题的愉悦感。

其次，学生没有学习驱动力的另一个重要原因是电子产品的过度使用。智能手机把互联网的答案送到了我们指尖，记忆事实变成了一种多余的事。在这个时代，信息以惊人的速度生产出来，又以惊人的速度贬值过时。人工智能把送到我们面前的信息进行个性化的过滤，一方面精准传递，另一方面也剥夺了我们探索其他当下看似"无关知识"的机会。刷过抖音和头条的人一定有这个感受——你看了什么，系统就会不断地给你推送这方面的信息，算法不理解你可能只是手滑顺便看了下，并不代表你对别的信息不感兴趣。我很认同《知识大迁移》的作者威廉·庞德斯通（William Poundstone）说的话，他说"重大的风险倒不在于互联网让我们知之甚少，或是接收到错误的信息。相反，重大的风险在于，它有可能让我们更难意识到自己对哪些事情无知"。好比"达克效应"⊖ 解释的那个用柠檬汁抹在脸上去抢银行以为自己隐身的美国最蠢的罪犯，就是越无知的人越不知道自己无

---

⊖ 达克效应指的是认知偏差，就是不知道自己不知道，还以为自己知道的都是事实。一个能力欠缺的人在认知不全的基础上得出了错误结论，但又无法正确认识到自身的不足，反而常常高估自己的能力水平，无法客观评价信息来源和他人的影响。

知,而且还错误地高估自己的能力。要把学生从电子世界"拯救"出来,最重要的是让他们跟现实世界产生连接,换句话说,让生活足够有趣。我有个学生特别爱打篮球和玩游戏、刷抖音,因为从小并没有培养起良好的学习和阅读习惯,所以他一有空就会不自觉地沉迷到电子世界里去。当我们为他安排了有趣的篮球教练后,他告诉家长其实游戏也并没有那么好玩。

再次,学生缺乏自主学习的驱动力是因为觉得学习不是自己的事,他没有自主意识。从小上学是被安排的,做作业是催出来的,考试成绩是补课补出来的,再加上生活中没有需要他出力付出的地方,任何的消费和需求都会得到满足。这样的孩子又如何能对学习有意愿,或者对生活充满好奇呢?什么事情都被照顾得好好的,即使什么都不做,也不至于饿着累着,那他努力是为什么呢?另一种情况是,什么事情自己都做不了主,说了不算,那考几分、上什么学校又怎么会是自己的事情呢?所以,我常常说学习不是一件独立的事情,它关联生活中的方方面面,甚至跟做不做家务都有关系。美国明尼苏达大学名誉教授马蒂·罗斯曼(Marty Rossmann)有一个长达二十五年的研究,追踪了四个不同年龄段的八十四名儿童,分别是学龄前儿童、十岁左右段、十五岁左右段和二十五岁左右段。通过对研究数据的分析,马蒂教授发现,三四岁开始做家务的孩子比从未在家里做家务或开始做家务较晚的孩子更容易与家人和朋友融洽相处,学习也更好。做家务有助于建立持久的掌控感、责任感和独立感,有利于孩子在学术上、情感上甚至职业上的成功。美国知名教育者,曾任斯坦福大学新生教务长,被称为美国"国宝"的朱莉·海姆斯(Julie Haims)在她的一场 TED 演讲中说道："如果孩子不洗碗，那就意味着肯定会有别人帮他们洗。这样一来，他们不但免去了家务的辛劳，也不会意识到需要有人付出汗水来为大家共同的舒适服务，也不会明白在一个家庭里，每个成员都有同样的劳动义务。"将家务作为孩子日常生活的一部分，让孩子认识到为家庭做出贡献的重要性，长大后才更有同理心，并且能独立承担任务。所以，你不会惊奇我给的建议是，想让孩子学习好，从小好好做家务，培养主人翁意识和责任心。最近，教育部发布了《义务教育劳动课程标准（2022 年版）》，对于劳动的范畴做了详细的界定，并将其分为"日常生活劳动""生产劳动"和"服务性劳动"三类。在每一个劳动范畴下，又根据不同的年级拆解为多个任务群。我国在政策层面对学生劳动的鼓励，也充分说明了劳动背后的综合效用。

其实，留学也是让孩子学会为自己做决定和负责的好机会。再腰缠万贯的家长都无法在海外庇护孩子的一切，他们不得不自己去面对各种挑战，每天都要做出选择。虽然，也有不少留学失败的案例，但是在人生成长的过程中，孩子需要一次脱离父母自由飞翔或者自由落体的机会。一直顺风顺水的环境是无法培养出能够支撑起日后现实世界的大风大浪的孩子。书中让我叹为观止的是学生们的高度反思能力和走出舒适区的勇气。从小留学澳大利亚最终以优异的成绩考取牛津大学的双胞胎姐妹，让我看到了什么是自驱力和强大的意志力。姐妹间的竞争无时不在，她们共同努力，彼此激励。还有优你教育的学生丁宁和黄毅捷的成长故事就是不断突破自己走出舒适区的励志故事，他们在成长中培养了受益终身的成长型思维。

诚然，衡量一个人是否"优秀"有很多维度，还要看我们处在哪个生长周期。我们之所以选取优秀的在读大学生来作为研究自驱型学习力的样本，是因为他们正经历青春期即将结束走向成人的关键期，三观、习惯、品行基本形成，有着鲜活的生命力，配合好的机遇和足够的努力，成就一番事业充满可能性。我们可以从在校成绩、就读大学、兴趣爱好、品行爱心、领导力等很多个维度来进行现状分析和未来预测。我们的一生就像在攀登山峰。根据《逆商》的作者保罗·史托兹（Paul Stoltz）先生的观点，我们在人生登山的过程中会遇到三类人，分别是放弃者（约占人群的10%）、扎营者（占人群的75%~80%）、攀登者（约占人群的10%）。"放弃者"很容易理解，就是在困难面前选择退出或放弃的人，他们拒绝"山峰"给予的挑战（机会）。"扎营者"接受了挑战，但是他们过着妥协让步的生活，扎营后专注让营地变得舒适，而不是持续思考如何利用资源让自己继续攀登。"攀登者"的使命是终生攀登，不管前方天气如何，他们都要排除困难前行，时刻保持紧迫感。这类人通常对于强于自己的事物怀有强烈的兴趣和斗志。虽然在攀登的过程还没有阶段性领略过一览众山小的人很容易成为放弃者或者扎营者，但是我希望通过这本书，可以让小读者们提前了解"无限风光在险峰"——你看，这些哥哥姐姐们都走过去了，而且还在继续前行。

最后，愿我们在学习的道路上永远做一个自驱前行的攀登者！

# SELF-DIRECTED LEARNING

## 第二章
## 原生家庭：学习力启蒙

好奇好学，活出想要的人生
突破舒适区，破茧成蝶
被爱的教育唤醒的灵魂
永远的好奇心
及时当勉励
只要你相信，希望就在前方

# 好奇好学,活出想要的人生

姓名:Lilly Tong
学校:麦吉尔大学(McGill University),
　　　哈佛大学(Harvard University)

**送给大家的话**

1. 想象力就是一切,它让我们提前窥见生命中即将到来的奇妙。
2. 质疑的能力是所有人类进步的基础。
3. 创造力是智慧在找乐子。

　　怎样才能活出自己想要的人生?在回答这个问题之前,我先简单地介绍一下我自己。我在北京出生,小学五年级的时候全家移民到加拿大。在多伦多上中学,在蒙特利尔的麦吉尔大学上本科,大学毕业后到多伦多从事 IT 咨询的工作。因为我没有在美国生活过,所以研究生院我选择了申请美国的大学。对我来说,读研和读本科的性质不一样。本科时我还不明白自己想要什么,是被社会或家长推着去选择某个专业;但读研是我作为成年人自己的选择,是对自己的一种投资,所以我希望自己能在选择的学校碰到很多思想与我接近的人,也能通过他们的人生经历来挑战我的思维方式。因此,我在哥伦比亚大学新闻学院和哈佛大学肯尼迪学院两所学校中，选择了哈佛大学。

我妈妈曾经是外科医生。工作之余，她会到全国各地开设"逻辑思维"课程，热心地解答大家关于生活方方面面的问题，有一群忠实的粉丝。这篇文章我主要想从四个方面来和大家分享——对于热爱的探索、家庭的教育、软实力的培养、好奇心的探究。

## 找到自己的热爱，活出想要的人生

先来说说我是怎么选择自己的热爱的。收到哥伦比亚大学新闻学院和哈佛大学肯尼迪学院（公共政策与公共管理学院）两所学校研究生录取通知书后，我纠结了许久。我从小一直喜欢写作，在做软件工程师期间，我业余时间做过自由记者，报道过多伦多选举，当时的想法是通过我的声音去赋能更多的人，改善社会。但是最后，我选择了公共政策专业，因为我发现只是把声音传递出去还不够，很多问题是政策层面的，我必须站到一个更高的平台去努力产生影响。比如说，我个人非常关注气候问题，到哈佛学习公共政策可以帮助我了解气候问题的瓶颈在哪里。大家都已经意识到气候问题很严重，但不少国家的政府却无动于衷。通过学习公共政策，我希望能够通过政策的制定，自上而下地对我们关注的社会民生问题带来改变。如果能推行一个利国利民的政策，这对改变社会更有效。从哈佛肯尼迪学院毕业后，我可能会选择去企业工作，去那些在全球有分支机构的企业，

> **黄博士**：Lilly 的选择其实是成熟的。大学生容易理想主义，一腔热血，以为无私利他、立志改变社会就一定要跟金钱、地位、影响力划清界限。其实，"商业是最大的慈善"。一件事情要可持续发展下去，需要有足够的财力和能力，而不仅是靠慈善捐赠。

通过这些企业的分支机构可以影响全球，这些企业执行政策的影响力有时候比地方政府更大。

我认为找到自己的热爱最重要的有两点。

首先，是自我认知能力，这也是最重要的。一个人要找到自己的热爱，首先要了解自己，如自己在意什么、自己的性格特质，等等。比如，对我个人来说，我了解自己关注气候问题，在意不少国家政府对于气候问题无动于衷，所以我想选择公共政策专业。

> 黄博士：这两点说简单一点就是"知己知彼"，目的是为了让自己在这个社会上有立足的价值，同时还能快乐地去实现它。我们会为了自己在意的事情废寝忘食。而找到那件值得我们为之努力的事情，需要从理解自己和认识身边的人、事、物开始。

其次，是对外界事物的认知。当你了解了自己是什么样的人，又了解了社会有什么样的问题，就可以问自己一个问题——你想通过自己的能力解决哪一个社会问题？你想如何通过自己的才华去改善这个世界？有的人可能觉得自己很有幽默感，想当一个演员给大家带来快乐，这也是改善世界的一个方法。无论是哪一个职业，都能体现它对社会的价值。

## 成长过程中，父母扮演的角色

我的妈妈是一位非常有前瞻性的女性，我的爸爸则非常传统。我身上聚集了这两个相反的特质，妈妈开阔的思维方式经常挑战我，让我变得更开阔，更有创新能力；爸爸则更多地给我传授人生的经验和知识。自驱型学习力的培养、生活力的提升、爱好的支持及以身作则，可谓是父母给我的家庭教育的四大标签。

我在两岁到四岁期间，由我的外公外婆照顾。他们非常注重启蒙教育，外公在教我认字时，他曾把汉字做成一张张卡片，让我把某个字挑出来，用游戏的方式让我在不知不觉间学习。这个过程不仅是认字的训练，更多的是对于记忆力的训练。而让孩子爱上学习的第一步，就是训练孩子的游戏力，<u>在游戏中学习，让孩子感受到学习的快乐，孩子就会爱上学习</u>。我的父母很明智地选择了让我在中国接受小学教育，我也非常感谢这一点。虽然在创造力方面的训练少一些，但为我打下了扎实的数学和语文基础。数学是一门基础学科，锻炼的是一种逻辑思维能力，将来学计算机、生物等诸多专业，数学都非常重要。而加拿大是一个多元文化的国家，这一点已经融入教育系统，在学校，不仅可以了解不同种族的文化，还可以发展各种兴趣，锻炼生活能力。例如烘焙课等有趣的课程，这些都大大拓展了我的思维边界。我认识到，学习成绩好不是优秀与否的决定因素，生活能力、独立性才是非常重要的一点。

> **黄博士**：对于还没有被教化的小孩子来说，任何学习都是游戏，任何事情都可以享受。他们会因为大人一个简单的动作咯咯笑个不停，一个故事可以重复听上好几遍，洗个苹果都乐此不疲，儿童的快乐很简单。所以，如何让孩子保持快乐学习的状态是大人必须做的关键功课，让快乐、游戏包裹学习的内核。

在七年级的时候，我们学校有缝纫课。当时我缝一个足球，不管针脚缝得好不好，我的妈妈都会赞扬我缝得好，而受到家长的鼓励是很重要的一点。很多家长会不舍得自己的宝贝做事，殊不知却是剥夺了孩子吃苦的权利和机会。我妈妈认为，一个人要身体独立、精神独立，才能够经济独立。一个独立的女性是有选择权的，不光是她的职业，也包括她的爱情、家庭，她有选择自己想过的人生方式的自由。龙应台曾给儿子写过这样一段话："儿子，我让你用功读书，不是因为我要你跟别人去比成绩，而是我希望你将来拥有选择的权利。选择有意义、有时间的工作，而不是被迫谋生。当你的工作在你的心中有了意义，那么你就有了成就感。当你的工作给你时间，不剥夺你的生活，你就有了尊严。成就感和尊严会给你带来快乐。"而独立自主的一个前提，就是有自信心。很多孩子小时候经常被父母否认，长大后对自己就会缺少信心。作为一个成年人，只有对自己有信心，才能做出自己人生中的重要决定。自信就是相信自己，但一个孩子如何在还没有形成判断力的时候去相信自己呢？首先父母要相信他，父母相信他了，他也就相信自己了。所以，母亲的鼓励、支持与相信，是培养我的自信心和独立生活能力中很重要的一环。

家长对于孩子的爱好和兴趣的支持培养在孩子成长过程中也非常重要。当孩子爱好一个东西，全身心地投入，他就不认为自己是在努力、在吃苦，他是在享受这个过程，而享受过程是成功的关键。然而当我们提到爱好的培养时，很多家长会想到如果孩子爱游戏不爱学习怎么办？我认为，打游戏不是一个问题。作为软件工程师，我身边有很多男性同事喜欢打游戏，我甚至发现，很多游戏打得好的，在计算机方面也非常精通。因为技能是相通的，比如有些游戏对玩家的策略性要求很高，擅长这类游戏的男生就有很强的解决问题的能力。

我的妈妈在培养我时从来不给予否定，她说，她从来不认为自己说的永远是对的。家长总是想让孩子跟自己想的一样，孩子要"听话"，才觉得孩子不叛逆。问题是家长说的就是对的吗？也许孩子叛逆的行为是对的呢。孩子对自己喜欢的东西就能做好。比如说，我们去打游戏，玩一会儿就不玩了，因为我们不喜欢；而有些人打游戏可以不吃饭、不睡觉、不喝水，这也是一种努力。我的母亲一直认为，家长做不到的就否定孩子的努力，这是不对的。不是所有的孩子都适合学习，学霸总是少数，就像成功的人总是少数一样。当你羡慕别人家的孩子时，可以看一看别人家的家长是什么样的，不管是学霸的家长，还是世界冠军包括电竞冠军的家长，他们都有一个特点——根本不在乎是否随大流，而只在乎我的孩子是否在这一点上成功。家长要尊重孩子的兴趣，真正用爱去理解孩子，同时适当地设定边界，和孩子达成共识。遇到问题，"疏"比"堵"有效。

以身作则，一直是我的父母在教育我时的一大指南。我认为，<u>一个优秀的人不是一个自私自利、只关心自己的人，而是一个眼里有他人、愿意为他人做事情，从而让自己获得幸福感的人</u>。帮助他人是自我实现的一种方式。大一时，物理课特别难，每次我都是班里第一个完成所有作业的，然后在班级论坛里我会帮助其他同学解答问题，以至于后来有人以为我是助教。人生怎么样才能快乐，才能有满足感？有时候快乐和满足感不是来源于自己的生活变得更好，而是通过你的帮助，让其他人的生活变得更好。我对这一点的认识其实来源于我妈妈的以身作则。她写书分享自己的故事和思想来帮助他人，并且在读者群里也经常帮助别人。在我小时候，我的妈妈也经常拉着我去帮助别人，慢慢地，我意识到大家互相帮助会让群体中的人更有参与感。这才造就了如今的我。所以，想让孩子成为什么样的人，自己必须先做到。

## 提升社交能力，从一小步开始

我小时候很在意成绩，但现在看来考试成绩没有那么重要，更重要的是对知识的应用和掌握。我们还要花更多的时间在人际关系上，我鼓励大家去交一些跟自己不一样的朋友。人在交友时都希望交到跟自己有共鸣的朋友，这当然也重要，但同时也建议大家挑战自己，去接触不同文化以及与自己背景不一样的人。接触得越多，你对社会才会更了解，世界观才会更全面，你会发现，原来这世界不止有一种活法。

在国外，学校里有专门的课程锻炼孩子的表演能力。家长要鼓励孩子锻炼自己的表达能力、表演能力以及表现自己的能力。一些内向的孩子，天生喜欢观察，不喜欢表现，家长可以尝试为孩子创造一些表现、表达的机会。有人认为，站到舞台上像明星一样举重若轻地演讲，才算是突破舒适区，其实不是的，生活中随时随地都可以演讲。中国传统教育模式主要是父母说、孩子听，什么时候可以转换一下，让孩子说、父母听呢？这可以激发孩子的表现能力。

> **黄博士：** 李开复在《AI·未来》里提到，一个人如果具备强社交能力，不太会在未来被人工智能替代。

> **黄博士：** 任何突破都从一小步开始，可能你的一小步就是今天去超市购物时跟一个陌生人打招呼，或是去食堂打饭时对工作人员说一声谢谢，从这些简单的地方开始提升自己的社交能力，不怕你做不到，就怕你不开始。

## 我对好奇心的理解和探寻

好奇心是与生俱来的本能，是我们每一个人都拥有的最大潜能。

好奇心不仅是发明创造的源泉，也是我们自我提升、不断学习的动力。我对知识的追求和热爱，来源于我的好奇心和我的想象力。我从小就喜欢幻想宇宙的奥妙、外面的世界，幻想自己是一名杂志的记者、宫廷的公主、出色的歌手、宇宙飞船的船长，等等。庆幸的是，我的父母一直很欣赏我这一点，从没有说我的想法有多么幼稚或不现实。恰恰因为我的想象力很丰富，我会经常好奇外面的世界是什么样子的。我的外公和我的父母，从小就一直鼓励我的好奇心，给我买了《十万个为什么》，还有很多谜语的书籍。长大后，随着我对这个世界的理解加深，我自然开始对更复杂的社会问题好奇，也对问题的解决方案好奇。而恰恰因为我的好奇心和想象力，我才不断地学习，不断去寻找答案，最终找到了我解决气候变化问题的决心，找到了我的职业方向以及我在这个世界上生存的价值。很多其他家长可能在孩子儿时就压抑了他们的好奇心和求知欲，这对孩子未来的发展是很致命的。

> **黄博士**：约翰·劳埃德是一名电视制作人和导演，在四十岁时就获得了终身成就奖。后来，他患上了抑郁症。为了摆脱抑郁症，他开始阅读。他顺从自己的好奇心，对什么感兴趣就读什么，经过六年的知识探寻，不但他的抑郁症得到缓解，他还推出了英国历史上最受欢迎的知识问答节目之一——QI（Quite Interesting）。他说："这世上没有比好奇心更重要或者说更奇怪的东西了。"（出自伊恩·莱斯利《好奇心》）在他看来，好奇心是人类发展的第四大驱动力。

人的好奇心是五花八门的，不可能只对学习感兴趣，但很多父母却希望孩子的注意力永远放在学习上。我就是一个典型的例子。我对数学、天文、语言、计算机都感兴趣，但同时我也对人际关系、心理学、艺术、跳舞、精神信仰等感兴趣。父母应该多多鼓励孩子对各个话题的好奇心，而不是选择性培养某些方面的好奇心，打压其他方面的好奇心。因为打压不仅限定孩子的发展，而且还压制了人本身有的好奇心和想象力。而好奇心和想象力恰恰是推动人类发展、不断自我完善的力量。父母支持孩子最好的方法，就是鼓励孩子从小去开拓他的好奇心和创造力。当一个人有了充分的好奇心，他必然会有强大的求知欲和追求真理的动力。

> 妈妈视角　**为长久计，培养受益终身的能力**
> 文 | 宋明妮（《育儿的逻辑》作者）

因为我是一个还算成功的职业女性，所以对于女性如何让自己在社会上和职场上活得快乐、有自信、有成就感，我有非常深刻的体会。于是，我在培养和教育孩子的时候，会经常思考这样的问题：我到底希望我的孩子做一个什么样的人？她应该拥有一个什么样的人生？为帮她达到这个目标，我能做些什么？

其实在我的女儿还没有出生之前，我就给自己定了一个培养孩子的目标，那就是我一定要把她培养成为一个积极、上进、快乐、自由的独立女性，让她拥有离开谁都能让自己过得快乐幸福的强者生存心态。因为我就是被这样教育长大的，也是这种教育方式的受益者。基于这样的目标，我培养教育孩子的方向就不会局限在孩子成长的某一个阶段，而是注重培养能够贯穿她整个人生的各种生活生存技能。

关于我如何教育培养出我女儿这样的"别人家孩子"的方法，我都写在《育儿的逻辑》这本书里面了。这本书从始至终都在谈我如何培养孩子的生存能力和思考能力，如何培养孩子的内驱力，如何培养孩子的人际交往能力,如何培养孩子观察生活并热爱生活的能力,如何培养孩子解决问题的能力,通过各种案例,供那些和我一样想要培养出这样孩子的家长参考。因为我认为这些才是贯穿我们人生、影响我们生活和工作质量的最大因素。正因如此,书里阐述的我的教育理念中,甚至都没有如何督促孩子学习、如何提高学习成绩和选学校、考大学等内容。

在我的教育逻辑中,只要我能做到让我的孩子拥有上述的生存技能和工作学习能力,那么大多数家长最关心的孩子的各种阶段性问题,如从小不爱学习、学习成绩不好、要不要上补习班,以及是否能考上好大学、大学毕业是否能找到好工作等,都不是问题。

大多数家长一说孩子的教育问题,都局限在孩子上大学之前,好像孩子只要考上大学,人生就可以走向完美了一样。殊不知未来的职业道路要比上大学难走得多。真正的人生是从孩子真的经济独立,离开家长,一个人工作生活才开始的。而人生过得好坏是无法用考试分数来评判的。很多人问我,如何才能让孩子具备我说的那些能力呢?父母应该怎么做呢?我的回答就是:信任你的孩子。

给孩子一个空间,让他自己往前走;

给孩子一些时间,让他自己去安排;

给孩子一个条件,让他自己去锻炼;

给孩子一些问题,让他自己去解答;

给孩子一些困难,让他自己去解决;

给孩子一个机遇,让他自己去把握;

> **黄博士**:在信任孩子这件事情上,我们经常听见家长说"我也想信任他呀,可是……"。所以,要做到真的信任自己的孩子是需要魄力、勇气和耐心的。说到底就是让他试错,而不用害怕被全盘否定。让他自己尽可能早地承担照顾自己的责任,从收拾自己的房间到背自己的书包开始。从自己做决定、自己承担后果开始。

给孩子一些冲突，让他自己去讨论；

给孩子一个对手，让他自己去竞争；

给孩子一个题目，让他自己去创新。

这段话很流行，很多家长可能都听过、看过。但是不知道有多少家长能够真正明白这些话中主要阐述的教育观点是什么。其实这段话是在对家长喊话：<u>请收起你们的控制欲，多给孩子制造各种成长的机会</u>，给他们搭建从不会到会的训练平台，并相信他们一定能学会并做到。

很多家长都做不到上面这段话提出的要求，最大的原因是不信任自己的孩子可以做到，怕孩子犯错误，从而进入一个错误思想下的恶性循环。越不信任，就越不敢放手给孩子机会；孩子被训练的机会越少，自然就越做不到；孩子越做不到，父母就越不信任。这样培养出来的孩子自然就失去了自觉性、主动性和独立性，因为他什么都不会呀。因此，家长担心的各种问题层出不穷。

而我就是严格按照上边这段话来培养自己的孩子的。我给了她足够的空间和试错机会，给了她学会自己反思、修正、自己承担责任的自主权。

目前，看着我女儿每天为了她自己的事业目标愉快地奋斗着，看着她终于成为一个经济独立、精神独立，并拥有很强社会责任感的女性，我终于可以放心地享受和我老公的二人世界了。

## 突破舒适区,破茧成蝶

姓名:丁宁(Annie Ding)
高中:上海外国语大学附属双语学校
大学:纽约大学(New York University)

**送给大家的话**

1. 要学会维持你的快乐,不断地感恩,不断地将脸朝向有光的地方。时间长了,你自然学会了和喜悦相处的诀窍。希望你一站出来,就让人能从你身上看到生命的光彩。(毕淑敏)
2. 不断地更新自己的认知,在更新认知的基础上更新自己对于生命的体验,这样的人生一定可以成为有所创造的人生。(偶然间收藏到的一句话)

我出生在江苏丹阳,爸妈都是创业者,两人一起努力经营企业二十几年。小学的时候,他们为了让我接受更好的教育,把我送到上海一所很好的私立寄宿小学——民办平和双语小学就读。在初三的时候,我选择了国际高中这条道路,计划未来到美国读大学。在准备申请海外大学的过程中,我的人生经历发生了翻天覆地的变化——从被动到主动,我一次次勇敢地突破舒适区,鼓励自己尝试每一次机会和挑战,找到自己喜欢的事和学校。妈妈说,希望我成为一个开朗、自信、有趣、有爱的人,而不是一个申请到名校的学习机器。因为学校不是终点,只是一个中转。

> **黄博士:** 成为一个有趣的人何其重要。当我们无法自由行动的时候,只有精神的丰盈才能支撑我们走过孤独的时光。

2019年到2021年，我经历了两场美国大学申请。2019年高三毕业时，我被波士顿学院（Boston College，简称BC）录取，但因一些不可抗力因素，最终我决定放弃波士顿学院，休学一年，好好体验生活和职场。当然，放弃波士顿学院意味着我需要重新经历一轮压力山大的大学申请。2021年，我被纽约大学录取。学无止境，我相信自己会继续成长。正如五年前的我会因为害怕公众演讲而错失许多荣誉称号和试错的机会，而现在的我会为了给公益组织募捐会走上街头"卖唱"。今天我跟大家分享自己的成长故事，不是因为我有多优秀，而是我相信所有孩子都有自己的成长使命，我希望用自己的故事带给大家启发。下面我将分四个主题来阐述——父母的教育、个人的阅历、坚持的力量和选择的勇气。这四个主题分别对应四句话：

1. 父母的教育就像放风筝，学会放手，一"线"相连。
2. 个人的阅历是一笔财富，我们要不断迈出舒适区，迎接新世界。
3. 坚持的力量就是勇敢尝试，善于捕捉自己的热爱。
4. 选择的勇气告诉我没有绝对"正确"的选择，每一个选择背后都蕴含着风险和机会。

## 父母的教育：学会放手，一"线"相连

学校教育从六岁开始，占了人们成长过程的一大部分比例。很多家长期望孩子从幼儿园开始就能进入很好的学校，遇到很好的老师。但是，宋庆龄女士曾说，"孩子们的性格和才能，归根结底是受到家庭、

父母，特别是母亲的影响最深。孩子长大成人以后，社会成了锻炼他们的环境。学校对年轻人的发展也起着重要的作用。但是，在一个人的身上留下不可磨灭的印记的却是家庭。"㊀ 正所谓"父母是孩子的启蒙老师"，父母的教育才是孩子一生中最重要的指南针。而我父母给予我的教育和培养，也正是我一生中最珍贵最幸运的地方。他们的教育模式可以总结为："学会放手，一线相连"。

> **黄博士：** 美国著名儿科医生兼精神分析学家唐纳德·温尼科特曾经提出一个"足够好的妈妈"这个概念，就是说没有一个妈妈是完美的，也不需要完美。而一个能够为孩子提供足够的条件，让孩子有一个良好的人生开端的妈妈已经足够好了。

我的老家在江苏的一个小城市。小学一年级时，我被独自送到上海读书，是标准的"散养"。和别的同龄孩子比起来，我确实牺牲了很多能够和爸爸妈妈在一起的时间，但我也收获了周围孩子没有的东西——优越的学习环境和独立自主的能力。从小到大，我的父母从来没有管过我的学习。在一年级时，当我拿出作业向妈妈求助时，得到的答案永远是"妈妈不会，学习是你自己的事情，而工作是妈妈的事情"。我认为，家长就应该锻炼孩子的自主学习能力，让孩子真正明白"学习是自己的事情"。

小学五年，我虽然独自在上海求学，却一直被母爱浸润着。我与妈妈虽然不在一座城市，却一直互相鼓励，共同努力，只为拥有快乐的能力，做最好的自己。自从我离开家的那一天开始，妈妈就变身成了"作家"，她每周都会给我写一封手写的家书，数年不曾间断。妈妈说，写信就像生活的一部分，给了她思考和表达情感的天地。她一

---

㊀ 出自1958年6月1日人民日报刊载的宋庆龄署名文章《在儿童节向母亲们说几句话》。

般周末写，周三我就收到了。我上一二年级认不全字的时候，妈妈用拼音代替汉字写信。妈妈的信，通过那一笔一画的拼音和汉字，加上经年累月的时间洗礼，在字里行间渗透着对我的思念、牵挂和不舍。虽然她不能时刻陪伴着我，但她的爱却无处不在。

"辫子会梳了吗？"

"脖子洗干净哦！女孩子一定要干净清爽才美丽。"

"更重要的是要每天开开心心，你笑的时候最美丽、最漂亮。要永远记得妈妈的话，不管遇到什么不开心的事，都没什么大不了的，一切都会过去，要好好地，开心每一天。"

"洗澡后一定要穿好袜子，穿好外套，妈妈不在身边，只有自己照顾好自己啊。"

"在学习上要一直努力，自己要知道学习不是爸爸妈妈的事，是自己的事，只有自己付出努力才会有好的成绩。加油哦！"

"英语单词还要继续好好背熟，只有用功，花了时间努力才会学得更好。"

分享这些我成长中的点点滴滴，是希望各位家长明白，在放手锻炼孩子独立能力时，也不要忘了随时给予爱与关怀，就像牵着风筝的那一根细线一样，让孩子自由，并健康快乐地成长。

同时，我妈妈一直秉持着"以身作则"的观念，并且真正做到了终身学习。在她的身上，我也学到了坚持、努力、积极的心态。在告诉我演讲很重要的同时，我看到她在复旦跟着北海老师学演讲，并被评为"演讲之星"；在让我去学习情商时，她先学完了七天七夜的情商讲师课程；在我学习英文时，她每天坚持背英语单词，从未间断。"以身作则"其实是让孩子努力学习的最好的教育方式。

迈入高三的关键阶段，SAT<sup>○</sup>与托福成绩至关重要，而暑假正是最好的冲刺阶段。然而，为了让这个暑假更有意义，我放弃了本来可以让 SAT 提分的机会，选择了更能让我自身成长的经历——参加纽约大学的夏校。

7月6日到机场后，我立即迎来了第一个挑战——i20 表格的遗失。i20 表格和护照是 F1 签证在过海关时必须拿出来的两件证明，而没有 i20 意味着可能无法进入美国海关。在好不容易拿到 i20 扫描件之后，我与两个大箱子、一个大书包、一个电脑包一起，奔跑穿梭在机场的不同点——托运柜台、服务中心、值班室……在经过一系列协商过后，终于，我成功办理了登机手续。

在历经十五个小时的飞行后，飞机突然开始剧烈颠簸。广播里说，十分抱歉，由于天气原因，飞机不得不迫降在华盛顿机场。落地后，我打开遮阳板，只见窗外雷电交加，下着瓢泼大雨。四个小时的等待后，换来的却是一句"今晚无法起飞，需要所有乘客先下飞机"。

凌晨三点的华盛顿杜勒斯机场冷清得可怕，来往的人流仅限我们这一架飞机的乘客。过海关时，我颤抖着手把 i20 复印件交给长得不

---

○ SAT，也称"美国高考"，是"Scholastic Assessment Test"（学术评估测试）的缩写。是由美国大学理事会（College Board）主办的一项标准化的、以笔试形式进行的高中毕业生学术能力水平考试。其成绩是世界各国高中毕业生申请美国高等教育院校入学资格及奖学金的重要学术能力参考指标。在 1926 年首次出现。

那么面善的海关叔叔，他黑着脸把我的复印件撕了，冷冷地说"以后不要再拿这种东西来假装"，说罢往旁边一丢，示意我可以离开了。我拿着被撕成两半的复印件径直往前走去，困惑着是不是就这么让我过了的同时，心里又感到委屈，一个人坐在等行李旁边的椅子上哭了起来。虽然我知道在没有 i20 原件的情况下进入美国已是巨大的幸运了，但这是我第一次自己一个人坐国际航班，却遭遇 i20 表格没带、飞机迫降这些问题。要说我的爸爸妈妈不担心那是不可能的，但是他们没有一秒后悔过让我一个人去经历这些困难。所以，爸爸妈妈们真的应该放手让孩子们去经历，不管是困难、委屈，还是历练，这些都会成为孩子一生中难得的财富。

## 个人的阅历：迈出舒适区，迎接新世界

　　突破舒适区，挑战自己，可谓是我从初中毕业后五年以来的"人生信条"。曾经的我永远躲在人群中，躲在自己那狭小的舒适区内，最好不要被人看见。公众演讲、一个人去陌生的环境参加活动、竞选学生会干部等，对我来说都是不可能的事情。我一步一步突破，从英文演讲比赛到竞选学生会干部，每个挑战都让我的舒适区变得越来越大。当然，每一次的突破，对我来说都经历了不可遏制的紧张和不知所措，结果也是既有挫折也有失败。经过五年的历练，现在的我已经能够很轻松地应对多数大场合，虽然依旧会紧张，但都不足以让我后退。接下来，分享几个我的突破小故事。

　　2017 年夏天，我应对完初三艰苦的一模考试后，被安排去参加

一场英文演讲比赛。我的英文从小学到初中，一直都不是太好，当时我也没有国际学校强调的"突破舒适区"的勇气。那时候，我还是个唯唯诺诺的胆怯女孩——走路永远低着头、内八字，上课不敢举手发言。当年的我宁可放弃浦东新区三好学生的荣誉，也不愿意在六七个老师面前介绍自己。然而，想要在国际学校生存，我必须改变。

于是，我说服自己参加演讲比赛。认认真真改了一遍又一遍演讲稿，一次次在家里对着镜子彩排。虽然那一天具体的比赛情况在我脑海里已经模糊，但令我印象深刻的是：我站到了舞台上，对着台下六位评委、两台摄像机和后面五六十位观众，我拿着稿子的手一直在颤抖。我尽量将音量提高，来掩盖我颤抖的声音。糟糕的是，演讲到一半时，我忘词了，但我尽量表现得淡定，用临场编出的内容结束了我的演讲。那一次的发挥并不完美，但没有关系，我收获了大家的掌声和肯定。我到现在仍然清楚地记得，在下台后，我在心里暗暗发誓，下一次我能做得更好。这是我第一次挑战自我的经历，从那之后，我迎来了一次又一次的突破。其实，我想和各位学生以及家长说，留学需要准备的并不是只有托福、SAT、AP（Advanced Placement，简称AP课程）⊖ 等成绩，更重要的是培养孩子的软实力。**要一直尝试突破自己，不要总是和自己说"我不行，我做不到"**。当持续给自己负

---

⊖ AP课程是由美国大学理事会（The College Board）在高中阶段开设的具有大学水平的课程，主要适合学有余力的高中生提前修一些大学难度的课程。AP课程共有三十八门学科，分为七大类，分别为艺术类、英语类、历史与社会科学类、数学与计算机科学类、自然科学类、世界语言与文学类，以及顶石（指本科生教育最后阶段所开设的，能够进一步增强学生在本科期间所学知识的"整体结构力"的课程）文凭项目类。

能量的心理暗示时，你会发现，突破自己真的很难。相反，要告诉自己，下一次我一定能更好，别人可以，我为什么不可以呢？从而抓住每一个能够锻炼自己的机会，好好练习，一定会有所进步。

2018年夏天，我迎来了第二个超越预期的挑战——参加加州大学圣地亚哥大学主办的暑期项目"全球青年领导力峰会"。来自二十多个国家的六百多名青少年参加了这次活动，而我是仅有的三位中国学生之一。刚开始的两天，我很孤单，很难交到朋友。我遭遇了语言障碍和严重的文化冲击。我在日记中写道："我被无助笼罩着。两天好似两个月一样漫长。撑不下去了，想回家。"第二天，我们听了教练关于如何克服恐惧、突破舒适区的演讲。他的话语激励我采取行动。于是，我迈出了第一步。我四处走动，走到一些美国学生面前，主动加入对话。我受到了欢迎，并结识了来自世界各地的朋友，包括非洲、墨西哥、美国、英国等。在这两周里，我有了很多施展才华的机会。在这里，我想送给大家一句话，也是我在峰会学到的——永远相信自己，并闪耀出属于自己的光芒。活动结束后，我在自己的公众号上写下了自己的成长与感悟，这也成为一年后我申请文书中的写作素材。我想说，在经历过后，一定要记录下这个过程，通过反思和总结，记录自己每一步的成长，看见自己一点一滴的进步。

2018年秋天，我又完成了一项初中的我从来不会考虑的挑战——竞选学生会干部。曾经的我一直认为，学生会干部和我毫无关系，当一名默默无闻的普通高中生挺好。然而，那时的我决心尝试一下。我用心准备了三个晚上，每天熬到两点，讨论竞选方案和当选后的"施政纲领"，改了一遍又一遍的稿子，排练了无数次的竞选演讲。最终，我成功当选了文体部长。所以，我们应该把握好每一个锻炼和挑战的机会，永远不要对看似可怕、实则可以突破自己的难能可贵的机会说"不"。

　　一步步地突破，不仅让我的舒适区变大了，更改变了我的性格，让我变得大方、有趣，且自信。不管是演讲比赛、国际夏令营，还是学生会干部竞选，每一次的经历都让我收获了各种各样的友谊。我不再惧怕和陌生人聊天，不再惧怕参加各种公众场合，我开始出席妈妈的各种宴会，欣然接受每一次不同夏令营的挑战。我的人生也变得比从前更加丰富多彩了。

### 坚持的力量：勇敢尝试，捕捉自己的热爱

　　你热爱什么？你的激情在哪里？你人生的意义是什么？这些问题的答案，有些人可能在年轻时就找到了，而有些人可能要花一生去寻找。怎么样找到自己的热爱呢？我认为，先要捕捉一件自己喜欢的事物，并深入学习，坚持下去。如果还没有发现自己喜欢什么，就多去尝试，多去了解，很多时候当你只了解表层时，是很难喜欢上的，但当你深入学习后，或许会发现自己的兴趣所在。

　　从四岁开始，扬琴便在我的生命中成为不可或缺的一部分。十五年间，从未间断。学乐器其实是一件并不那么快乐的事情，记得小时候很多次我都是一边哭一边练琴。但一旦熬过去，就会变成真正的热爱，会带来快乐和幸福。三年级时，我第一次接触了篮球，虽然个子矮小没有天赋，却只因为喜欢二字，一直打到现在。从刚开始的碰不

到篮网，到后来加入校队，和外校打比赛，再到后来，到了高中后，和学姐学妹一起组建女篮校队，为学校争光。

不仅是业余爱好，学业上也是如此。你是否对未来想要做什么还没有头绪？你是否对大学选择专业不知道自己喜欢什么感到纠结？那如何才能找到自己喜欢的那个领域呢？我建议，在还没有找到这个答案时，先打开自己的视角，广涉猎、多接触各个方向，不要在还没有接触的时候就排除掉这一选项。在后期，不管是在实践中还是学业中，都可以一项一项排除掉自己完全不感兴趣的、不擅长的选项。我选择的专业是应用心理学，其实这也是我经过实践和思考的结果。比如，在高一的时候我觉得我的化学不错，想过学化学专业，但长期待在实验室进行实验，对我来说，是不擅长且不喜欢的。在高三学习心理学时，我刚开始并没有很大的兴趣，但后来发现，当我在线上课程自学心理学时，我可以特别专注且享受地去思考和学习。在平时，我也对教育、人文方面内容较为敏感。再后来，我参加支教，去补习班当老师，等等。这些经历让我更加坚定了我的选择。

所以，其实我们每个人都有潜能，都有我们能够发光的地方。找到自己真正喜欢的事情，才会有坚持下去的力量。

## 选择的勇气：每一个选择背后都蕴含着风险和机会

2020年7月29日，当波士顿学院给我发出了最后通牒——"放弃你的录取通知书或者提交学费，我们尊重你的选择"。我做了很久的思想斗争，并且详细画了一张思维导图。坚持或者放弃波士顿学院都有利有弊。波士顿学院是我的 ED 学校⊖（在美国大学的几轮申请中属于提前申请批次，一般都是学生的梦想校），万一明年申请不到这么好的学校怎么办？万一我选择休学，间隔一年，时间利用不好浪费掉了怎么办？可选择坚持波士顿学院，万一凌晨网课我无法适应或身体受不了怎么办？最终，我的母亲给我发了这样一段话："归根结底，<u>没有所谓'做出正确的选择'</u>。只有根据当下的条件，做出利弊分析，利用好优势，积极应对劣势，需要<u>先自己做出一个选择，然后努力使它成为一个正确的选择</u>。"于是，我毅然决然地选择放弃了波士顿学院。在面临这个可以影响自己人生的重要时刻，我坚定且负责地告诉自己，我一定会努力使它成为那个"正确的选择"，且不会后悔。事实证明，有时候，放弃更是一种新的开始。

照理来说，在第二年申请中我其实不需要花费太多的精力，只要运用前一年的标准化考试成绩，把前一年写过的文书重新提交就好。但是，为了努力在第二年申请中能够申请到一样好甚至更好的学校，为了让自己不后悔自己的选择，我选择了全部重写，一遍又一遍地改进我的新文书，并花费了将近三个月时间重新拾起标准化考试，考出更好一点的成绩。为了不浪费这一年的时间，我抓住机会参加了三场实习，进行了一次公益项目，参加了两次夏令营——演讲营和文书营。

这么多丰富的经历中，我总结出三个收获分享给大家：

---

⊖ ED 全称 Early Decision，是美国本科申请过程中的一种学校类型，学生可以在所有申请的大学中选取一所提早申请，并提早知道录取结果。但 ED 申请受双向限制，如果被 ED 学校录取，就必须入学。

第一，在做任何事情时，永远努力在 100 分的基础上，做到"101 分"。

所谓"101 分"，意为其实我们在做任何事情时，都可以按照 100 分和 101 分来进行打分。100 分的工作，可能是很有执行力地把所有的任务都非常完美地完成了，但"101 分"的工作多的那 1 分在哪儿呢？<u>那 1 分是可以思考和做到布置的任务之外的超越预期的部分</u>。在文书营中，我是以助教的身份出现的，为学弟学妹的申请提供支持，于我而言，这是一个很好的机会，是一个可以去理解和观察的过程。做了小助手之后，我才第一次真正思考什么是所谓的"服务意识"。从前都是被人服务的状态——打车，去餐厅吃饭，入住酒店，等等。我从来没有站在服务人员的角度去思考过如何才算是真正好的服务。在被服务时，如果遇到很好的服务，我们会觉得很贴心，很棒，但从来没有思考过他是怎么做到的。比如，在某火锅店，水一喝完就会有人过来加水，是因为服务员真正做到了"眼观六路，耳听八方"。其实这就是"101 分"的做事理念。比如，当嘉宾分享时，我们看到他们手上的水都喝完了，就到楼下给大家买水，回来后发给大家，这是 100 分的做事。101 分的工作是可以时刻注意和思考到他们的下一步举动是什么。比如，在递水之前先将瓶盖拧松些，这样他们就避免了拧不开瓶盖的尴尬。又如，在嘉宾喝完水之后可以在瓶身写上他们的名字，放在他们方便拿取的地方，这样他们好区分，也可以随时拿起来喝。

其实，不仅是服务方面，在学习中或在未来的职场上，"101 分"的做事理念同样适用。在学校里，当教授发布出来一份作业任务后，你是否能够"101分"完成你的任务呢？在职场上，当上级或者老板布置下来一份工作，你是否能够思考为什么老板让你做这个任务，完成之后还会需要做什么呢？如果任务不明确，如何去问清楚呢？总之，"101分"思维让我更习惯进行深度思考，而不仅是被动地完成任务。

第二，要具备"解决问题"的思维方式。

2021年9月到12月，我在优你教育实习，每天被布置着各种各样的任务，从小事情开始被培养训练着。其中，我对"解决问题思维"的印象最为深刻。我是一个好的执行者，就是给任务就认真完成。然而，对于"解决问题思维"来说，更多地需要你去发现问题并解决它，"寻找贡献的机会"。举个例子，我们办公楼下的外卖和快递间非常混乱，每次取件都得在一堆文件中找许久。

> **黄博士：** 解决问题思维是这个瞬息万变的时代我们必须具备的能力。很多成功的创业点子都来自于社会上一个个困扰大家的问题。根据《像高手一样解决问题》这本书推荐的4S法，解决问题包含四个阶段——陈述问题（State）、建构问题（Structure）、求解（Solve）、推销方案（Sell）。这个4S法是世界顶尖的咨询公司麦肯锡开发并完善的。

大楼里几乎每个人都会抱怨这样的状况，但没有人采取行动去解决。我和另一位实习生决定共同想办法去解决一下。

当时，我和另一位实习生决定先找大楼物业去沟通了解楼下快递柜和外卖柜的事宜。我们顺藤摸瓜，从物业到共创空间前台，再到大楼工程部，发现大家都在踢皮球，答案含糊不清。我主要的收获是，在做任何一件看上去像一团乱七八糟的毛线球的事情之前，最重要的步骤是找到线头，找到从哪里开始。虽然我们并没有在实习期间彻底解决这个问题，但是我们的数次询问显然推进了问题的解决。几个月后再次回到大楼时，我看到楼下安装上了电子外卖柜和快递柜，以方便大家扫码放件取件，这跟我们当初的想法一样。看着整洁的柜子，大家有序地进进出出，我内心充满喜悦。这件事情给我的启发是，这个过程其实就像在大学写论文前需要做的文献综述，了解过去大家都尝试了哪些方法，有什么结论，为什么没成功，我们还能做什么，有什么新发现，等。而文献综述也是一种从发现问题到解决问题的过程。不管做什么行业或学习什么专业，解决问题思维都很重要。

> **黄博士：**阻碍一个人采取行动的最大的敌人往往是"恐惧"，而存在我们头脑中的"恐惧"会被无限放大。直面恐惧最好的方法，就是问自己"要达成我的目标，需要做的第一件小事是什么？"因为恐惧很多时候是源自我们对糟糕结果的夸大想象。如果你明白你想要去哪里，那么聚焦第一步而不是最后一步，也许更容易让自己动起来。

第三，想象的恐惧永远大于现实的恐惧。

2021年4月，大学申请尘埃落定，我作为队长参加"益微青年"①的暑期支教活动。这是我第一次接触公益事业。从刚开始的队长培训、团队招募，到后来的课程设计、筹款项目等，我的学习和收获是平日里从未体验过的。参加这次挑战，我需要完成从"执行者"到"领导者"的角色转变。我第一次肩上背负一堆人的责任，第一次因为心底的动力和坚持，迈出很多方面的第一步。在我的想象中，当队长是一件非常困难的事情，需要足够的领导力，需要十项全能，才能带领队员，才能顺利成功地完成支教。但其实，真正迈出这一步后我发现，现实中的恐惧根本没有想象中多。

我碰到的第一个问题是招募队员。这也是我第一次真正体会到公司招人有多么艰难。我除了问身边的一些朋友，还在朋友圈发了这个项目招人的图片，但是最后发现，这个宣传不足以说服犹豫不决的人，很多感兴趣的大学生需要更多的说明和鼓励。所以我在后一次招募队

---

① 益微青年（EV）是一家支持青年乐享志愿的民间公益组织，为青年大学生提供优质的志愿机会与专业的能力支持。

员的时候，加上了更加直接热情的感召的话："无论你有什么样的背景，有什么样的经历，无论你是否还在犹豫要不要参加，无论你是否认为自己有这个能力，只要我们一起共同努力去把这件事情做好、做成，我们一定会有意想不到的收获，所以请加入我们。"最后，我们的队伍成功扩招到十名队员，每个人都尽职尽责，为了心中的公益一起努力，每周空出时间开会，熬夜设计课程，学习如何和儿童沟通，等等，就像十团火聚到一起，变成了我们团队的"满天星"。我发现很多事情并不是全部需要我去做的，因为队友的支持、配合和鼓励，我们才能够更好地完成我们的课程设计、规划、筹款和团队策划书等。

迎来的第二个挑战是募款，我们需要筹款三万元来支持我们的公益支出。这不是一笔小数目。我们初步确定了几个筹款计划以及时间节点。然后开始在各小区以及各个商区进行卖唱筹款。唱歌不是我的长项，在街边"卖唱"对我来说更是极大的恐惧，但是为了筹款，我拼了。一来到街头，就有很多人围过来，这时那些擅长唱歌的队员们却怯场不敢唱了。作为队长，我必须带头唱。虽然我也害怕，害怕人群漠视嘲笑的目光，害怕被批评"唱这么难听还出来卖唱"，但是没有办法，我必须迈出第一步。于是我硬着头皮，拿着话筒走到人群中央，跟大家解释我们的筹款目的，并开始了我的表演。开场效果还挺好，有一些人过来捐款。因为周围路过的小朋友很多，于是我和队员去便利店买了些糖果放在我们发的便利袋里，只要有路过的小朋友，我们就发一些糖果；并且只要有路过停留的人，我们就上前主动介绍，这样下来，效果就比刚开始的时候好多了。所以当主动踏出那一步后，你会发现，脑海里想象的恐惧比实际遇到的恐惧可怕得多。

> **黄博士**：我特别支持高中毕业生间隔至少一学期，再去上大学。一方面让自己紧张的神经得以舒缓；另一方面也可以做一些学习以外的事情，比如旅行、实习、看书等，去发现自己到底对什么领域感兴趣。这样的"休整"有利于大学阶段更好地学习。喜欢健身的朋友都知道，要练好一块肌肉，需要间隔让肌肉恢复，再继续训练，而不是不停歇地强化。如果不停歇，那么肌肉拉伤的可能性大于强健肌肉的可能性。

因为做出了休学一年这个人生中很重要的决定，为了不辜负自己的选择也不后悔，我好好利用了这一年的时光，收获了这辈子很珍贵的财富。这一年的历练让我成长了很多，第一次踏入社会，第一次接触公益，第一次主动承担，并且慢慢改变自己的思维方式。

你是否有勇气挑战自己，并为自己的选择而努力？未来的你，在面对这些机会、这些挑战时，是否会选择迈出这一步，收获很多不一样的事物呢？记住，"想象的恐惧永远大于现实的恐惧"。

## 小结：

1. 留学准备的过程中，在辛苦应对一系列考试时，千万不要忘记对软实力的提升。
2. 要勇敢战胜自己，突破舒适区，相信自己"我能行"，把握好每一个机会。
3. 所有的经历都是财富，在经历过后记得及时记录，也是一次反思的机会。
4. 家长应该让孩子明白，学习是自己的事情，并做到以身作则。
5. 锻炼孩子独立自主的能力很重要，放手让孩子去经历各种好的、坏的，但同时也要给予孩子充足的爱与关心。

6. 找到自己真正喜欢的事情，并坚持下去。
7. 在做任何事情时，永远努力在 100 分的基础上，做到 "101 分"。
8. 用 "解决问题" 的思维方式去处理生活中的每一件事情。
9. 想象的恐惧永远大于现实的恐惧。

各位家长，你们是否能够舍得"放手"，让孩子独自闯荡广阔的天地？你们是否能够花费足够的时间精力给予孩子需要的关心和支持？你们是否愿意让孩子自己去经历困难与委屈？你们是否能够做到以身作则？我一直认为，考进名校不是人生中最重要的事情，自身的成长和突破才是最重要的。因此，放平心态。做任何事情时，寻找能够成长的契机。

各位同学们，当有机会来临时，你们还会退缩吗？当有挑战摆在你们面前时，你们愿意突破吗？当你们有选择的权利时，你们是否有勇气能够让自己的决定变成"正确"的那个选择？

好了，我人生前十九年的故事就分享到这里了。希望听完我故事的朋友能够放下恐惧，勇敢尝试。

## 推荐书单

### 1.《好奇心》（伊恩·莱斯利）

推荐理由：当我们被迫把时间花在乏味的事物上时，是否想过，把这些平常的事变为能激起好奇心的事？一方面，如果我们必须投入时间，那么别轻易浪费了时间让自己在无聊中度过。另一方面，如果我们开始对它们感兴趣，就会更乐意投入时间。

2.《人生由我》（梅耶·马斯克）

推荐理由：看看众多女性励志偶像中的梅耶·马斯克的人生，因为害怕而多年默默忍受丈夫的家暴，身为令众人艳羡不已的超模却说自己衣品差，在看中名气和年龄的职场圈不断遭遇歧视。学习她是如何逐步"探索世界"和"重建自我"的。

妈妈视角　　陪伴女儿，终身成长

我是一个会做救生圈的企业经营者，一个会泡茶的茶馆经营者，一个会紫微斗数的生活达人，一个一直用心学习的妈妈。

当丁宁还在我肚子里的时候，就开始跟着我一起奔波，直到医生说必须马上住院；丁宁两个月的时候，我们一起上班，我在办公室，她在门卫室，成为公司历史上最小的门童。

小学一年级的丁宁就离开家乡，开始正式住宿生的独立生活。就这样，从小学一年级住校到高中毕业，这一住就是十二年。

企业需要成长，丁宁需要成长，茶馆需要成长，而所有的成长，首先来自于我的成长。过去的二十五年，我每年都在外面学习。关于企业，关于人生。在有了女儿之后，我也学习如何做一个合格的妈妈。通过学习，我明白了：

1. 要和孩子做最好的朋友，一起沟通，一起了解彼此。
2. 所有孩子的状态只是你对待他的结果。孩子好像是我们的镜子，又好像是我们的复印件。每个孩子都值得我们用心对待。
3. 跟孩子相处重要的不仅是时间，还有你是否了解他。懂得和理解更重要。
4. 言传不如身教。你想要孩子成为怎样的人，自己要先做到。
5. 父母要营造一个好的空间和氛围，让孩子自己去经历，经历过后才了解生活。父母不要抓得太紧，不要照顾得太多，要把权利还给孩子。
6. 如果孩子做到，父母必须学会表达感谢。

**爱相随**

丁宁一年级开始住校的时候我告诉她，这是一个小社会，妈妈不认识任何人，你得自己去经历和面对。我从来没有给她辅导作业，因为学习是她自己的事情。遇到问题，我会告诉她，自己寻找解决的办法。我能做的就是让她感受到我对她的信任和爱。

于是，我每周手写一封信寄给她，表达我的爱，见信如面。

于是，过去十年，每个周末我专门从丹阳来上海陪她，全心全意和她在一起。

于是，我努力工作，认真生活，将自己往好里过，给女儿一个好的榜样。

于是，我希望女儿学习成长的同时，我先自己学习。

在丁宁的小学和初中成长的阶段，我想我教会给丁宁的就是爱和经历。爱让她无所畏惧，爱让她勇敢经历。最终，所有的经历都会变成她人生的财富。我能做的就是——爱、陪伴、关注、不拖后腿。

## 同成长

有的人，因为事业疏离了孩子；有的人，因为孩子耽误了事业。为何我们不能和孩子一起成长呢？合理地规划，用心地安排，所有的行为都来自于我们的思想，我们的思想就来自于我们的学习和成长。正是因为我安排了丁宁到上海学习，我能专注工作和自我成长。丁宁也因此有了接触到更好的教育和独立的机会。

这五年里，丁宁的学习内容不仅是英语、语文、数学，还学习如何演讲。她到处参加演讲比赛，不止去我公司演讲，还去我的茶空间演讲。

这五年里，丁宁还去美国高中参加了夏令营，感受不同的文化，跟来自世界各地的优秀青少年学习，还去纽约大学参加了一个半月的夏校学习。

这五年里，丁宁第一次当公益队长，从招募队员，到上街卖唱募集善款，拓展出了更大的舒适区；参加了四家不同公司的实习，从上市公司到初创公司，从财富管理公司到制造业公司，岗位从人力资源到小助理，每一次实习都让她更接近生活。

在丁宁的成长里，我们总是在一起。我们一起跳伞，挑战恐惧；我们一起学习茶道，理解安静；我们一起学习情商，知道"幸亏没有更糟"的积极心态比成绩第一更重要；我们一起学习演讲，明白勇敢表达自己是一件多么重要的事；我们一起学习英语，当然，这一点，丁宁永远是我

> 黄博士："在一起"是一个最朴素的育儿理念。但很多父母却误解了"在一起"。父母和孩子本应是独立的个体，但是我们常常看到妈妈为了孩子失去了自己的生活，孩子因为父母的管控从来不知道自己要什么，父母和孩子好比是纠缠不清的藤条，彼此限制，彼此伤害。如果要培养感恩、独立的孩子，最重要的是懂得什么时候"放手"，什么时候"陪跑"。归根到底，大家都要各自安好。

的老师；我们一起去复旦学习文化艺术，感受美好。

2019年，当丁宁收到波士顿学院录取通知的时候，我们正坐在飞往泰国的飞机上——打算去再考一次SAT，我们喜极而泣；2020年，丁宁决定推迟上大学，她觉得与其上网课，不如用一年的时间实习、旅行、健身、学习，做一些过去没时间没机会做的事情；2021年，重新申请大学的丁宁收到了纽约大学的录取通知。那一刻，我知道，这么多年的付出有了回应。一纸通知书是总结，也是重新启航，给了我们继续前行的方向和力量。我也知道，丁宁成长的舞台已经从丹阳到上海，走向了国际。

给家长的几点建议：

1. 机会留给有准备的人，提前规划，提前准备；
2. 学会正确的人生态度，比考名校更重要；
3. 妈妈的学习比谁都重要，妈妈的态度决定一个家庭的幸福和孩子的未来。

最后，送一些祝福给与丁宁同龄的孩子：

1. 要美，要管理身材；要健康，更要有智慧。智慧从哪里来？学习，持续不断的学习。从现在开始，不管到多少岁，永远记得每年学习。从现在开始，学习的概念再也不仅是英语、数学、语文等知识的学习，更是生命的教育，比如学习如何生活、如何化妆、如何穿衣搭配、如何掌控情绪、如何演讲交流，等等。在大学里，还要学习如何经营爱情，如何选择，如何提升自己的品位。工作后，学习提升自己的工作能力、管理能力以及与人相处的能力……只有通过学习，你才会思考什么话应该讲，什么话不应该讲；只有通过学习，你才会更美丽、更精彩、更幸福。请记住，能让你精致的，不是只有化妆品，还有化身到你气质里的知识、努力和爱。

2. 一定要找到你毕生挚爱的事，享受当下，比如唱歌、画画。此时此刻，这就是我的理想生活。身体在哪里，心就在哪里。
3. 不管发生任何事，都要想着我是幸运的，幸亏没有更糟。凡事一定要看积极面，用阳光去驱逐风雨。

祝福大家，让我们积极乐观面对每一天！

# 被爱的教育唤醒的灵魂

姓名：沈雨濛
高中：上海市世界外国语中学
大学：范德堡大学（Vanderbilt University）

**送给大家的话**

1. 我们应当在无意识中保持每一刻的善良，在有意识中思辨下一秒的智慧。
2. 求助是勇者迈出的第一步。

　　某个烟雨濛濛的四月，我降临到了这个奇妙的世界。小时候，我顺其自然在离家近的公立小学和初中念书，虽然算不上出类拔萃，但也是大人眼中的才女。高中，机缘巧合下被上海世界外国语中学录取，巨大的环境转变激发了我对自我的认知、对知识的热爱、对生命的敬畏、对世界的探索。目前，我就读于美国范德堡大学人类发展与教育学院，主修儿童发展、认知研究，辅修语言科学。

　　若问我的兴趣是什么，我的回答有些独特——教育。这并非狭义上的教书育人，而是从人类发展的宏观角度去思考我们如何在动态系统中激发个体优势和潜能，从而促进社会与世界的可持续性发展。因而，学习一切新事物成了我的衍生爱好。正是家庭、学校与社会对我爱的教育唤醒了我热爱教育的灵魂。

## 教育，即生活中的爱

约翰·杜威（John Dewey）⊖ 曾说："教育不是为生活做准备，教育就是生活本身。"因而，家庭生活在教育中具有重要地位。孩子往往就是父母心灵的投射。从小，我就被夸为别人家的孩子，或许是因为我也有一个别人家的妈妈。

> **黄博士：** 在我看来，这句话是孩子对父母的最高评价。在家长们忙着羡慕"别人家的孩子"时，是否想过自己是不是别人孩子羡慕的"别人家的父母"？值得思考。

她是一位大拇指妈妈，每当我做了什么好事，她就会竖起大拇指表扬我；每当我做了什么坏事，她也从不用食指否定我。妈妈的表扬是最真心、最纯粹的。

楼上邻居来做客，他们在客厅闲聊时，妈妈会好心来帮我关房门，以免打扰我写作业。妈妈总会无心地说道："我女儿很自觉的，我们不会影响到她学习的。她很擅长静心学习。"其实，我不过是个普通的小孩子。为了拥有更多自由玩耍的时间，我才会高效写完作业；为了偷听大人们的八卦，我才不关房门；完成课内任务后，游戏和动漫才是我的优先级；学业只要能稳定在班级前十，我就不愿意额外付

---

⊖ 约翰·杜威（1859—1952），美国著名哲学家、教育家、心理学家，实用主义的集大成者，也是机能主义心理学和现代教育学的创始人之一。杜威强调科学和民主的互补性，民主思想是他众多著作的主题。杜威的思想曾对二十世纪前期的中国教育界、思想界产生过重大影响。

出。妈妈无条件接纳了我所有孩童特有的天性和尚不成熟的想法，她<u>总能从积极赞美的视角来诠释我的行为</u>。在任何一门学科上，我都不是最出众的学生，但妈妈总会向别人自豪地说："我女儿每门课都很稳定，不偏科。她也没在外面补课，全靠自己。虽然不是第一，但她已经很优秀了！"

她的眼睛有魔力。我154厘米的矮个子，从她的视角来拍照永远都能拍出170厘米的既视感。每天在梳妆镜前，她都会说："咦，宝宝，你今天好像又长高了？"我学业压力大时，脸上的小粉刺、黑发间的任何一缕银丝、下眼睑的黑眼圈、指关节的老茧，都躲不过她的火眼金睛。

她的手是奇迹。小时候，我每天早上都能享受私人定制的花式编发，无论我想要梳几个辫子，妈妈都有办法在我的头顶折腾出新花样。周末，她会带我去城隍庙买头饰和布料，去商场参考最新款的服装样式，回家为我量身定制花衣裳。我从不羡慕别人家的孩子有名牌，因为我的衣服都是妈妈牌，最合我的身形气质。甚至高中毕业后，许多小学时的衣服我还时常拿出来穿，毫不过时，甚是喜欢。妈妈总是把我的衣服洗得干干净净，熨得挺挺括括。上学的日子里，她帮我熨烫红领巾，准备校服，包书皮，刷球鞋。我不在家时，她静静地织毛衣、晒被子，在我的书桌前放置精美的插花；我在家时，她欢快地在厨房里烹饪各式美食。每次在外面吃饭，妈妈都会用她独到的味蕾去体会别人的秘方，配上自己的灵感，回家后创作出新美味，因而我大半个高中都是自带让人艳羡的午餐便当。

<u>我享受生活，因为妈妈热爱创造生活</u>。她会购置最先进舒适的居

家用品来优化我们生活的细节：烹饪方面有数不清的香料、面粉、豆子，辅以高科技料理机，简直是米其林级别；清扫方面有智能吸尘器、智能垃圾桶、归类的抹布和小巧的除尘掸子；此外，还有舒适的记忆棉枕芯、低奢的三件套、雅致的古典挂画、小巧的玉佩吊坠、摆拍的餐具桌垫、惹人怜爱的多肉盆栽……家里的角角落落都能听见绿与美的轻声合奏。妈妈每天重复着类似的琐事，让一切都井然有序、干净利落，仿佛每一分每一秒，我身边的一切都在呼吸。

妈妈总说自己笨，不会赚钱，不会做题，每次开家长会也是一知半解，出门在外毫无计划安排，缺乏方向感，还好养了我这样一个聪明的女儿，什么都不用操心。妈妈总能发现自己的缺点，又过得很快活，因为她总能发现我身上的好。或许正是因为她有这么多"不会"，才促就了我的独立；也正因为她有那么多"会"，才创造了我们一家三口简单又精致的幸福。

若将我所经历的家庭教育当作某个模型，我想其核心在于妈妈发现美好的眼睛、夸赞孩子的嘴、热爱生活的心灵。每个妈妈都是与众不同的，每个家庭也是独一无二的。世界上没有一本标准的育儿指南，但却有一条共通的法则——爱。不是功名利禄，而是时间精力与一言一行，孩子们从中才会感受到朴实无华的爱。

### 教育，即大胆的尝试

妈妈如同一场温柔的梦，爸爸则是我勇敢的心。印象中，我爸爸是一本百科全书。他没有学历，却有学识。年轻时，他到处游荡，江南地方的方言他都略知一二，在江浙沪一带，他都吃得开。虽没有上海户口，却操着一口地道的上海话，更是知悉实时路况的活地图。在爸爸的熏陶下，我从小便融入了上海，而又从不会忘记自己的根。他不懂英语，却爱听莎拉·布莱曼的歌，爱看迈克尔·杰克逊，爱读国际时事。放学回家后，常是我一边写作业，爸爸一边看电视，我就这样熏陶在他广泛的杂学之中。我没有先天的英语语言环境，但也从没觉得自己的视野被封闭在中国。吃饭时，爸爸喜欢饮酒言欢，抿一口酒，论上三五分钟哲思，或是引经据典伟人的雄伟诗词，或是点评中外政治冲突，抑或是分析社会人际的复杂。每当我分享自己在学校的所见所闻时，他总能以小见大，借机侃侃而谈成人的见解。爸爸和我是彼此的倾听者，他用丰富的人生阅历来尊重并呵护我稚嫩的思想，让我对一切都充满好奇。

爸爸还是一位骑士。他鼓励我去尝试所有新鲜的事物，又在背后默默守护着我。小时候，爸爸就让我熟背父母的手机号与家庭住址。五岁那年，在公园里滑旱冰时，他假装与我走散，躲在暗处偷偷观察。我不慌不忙地求助一位带孩子的陌生阿姨（不太像坏人），打电话找回了"走丢的"爸爸。六岁，他把我扔到泳池里学会憋气以后，就让我随意发挥，在十米开外用目光保护着我。七岁，他让我独自坐四小时大巴回老家，实则早就打点好一切，关照过大巴司机，也让亲戚在车站接应。九岁，我学弹古筝，他就学会了调音和搬运古筝。十岁，我跳民族舞，他就折腾起了单反相机。我向往雪和自然，他就连续九年带我去山顶滑雪。我爱参加各类写作竞赛，他会在百忙之中做我的车夫。我喜欢旅游，他就放手让我独自出国旅行。我热爱教育，他便支持我去山区支教，在课余时间兼职两年家教，创立个人公众号。他的人生是闯荡过来的，所有的打拼都是为了给我提供更好的学习平台。在任何环境中，他都支持让我去挑战更好的事物——公立学校的精品班，国际课程中最难的 IB 课程⊖，出国深造选择留美。爸爸对我有很多期许，但从不会让我喘不过气。他的期许全都基于对我的尊重、对我的信任、对我的爱。他从不要求我取得何种成就，只希望我在过程中有所收获。因而，我的童年生活是富足而非功利的。爸爸从不会因为我获得一沓沓奖状和优异的成绩而夸赞我。当你错误地表扬了一个孩子，你可能抹杀了许多可能性。他更喜欢和我聊天，听我发表个人观点，让我学会从自己的经历中感悟我自己的人生哲理。

> 黄博士："表扬"和"批评"都是艺术，很多父母讲座听多了，也知道不要过多地批评自己的孩子，要表扬孩子"努力"而不是"聪明"等。但是，有学生告诉我他最怕爸妈说"你只要努力了，结果怎么样没关系"。他们需要的是父母可以支持他们找到如何努力的方向和方法。

在爸爸的爱里，我看到一个在挑战中成长的自己。在大胆的尝试中，我逐渐成长为独一无二的人。

## 成长，乃满满旅途

教育，不仅是一个孩子的成长，更是思想的传承。写作，是重要

---

⊖ IB 课程（国际预科证书课程）是国际文凭组织 IBO（Interncotional Baccalaureate Organization）为全球学生开设的课程。与 A-Level、VCE、AP 等课程并称为全球四大高中课程体系。IB 课程被全球教育界认可为具有较高学业水准的教育项目，富有挑战性，相对而言更难，但也享有较高的承认度。

的媒介之一。它需要各种形式的长期培养和机遇。很多人都夸赞我的写作功底,尚不知这背后得感谢四位在海上种"白玉兰"的园丁。

**第一位园丁(我的妈妈):爱的教育和鼓励**

我的人生第一堂写作课习作是一年级的听录音写话。其实,我生来不是学习的料,课上放录音时,脑袋空空的我自然是呆呆地盯着天花板上的电扇,总想着有一天它会突然掉下来,我就可以立马逃回家打游戏了。可想而知,对于备忘录上的"作文"二字,我的认知为零。放学路上的冰糖葫芦味儿在空气里一转溜,街头小巷的自行车丁零当啷响一通,我大脑中的短期工作记忆储存就刷新一遍;坐到书桌前时,险些不太记得有这个任务了。

> **黄博士**:让我想起了美国著名发展心理学教授艾莉森·高普尼克(Alison Gopnik)的书籍《园丁与木匠》。她从进化生物学、认知科学的角度阐述了父母要像园丁种花一样呵护、养育自己的孩子,而不是像木匠一样想把孩子塑造成某种特定的样子。雨濛笔下的妈妈就像一个温柔、美丽、善良的园丁,为孩子创造了一个安全、温暖、自由、美好的生长环境。

磨蹭到九点多,眼皮在我的脑子里不断叫嚣着"累死啦",我就稀里糊涂地在方方正正的田字格里歪歪扭扭地写下九个字:

我妈妈并没有把我唬在写作这片汪洋大海旁"止"步不前,而是牵着我"上"了一艘船,慢慢漂流到未知的海域陪我在海"上"生根发芽。

好些个夜晚,灯火通明的客厅里总有一大一小两个人影,但没有鸡飞狗跳。妈妈饱满的手指捏着被我抠得坑坑洼洼的铅笔,在小学生习作簿上唰唰唰地帮我写作文，跟她在厨房里唰唰唰地做饭很像。看到妈妈沉浸在写我的作业中，我窃喜地坐享其成。

妈妈是个不一般的代写，每次都会倒腾出我们的家庭相簿，让我挑选自己最喜欢的照片，我依偎着她，润肤露的味道很甜。我们一起回忆照片里的故事，闲聊的过程中往往是一问一答一补充的对话。这种教育并非立竿见影，妈妈耐心温和的性情与日复一日的陪伴，慢慢把毛毛糙糙的我给打磨了一番。

### 第二位园丁（小学语文老师）：初生牛犊，小试牛刀

启蒙阶段，妈妈接纳了一个空白的我，耐心陪伴我一同和作业斗智斗勇，慷慨地将自己的词汇量和句子借给我，温柔地鼓励我大脑中的神经细胞去回忆。就这样，她在大海上种下了一颗种子，用母爱滋养，静待花开。这样的日子持续到三年级左右。我的小学语文老师李老师接过了船舵，她说：这儿离岸边太近，要去更远的地方闯荡！

对于我们母女俩的代写阴谋，李老师那副酒红色的镜框早已看破，她却并没阻止，反而让我的"影子作家"名正言顺地在我们的班级博客上写文章发布。妈妈以一篇"如何让女儿爱上写作"一举成名。嘿，我妈那么给我长脸，我也想着法儿给她长脸。李老师布置了作业——让每个学生在班级博客"乐乐竞飞"上发布自己的作文。当时，我在博客上留下了自己对父母之爱的理解——"母爱有声，即使走过万水千山，却总走不出您那慈祥的目光！父爱无言，您的背影是我永生的眷恋，您的坚强指引我勇往直前！"

有妈妈给我把关，我的文章总是得优。于是，李老师把我从妈妈

的影子里拖出来，让我独自上阵，独自面对挑战。他推荐我参加校内的看图写话竞赛和《作文大王》的征稿。我模仿妈妈的操作，每次写作前，我就在脑海里放幻灯片似地播放相册，挑一张我喜欢的，把故事吧啦吧啦讲一通，把自己的童言无忌和妈妈的呢喃细语糅在一起，竟获得了好些个三等奖，还拿了 50 元稿费，期末发奖品时比别人多拿了几颗棒棒糖。我单纯的心就这样被填满了，我非常乐意用写作的方式把装在心里的东西分享给别人，换更多新鲜的东西重新填满它。五年级时，我沉迷杨红樱的《淘气包马小跳》，里头说马小跳参加了一日市长竞选，我也好想当市长，立马写了一篇《假如我是一名市长》。

李老师在全班面前抑扬顿挫地朗读我的习作，其他学科的老师也在一旁聆听，夸赞我是一个有思想的孩子。其实，那是马小跳的思想，我只是赞同，借来用罢了。不过我第一次意识到，原来大人们喜欢有思想的孩子。

### 第三位园丁（初中语文老师）：感知美，感知自我

从启蒙到入门，是两位智慧女性的鼓励与放手，小树苗在爱的养育中渐渐生根发芽，没人知道我是棵什么树。直到初中，我学会了爱，我就想成为美，去吸引我所爱的一切。

初中的语文老师王老师美若天仙，我曾援引诗经来赞美她。

"手如柔荑，肤如凝脂。

领如蝤蛴，齿如瓠犀。

螓首蛾眉，巧笑倩兮，美目盼兮。"

粉笔捏在王老师的指尖，黑板就成了古色古香的字帖；裙子穿在王老师身上，讲台就成了走秀T台；课文流动在王老师的唇齿间，文字就成了有生命的灵魂。我很少用文字来描述她，那太过矫揉造作；或许还因为我有些自私，只想把她珍藏在我的脑海中，慢慢欣赏。每年她的生日，我都会为她画一张画像，她夸我每年的画技都大有长进，但其实从没有一张真正令我满意。美只是一种意识形态，任何形式都只能接近，但无法完全实现。

我想离她更近，所以我做了她的课代表，包揽所有杂活儿——一个人去文印室搬整个年级的语文试卷，像收租婆一样催同学交作业，副课上批改全班的默写本——所有都只为有借口多去几趟她的办公室。我想成为配得上她的课代表，所以我看很多书，写很多文章，参加很多语文类竞赛，只为在她办公室里晃悠时能有很多话题。我每时每刻都在期盼她的语文课，哪怕是考试我也期待。孙权劝学之类晦涩无聊的古文课上，她组织我们自导自演课本剧；戴望舒在雨巷里彷徨，我们在教室里迷茫，她便让我们效仿她那富有穿透力的音韵，进行朗诵比赛；复习冲刺阶段，她领着我们去学校花园看银杏树；试卷讲评课后，她安排同学们一起做寿司、吃火锅。王老师的美不在于她自身，而在于她让身边所有的一切都和她一样美，她还将这种能力教给了我们。

初二还是初三那会儿，我们有一项常规作业"素材900秒"，每天都必须花900秒来记录生活中的小确幸和感悟，她会用心回复每个孩子的900秒，每一秒都是生活碎片沉淀后形成的钻石。不用学校统一的练习簿后，我就自己买手账本日记本，间间断断地写日记。没有人用红笔给我写评语后,我便喜欢发图文并茂的朋友圈让大家点赞。我生命的藏宝盒里堆满了无数 900 秒,以至于现在我的指尖一触碰到电脑键盘时,900000000……秒都不够我絮叨完脑子里的东西。我开始记录自我,这是写作素材的积累。

　　儿时的故事用来填上田字格的空档,后来生活中所有美好的邂逅都用来点缀我平凡的人生。当我学会如何环境描写、借景抒情、欲扬先抑、侧面烘托、以小见大后,那作文稿纸上的小方块儿就成了我情感流露的舞台。考场上或是竞赛时写文章,我有两个习惯:一是放空,二是闭眼。放空的时候,我放任自己的五感去捕捉教室里或窗外的每一个细节,所有比喻、拟人、对比、夸张的灵感都源自于此时此刻。闭眼的时候,我想象自己正在经历过去的故事,似是看电影,也仿佛穿越,有那么些灵魂出窍之感。接着,手指们自己动起来了,唰唰唰地,像妈妈一样。我开始感知自我,这是写作灵感的源泉。

　　王老师用美的教育,让鲜亮的红笔在我的文章最出彩的地方跳着圆舞曲,并随文批注她的感悟,对于那些词不达意、思路不清的地方她会中肯地提出修改建议。我妈妈呢,老早退居二线,成为我忠实的读者,用爱的教育给我口头反馈。课堂上,王老师会组织同学互评让我们同辈间相互学习。不想上体育课时,我就逃进她的办公室帮忙一起批作文,听她分析如何给每一篇作文批注打分。在不同的标准中我收获了各种形式的反馈,并学着如何形成自己的标准给别人反馈。为了应付考试,平日里更多时间都是用来修改旧习作的,常得把新的启发和故事艺术化地替换一些旧的素材,或是采用更新颖的写作手法来给老题材穿新衣。修修补补,文章才会更有章法,更能够迎合大众口味。写作不是什么一拍脑袋就来的速食，而是推敲琢磨出来的雕刻品。我开始完善自我，这是写作过程的智慧。

　　打理后的树更高效地将养分从根茎与树干输送给上头的枝叶，花开也就指日可待。

## 第四位园丁（高中语文老师）：学会理性思考

　　启蒙教育，我被激发兴趣；基础教育，我在构建自我；高等教育，我去思辨他者。高中学的是 IB 课程，是国际化的大学预科课程。没有语文课，只有中文课。没有作文，只有论文。没有主观情感，只有客观评论。没有红灿灿的"优"，只有灰蒙蒙的铅笔标注。高中的语文老师门老师，是位男老师，平板、瘦高、极简。一周五日总是同款的那几件灰黑色衣服，上班只在兜里揣个手机。他眼睛很小，又戴着眼镜，我捉摸不透他有些触及敏感话题的哲思；他个子太高，背有些驼，我难以将他和文学的优雅联系到一起；他的声音很轻，说话又迂回，我必须耐下性子来做他的课代表。他的中文课满足了我在学术上的饥渴，触发了我高维的思考能力。他时不时会冒出一些引人深思的金句，关于性爱，关于生死，关于时代，关于理想，关于命运，关于所有宏大的格局。我们的课本全是古今中外戏剧、电影、小说、诗歌的原著：莎士比亚、张艺谋、莱昂纳多·迪卡普里奥、鲁迅、张爱玲、莫言、白先勇、加缪、芥川龙之介等人的作品。以前从网上抄几句这些名人的句子，就是引用，给考场作文加分用的，只要看上去句式对仗优雅、辞藻高级、文绉绉的都能拿来溜。可当我真的走进这些作家的人生，了解他们生活的时代，我发现他们的文章不可以用"好"来形容，应该用"真"来敬畏。他们都是有思想的人。那些思想都是他们的，他们用文字传递自己的思想。白纸黑字如同一面镜子，我在其中看见了我自己的思想，所以我得用文字来评析他们的文字。门老师为我打破了时空之门，和那些高级的灵魂用文字对话。每一次写作都因而变得神圣无比。

他说："形式大于内容。"所以起初我拖着聚光灯下的长裙，在门老师面前嘚瑟，但这种浮华的东西不入他的眼，不过故弄玄虚罢了，因为"形式不等于内容"。真正的内容是从多方视角去考虑问题，客观俯视全局来评判，"魔鬼藏在细节里"，而我们则要从"树木中见森林"。不是单一评价某篇文章，我们的任务是将不同作家的文学作品进行对比分析，更得把他们的文章牢记于心，在考场上信手拈来。虽然是很困难的挑战，不过也磨砺了我超强的记忆力，更是和这帮名家"熟络"起来的机会。读懂一部文学作品后，写文章的人不是什么"家"，不过是个"人"。写的大都不是积极向上的鸡汤，都是人间疾苦的真实经历。如果可以，我想拥抱他们，因为他们是要何等压抑才只能把这些痛苦宣泄在文字里，又要以何等的胸怀去承受这些积压在文字里的痛苦？

我们在把玩外部信息的过程中，要内化诠释形成自己的观点，同时在写作过程中不能忘了具体详细地解释缘故与实例，逻辑清晰地让读者跟着自己的思路走，言简意赅地让读者领悟要义。我意识到，写作不能光自己寻开心，还得对读者友好，兼顾读者的文化水平和信息需求。每当我写作前，都会系统地建构一张思维导图，以超强的理性思维剖析、对比、阐述自己与他人的观点。如今，我的树干足够高，不用只臭美自己的枝叶，而应该放眼欣赏外面一望无际的大海了。

大海上开了一棵白玉兰树，是件稀奇事。因为这四个人谁也没想过要种白玉兰，只是我觉得这棵树应该是白玉兰，才能让这个故事有头有尾。母亲用爱来教育我，后来每一位良师都在此基础上给了我更多的机遇。写作，成了我表达思想、与人交流的方式。在字里行间的情感流露中，我让老师们看见了一个完整的我。每个学生都是独一无二的。我们有长处也有短板，有各式的偏好，<u>我们不能等着老师来猜测我们的需求，而应该主动向他们打开自己的世界</u>。从小学起，我就和大部分老师保持亦师亦友的关系，延续至今。课余时间，我爱赖在办公室打杂闲聊，逢年过节就献上各种手工礼物，微信朋友圈从不刻意屏蔽老师，时不时会以书信的形式把自己的小九九透露给几个我最信任的老师。当我的恩师们看到课堂外我最真实的一面时，他们自然而然也以最真诚的性情来支持我。他们的教学经验需要根据学生的实际情况灵活调整，只有学生也主动配合回应，他们才能获取一手的"实际情况"，给予我们更优的学习体验。

> **黄博士：**我常常说在师生关系中，学生绝不是被动接受指导的那个人，也可以主动"激发"老师成为更好的教育者。而主动向老师打开你的世界，邀请他们进来就是很好的一个动作。与此同时，通过提问给他们提供教学反馈。很多时候，老师并不清楚自己的教学是否清楚明了。自己是否平易近人，来自学生的主动反馈能帮助他们更享受自己的工作。

教育是互相的。<u>学生不是被动的学习机器，而是主动引领学习旅途的主角</u>。正如《礼记·学记》所言，"善学者，师逸而功倍，又从而庸。不善学者，师勤而功半，又从而怨之。"

对于父母和教师，我不希望你们依葫芦画瓢模仿我的父母和老师。我只希望你们将每个孩子当作一张白纸。若不预设，白纸就有变成宇宙的可能。

对于学生,我不希望你们孤军奋战,拒绝与父母和老师沟通。学习,其实不仅是自己的事情,还是需要多方努力、合作共赢的。

## 教育,即格局的开阔

人,永远都在变。进入高中和大学以后,我的重心从探索个人才艺,移至对世界的探索,其中最让我着迷的是人脑的运作机制和语言对思维的影响。

日本作家村上春树曾经说过:"学习另一个语言就像变成另一个人。"

高中的双语课程体系仿佛提升了我的智力,开发了我的大脑。当我流利掌握两门语言,并学习了第三门语言(日语)后,我发现自己不知不觉中形成了多维的思考模式。用不同的语言,我的思考方式是不同的,这让我能够用更多元化的视角来看待问题。并且我也有能力去直接处理更多的一手信息,吸收不同的文化差异。能够看懂的东西越多,就激励我去探索更多,当我发现更多新奇的、不同的事物,我就会开始对比、思考、评估,从而了解到一个更丰富的世界。尽管每一个发音、每一个符号都是截然不同的,可其组合后所指向的意义必然是相同的——因为语言是承载人类信息与情感的载体。全球一体化的脚步正悄然向前,当人与人、语言与语言、文化与文化、国与国、理念与理念走近彼此时,同与不同成就了最别样的交织。

如果语言的功能足以体现整个文化，那么它是否也定义了我的身份？在学习了 TOK 课程①之后，我了解到有些人在说另一种语言时拥有能够最大化自我表达的自由度，因为他们可以打破原始文化的固有限制。每种语言对世界都有独特的解释，而学习另一种语言则提供了新的视角。双语体系最大的价值就是让我打破自己的思维局限性，探索无限的可能。

大学的多元文化思维更是激发我对全世界的探索。目前我住在一个语言项目（中文、日语、韩语、法语、俄语、西班牙语、德语）宿舍，每一种语言为一个小组，每周共进四顿晚餐，并只能使用该语言进行交流。而其他时间则可以随意和不同语言组的学生进行交流。学生来自世界各地，很多国家和地名是我闻所未闻的。我在这里所习得的远不止语言本身，更是每一种语言背后的社会文化乃至意识形态。每当向异国他乡的朋友解释中国文化以及中文奥秘时，我总能感受到真正的民族自豪感，这是社会道德课上永远不可能教会我的。

一切都是由浅入深、循序渐进、相辅相成的。我在爱中成长，因而想用爱去回馈整个世界。我在不确定的世界里生存，因此愿以热情去抓住各式各样的可能性。

> **黄博士：** 这句话特别让人感动——在爱中长大的孩子会用爱去回馈整个世界！所以，为人家长不仅关乎养育一个孩子成人，更大的责任是为社会培养一个积极、正能量、创造价值的人才。

---

① TOK 全称为 Theory of knowledge，是一门侧重于培养批判性思维和探索知识过程的学科，是 IB 课程（国际预科证书课程）体系的三大核心课程之一，是独具特色的一门课程。它并不是关于某个领域的知识，也不会教你具体的知识体系，具体来说，TOK 是一种思维训练，它鼓励学生对生活中的事物进行思考。

## 推荐书单

1. 《呐喊·彷徨》（鲁迅）

   推荐理由：若不教会人思考，那我们的主食就是人血馒头，我们的脖子如同鸭子般被人提着。

2. 《巨人的陨落》（肯·福莱特）

   推荐理由：所有人的命运都无法逃脱时空的限制。最终，我们的故事都会在历史中封存。

3. 《认知天性》（彼得·C.布朗，亨利·L.罗迪格三世，马克·A.麦克丹尼尔）

   推荐理由：学习本身就是一门科学，而奥秘在于记忆。

4. 《论语》（孔子）

   推荐理由：那些科学研究和现代问题早就在智者的言语中被提及。

5. 《看不见的城市》（伊塔洛·卡尔维诺）

   推荐理由：这本书会让我的灵魂飘起来。

6. 《人类简史》（尤瓦尔·赫拉利）

   推荐理由：跨学科思维的启蒙。

7. 《欧·亨利短篇小说精选》（欧·亨利）

   推荐理由：短小精悍、揭露现实但又用人情味去消解绝望。

8. 《白夜行》（东野圭吾）

   推荐理由：罪恶伊始于童年。

9. 《1984》（乔治·奥威尔）

   推荐理由：语言的匮乏是对自由的剥夺。

# 永远的好奇心

作者：惠铭阳（Derek Hui）
中学：湖森中学（Lake Forest Academy）
大学：塔夫茨大学（Tufts University）[一]

**送给大家的话**

希望各位读者在生活和学习中一直保持对未知的兴趣，好奇心是你最好的朋友。与此同时，在遇到困难的时候不要担心，人的生活有高有低，有起有落，要一直保持向上的心态，坚持相信胜利就在前方。

## 懵懂的童年

作为独生子女，我的童年与绝大多数中国青少年似乎没有什么区别，在学校里和朋友们打打闹闹，回到家找小区里的朋友们一起骑车，把身边的一切事物当作各种游戏。不过，我又与他们不一样，我还有另外一群朋友——我的藏书。

自从我认字以来，在妈妈的熏陶下，我独处时总爱和我的"挚

---

[一] 塔夫茨大学是一所美国私立研究型大学，美国大学协会成员，被誉为新常春藤，波士顿五大名校之一。

友"在一起。每个周末,我们家最喜欢的活动就是去上海的各种书店和书城,大到上海书城,小到路边的一家30平方米的小书店,只要里面有书,我和妈妈就会驻足不前。慢慢地,家里的书越积越多,从一个书架到两个书架,一直到家里每个地方都有我们可以随时拿起来看的一两本书,我也在不断阅读的积累下学到越来越多的知识。从中国的四大名著,到房龙的《圣经故事》,到《可怕的科学》,到野外生存的漫画,我对历史、科学慢慢产生了浓厚的兴趣。很多朋友在成长过程中向我抱怨读书是多么困难、多么无聊,我一直告诉他们,<u>不要把读书当成一项任务,而把它作为一种享受</u>。我一直觉得心态是决定心情的关键,当你抱着完成任务的心态去做一件事时,你就会觉得烦躁,因为你一直觉得你做得够多了,所以会慢慢觉得越来越无聊;而当你觉得无聊的时候,你就不会再用心做这件事。现在让我们换一种心态,抱着享受知识的态度去读书,让读书变成一种享受,随着时间的流逝,你会更加享受读书的悠闲,而不会感觉无聊或烦躁。与此同时,读的书越多,你会发觉各种不同书籍的异同,通过比较这些异同,就会对书有更多的了解与体会。

> **黄博士:** "书中自有黄金屋",阅读的重要性很多家长都知道,但是又很苦恼如何培养。早期最重要的是让孩子接触到书,读什么并不是最重要的。先让他们看各种书,再让他们选择自己感兴趣的书。即使孩子爱看在你看来"不好的书",也请智慧的找方法让孩子自己学会判断哪些书值得花时间,而不是替孩子做决定。

除了读书以外,我的童年生活也被各种课外活动刻下了深深的烙印。从钢琴,到围棋,到篮球,到合唱,我的每个周末都被塞得满满的。每个孩子都是爱玩的,而有时候,各种排练和训练也会让我感到无聊与烦躁,因此对父母有很多抱怨,也发生过多次拌嘴。小时候的我还不理解他们带我去参加各类课外活动的用意，直到最近我才慢慢开始明白他们的苦心。不是每个孩子生下来就有对世界的好奇，我也不例外。但是通过尝试不同的活动，每个人才能够找到自己喜欢的、热爱的事物。每当我的朋友找我咨询他们应不应该去试试各种活动时，我告诉他们：你永远不会知道你喜不喜欢一件事，直到你尝试过以后。尝试才会有结果，而不尝试只会让你一直困惑。

## 迷茫的少年

少年的我，是幸运的，考入了上海最好的初中；但又是不幸的，因为我在那里迷失了自己。小学的我凭着自己的聪明，学习非常顺利，我从没有过需要花大把时间拼命学习的时候，这也让我养成了一些不好的学习习惯。同时，因为初中繁忙的学习任务，我放弃了围棋与钢琴。尽管放弃了一些活动，但我并没有好好利用这些多出来的时间。每次考试前，我总是觉得自己没问题，而疏于复习老师重点要求的细节。有些时候，我通过自己的小聪明，可以在班级里名列前茅，而有的时候，对细节的不注意会让我排在倒数。但我一直安慰自己，下次注意就行。就这样，一次次的"下次注意就行"变成了"还有下次呢"。慢慢地，这些考试的不顺越积越多，我也失去了自信心。失去自信心的我对学习慢慢丧失了兴趣，没有了对知识的兴趣和好奇让学习变得枯燥而无味。渐渐地，每次开始学习或者复习，我就变得烦躁不安，经常失去专注力。这样没有效率的学习更是让我的考试成绩继续下降，而这种恶性循环让我自己也感到不快与难受。

在学习成绩之外，我继续着自己对读书的爱好与对唱歌的兴趣。在初中的三年里我一直在合唱队，每当我在合唱队排练或者表演时，我就能暂时忘记学习的不顺。唱歌变成了一种我对学习不顺的应对途径，而读书成了我在家中对枯燥学习的应对方式。每当我静不下心学习时，就会选择一本书开始读，虽然这能让我感到短暂的放松，不过也占用了学习的时间，最终又陷入了一种恶性循环。就这样，我感到迷茫，不知道自己每天都在做些什么，但时间一直慢慢流逝。很快，就进入了中考前的最后一年，而我似乎对此毫无准备。不好的学习习惯和流失的自信心让我的初中生活陷入了一种困境，而我无力招架，甚至都没时间找回原来的自己。

## 崭新的旅程，改变的契机

初二的暑假，因为父亲的工作，我有了一个机会去美国开始我的高中生活。这个决定并不容易，一方面我没有准备甚至没有想过去美国读书，去一个全新的国家，离开我熟悉的朋友和亲戚；另一方面，我对自己的初中生活非常失望，觉得我浪费了自己的大好年华。最终，童年带给我的好奇心驱使我选择开始一段崭新的旅程。就这样，在那个夏天，我来到了美国伊利诺伊州的 Naperville，在 Neuqua Valley 公立高中开始了我的生活。

刚来到美国的我是紧张而激动的，这是一个完全不一样的世界，一种完全不同的语言，一切都是陌生的。我的高中时光从足球队实训开始，在训练场上的第一天，看着其他从小就一直踢球长大的同学们，我开始有点不安和害怕。我不知道他们听不听得懂我带有口音的英文，也不知道他们会不会接纳我作为朋友。很快，三天的实训结束了，从小喜欢踢球的我幸运地被选入年级队，而每天和这些同学踢球让我必须和他们交流。起初的紧张慢慢淡去，我开始和队友们变成了朋友，和他们一起去吃饭，或者去同学家一起看电视或者打游戏。我收获了我在美国的第一群朋友，对足球的热爱让大家走到一起。在和他们一起玩的时候，我也慢慢地了解了更多美国文化，同时我的自信心也在慢慢回归，因为我的朋友们并没有因为我是外国人而对我有任何偏见。很快，第一天的正式课程开始了，有了和我的足球队友们交朋友的经验，我更加自信了，更加敢于与不同的同学交流。随着一学期的结束，我已经认识不少新的朋友，而我也找到了我在高一最好的朋友 Jelle。和 Jelle 一起打篮球、吃饭、认识新朋友，他很快帮助我融入了美国的高中。

我渐渐发觉自己喜欢做的事挺多的。我也开始参加校内的课外活动——数学队、足球队、演讲队，不断寻找自己喜欢做的事。与此同时，<u>通过参加各种活动，我也遇到了更多志同道合的朋友，继续拓展了我的社交圈</u>。一个学期结束以后，我发觉自己对数学的兴趣，于是每天上课或者自习的时候，我就会根据老师上课的内容来给自己提问题或者找不同的方法解决同样的一道题。在不断自学中，我也和我的老师 Ms.Niedo 走得更近了，每天老师有空的时候，我就会去问老师各种有关数学的问题。到了第二学期，老师也会给我单独出一些有趣的问题让我来解答。我慢慢找回了学习的乐趣以及在学习上的自信心。

在第二学期末，和父母商量以后，我准备迎接一个新的挑战，转学去私立的湖森中学继续我的高中生活。

## 全新的挑战，全面的成长

转学并不是件容易的事，新的老师、新的环境，对青春期的我来说，更重要的是新的朋友。湖森中学距离我们原来的家有一小时的车程，所以我只能选择寄宿。我不得不和刚刚认识一年的好朋友们说再见。虽然新环境还是让我紧张，但是有了一年的过渡，我带着些许在公立学校积累起来的经验和自信，开始迎接新的挑战。

社交上，我通过足球认识了一群新的朋友们。同时因为寄宿的原因，我也很快和我的室友成了朋友。青春期的我正渴求友谊，我每天的生活很快被社交排得满满的。从一起上课到一起吃饭，到下午踢足球，到晚上一起打游戏，我的一天是充实的。但当时的我并没有发觉，由于社交带给我的满足，我对学习的好奇心正在悄悄地缩减。很快，我对学校成绩的期望值从 A 慢慢变成了只要 A- 或者 B+ 就行了。一个学期结束后，我的 GPA[一] 从高一的 3.96 一直跌到了 3.46，我引以为傲的数学更是从 A+ 变成了 B。学校里的成绩又一次让我的自信心受到了打击，我似乎又跌入了初中时曾经遭遇的泥潭。那个冬假，我开始反思，怎样才能平衡社交生活和学习生活，并重拾学习的乐趣。

第二学期刚开始的我有着一改旧貌的决心，在学习上有了显著的

---

[一] GPA，全称 Grade-Point Average，即各科成绩平均积分点。

进步，我慢慢找到了学习的快乐以及学会自学的能力。与此同时，我也发现了自己在音乐上的才能，我参加了学校的合唱团以及音乐剧。

我在社交上的自信更是帮助我不断结识新的朋友。我在美国和中国的生活经验，也帮助我收获了中国和美国的朋友。在和更多美国同学走得更近的时候，我也发现了一些美国人对亚洲男孩的刻板印象，其中"瘦弱"首当其冲。虽然我从小体育就很好，但看起来还是瘦瘦弱弱的。于是从那时起，我抱着一改大家对亚洲男生刻板印象的初衷，开始自己琢磨健身。

我通过各种渠道研究健身的技巧。YouTube 成了我最好的朋友，每天只要一有空，我就会找有关健身的各种视频。从饮食，到动作，到怎么最能增肌，我每天不厌其烦地汲取着知识。除了 YouTube 之外，我还会在与校队一起训练时，向指导我们的健身教练询问健身的秘诀。健身一开始是艰苦的，从手上的老茧，到肌肉的酸痛，还有那肉眼无法看到的一点点进步，无时无刻不让我产生想要放弃的念头。不过我下定决心要坚持下来。转眼，第二学期结束了，我的高中岁月已然过半，大学申请就在前方，然而尽管我在第二学期的努力有了些回报，但第一学期的疏忽让我的 GPA 并没有很大的竞争力。那个夏天，我决定找回最原来的自己。

## 自我的认知

高三的我找回了对一切事物的好奇心。在课程上，从物理、化学和统计，到英语和世界历史，再到合唱和表演，我继续着我对知识的渴求。在课外，从足球和田径，到音乐剧和独唱；从志愿者，到科学奥林匹克——只要有时间，我就去尝试不同的活动。

各种活动让我的每一天都排得满满的，我的生活也变得规律了，同时我也把我的社交生活融入各项课外活动中。我渐渐在学校里被人熟知。在不断变得自信的过程中，我的学习成绩也在直线上升，形成了一个良性循环。在各项活动中取得的成绩也让我每天的心情变得很好，我一直坚持的健身也慢慢地出现了成果。我不断地感受到一个好的生活作息和习惯带给我的好处。我还被选为足球队队长，田径队中我也被评为最好的高三田径运动员。

在通常的学校生活以外，大学申请也在悄悄地来临。各类文书的准备和 SAT、ACT 的考试培训也让生活更加忙碌。有了做其他事情的成功经验，我抱着"我可以"的自信不断地取得成功。

忙碌的高三很快就过去了，在高三的夏天，我有幸来到哈佛大学参加夏校，与哈佛的本科和研究生们一起上课。因为我对数学的擅长和喜欢，我选择了一门经济统计课，虽然我是课上唯一的一个高中生，但我很快爱上了这门课。只要一有时间，我就会去图书馆自学更难的内容，然后和教授交流。很快，我的教授 Vicentini 就开始给我发研究生级别的经济统计内容，并且邀请我试着自学。这次的夏校经历让我确定了我对数学与经济的兴趣。

> **黄博士：** 我们不能争取那些你并不知道是否存在的机会，所以最好的方法就是跟随自己的兴趣向厉害的人请教，也许你看不见的机会就这样被争取到了。

高四很快开始了，在 11 月前，我就要决定我心仪的大学了。在反复与父母和老师讨论过后，我最终选择了波士顿的塔夫茨大学。很多同学对我的这个决定有所不解，因为塔夫茨并不是排名最好的学校，我可以去申请到其他更好的学校。但我觉得塔夫茨的校园气氛和风格更适合我，而且我并不觉得去一所排名更好的大学就一定能决定我接下来的一生。经过了写文书、面试、递交申请等过程，幸运的我在 12 月中旬收到了塔夫茨的录取通知书。然而，尽管我并不过于在意学校的排名，但看到身边一些平时学习可能没有我好的同学在春季录取期被藤校录取，我为他们高兴的同时，也有些怀疑自己的选择是否太保守了。带着这样的困惑，我对大学的生活又有了一种不一样的期待。

## 成熟的年龄

2020 年开始的新冠肺炎疫情让全世界都蒙上一层阴影——学校的停课，工作的停止，生命的流逝。我的生活也改变了，隔离在家的五个月里，我开始不知所措。高四申请大学后本当是最悠闲的和朋友一起玩乐的时候，而居家隔离让这一切都不能继续。经过最开始一个月的无聊与迷茫，我开始重拾对世界的好奇。

**黄博士：** "计划不如变化快"，在这个快速变化的年代，这句话尤其准确。我们小时候学的各种爱好如果至少有一个好处的话，那就是可以让我们在独处和无聊的时候不至于失去对生活的兴趣。

在高中繁忙的学业压力下，我并没有很多机会读书、弹琴、烧饭、健身，做我喜欢的事情。而隔离的那些天正好给予了我一个契机找回这些乐趣。因为我有从零开始学习健身的经历，我又一次把 YouTube 和互联网当作我最好的老师。从学习做意大利面，到学习居家健身的技巧，再到看着钢琴谱自弹自唱，我的隔离期变得愈加丰富多彩。五个月转瞬即逝，马上就到了进大学的时候。作为离别的礼物，妈妈送给了我一把吉他，让我自学。

新冠肺炎疫情下的大学和平时有不少区别，为了学生的健康安全，塔夫茨大学定了不少规章制度，让社交与学习变得困难重重。和平时的大学生活有所类似的是，我有了大把自己的时间，可以做各种自己想做的事。于是，我立下了学吉他的目标。从 YouTube 上的新手教程学起，从最简单的和弦弹起，到我会弹的第一首歌，一点点的进步在不断激励我前行。弹吉他并不是件简单的事，按在琴弦上的左手手指感觉像是被割破了似的，反复拨弦的右手也很快酸起来。不过抱着对音乐的热爱，我继续自学着。慢慢地，我的手指上发起了老茧，右手也对拨弦更加熟练了，我也练会了更难的和弦。但是我还不满足于自己的这些进步，作为一个喜爱音乐的人，最大的挑战莫过于写自己的歌。

> **黄博士**：自学能力是这个时代非常重要的能力。不要再抱怨资源不够好，只有你不够想要。真的想学，网上都有好的课程等着你开拓。

大一的冬天，我每一天的生活只有三件事——吃饭、学习、弹吉他。在不断摸索中，我通过研究乐理、模仿自己喜欢的歌手的歌曲，终于经过三周的不断努力，写出了自己的第一首歌。从那开始，我不断地修改、填词，继续研究新的旋律。到了大一结束时，我已经写了三首歌。很难想象十个月前我还对吉他一窍不通，但是抱着对吉他、对音乐的热爱，我完成了对自己的一种承诺。

> **黄博士**："从 0 到 1 完成一件事情"最重要的启示是告诉自己"我可以"。这三个字真的非常重要，在成功的时候可以激励你定下更大胆的目标，在你失落时可以提醒自己"我曾经完成过一件不容易的事情，这次我也可以"。如何制造这种"我可以"的机会呢？

在生活中，我发觉了对吉他的热爱，而在学校里，我也找到了自己的道路。因为塔夫茨拥有优秀的医学院，我抱着试一试的心态，开始学习医学院预科的内容。在很多人眼里，我是给自己找麻烦，因为我的本科专业是宏观经济和应用数学，这两个专业似乎和医学院一点关系也没有，同时修这三个方向难如登天。但是有了自学吉他、健身的经历，我对自己的学习能力充满了信心。在过去大一的一年里，我也慢慢摸索出最适合自己的学习方法。在修线性代数时，我会在上课前提前开始做作业，不会的我就自学，然后到老师上课时，课程内容对我来说就是一种复习，而这样也帮助我向老师提出建设性的问题。同时，与老师的关系又一次帮助我找到了学业上的机会，我的线性代数老师把我推荐给了他的导师，而他的导师帮助我在塔夫茨的化学部找到了一个做研究的机会。

刚刚开始大二的我，在大学，在人生的路上，还有很远的旅程，但是抱着对世界的好奇与热爱以及一直积极不放弃的心态，我对自己充满了自信。

> **黄博士**："自我效能"是指一个人相信自己可以实现一个目标的自信程度。很显然，Derek 的"自我效能"通过健身和学吉他这几件事情的经历不断增强，从而外显为"自信"的状态。这个特质真的不是别人给你的，是从一件件小事的完成中积累起来的。给孩子适宜的困难，会帮助他找到自信。

> **黄博士**：我在演讲的时候也经常说，"留学带给我的好处是一种发自内心的信心，一种无论被放逐到世界哪个角落都可以养活自己的勇气"。即使不出国，也请给孩子可以自己独立完成任务的机会。不要一边抱怨孩子不够独立，一边又安排着、控制着他的一切。

## 结语

我并不是一个传统意义上的好学生，但我很感激自己对一切的好奇。有了好奇，你就会对世界产生兴趣，而有了兴趣才会享受学习，享受练习，享受困难。没有好奇，一切都是枯燥无味的。与此同时，对自己充满自信，才敢于和导师、同学、工作中的上级和同事互动。最后，要永远保持积极向上的态度。就像我，在成长过程中经历了不同程度的高低起落，即使这样，也一定不能放弃，要把困难和低潮当作一个自我反省、自我进步的机会，这样，你永远不会对未来感到惧怕。

## 推荐书单

1. 《人类简史》《未来简史》《今日简史》三部曲（尤瓦尔·赫拉利）

   推荐理由：对过去、现在、未来的理解与展望，拓展你的视野。

2. 《人类的故事》《圣经的故事》（亨德里克·威廉·房龙）

   推荐理由：培养对世界的兴趣，用读故事的方法来学习。

3. 《悉达多》（赫尔曼·黑塞）

   推荐理由：开启精神上的旅程，培养对世界的认知。

**妈妈视角**　　**每个人的一生都是自己书写的童话**

文 | 张燕

2021 年 6 月，我回到阔别四年多的上海，结束了"陪读妈妈"的生活。除了见证儿子成长为一个独立、自主、自强的人，我也收获了美国大学的公共管理硕士学位（MPA）。

我的儿子 Derek 则开始了他在美国塔夫茨大学大二的学习和

生活。

当初决定回国的时候，很多国内外的朋友问我，是否放心让 Derek 一个人留在美国？我毫不犹豫地回答，放心。

是的，这种放心来自我对孩子充分的相信。过去五年，随着他的长大，Derek 展现出越来越多自律、独立、合群的态度及能力。他每天坚持健身，和很多陌生或熟悉的朋友和谐共处，他爱上了吉他弹奏和创作，能独自烹饪可口的美食，他还喜欢和我们分享生命中遇到的种种挑战和喜悦。这样的年轻人，我还有什么理由不放心？

> 黄博士："放心"就是"相信"，并不代表不担心。我见过很多豁达的父母即使担心，也不会逾越边界去帮助孩子解决他自己应该面对的问题。真正的"放心"是"相信你可以"。

事实上，从他童年开始，我们这对母子不仅因着血缘有一种天然的亲密，更有两个独立个体对彼此生命的尊重和激励。作为父母，我们用心抚育孩子健康长大，在此过程中，我们也借由孩子成为更好的自己。

## 以身作则，以身作则，还是以身作则

我们只有三个方法教导儿童：第一个是以身作则，第二个亦是以身作则，第三个仍然是以身作则。

——史怀哲

2016 年 6 月，Derek 跟随爸爸去到美国芝加哥开始了他美国高中的生活。同年 9 月，教师节过后的第二天，辞去幼儿园园长公职的我，来到 Derek 身边，正式成为一名"陪读妈妈"。

之所以在"陪读妈妈"这个称谓上打上引号，是因为这次赴美并非全然出于照顾孩子的需要，也是对于自我发展的需要。在教育领域工作了二十多年后，我也希望有一段时间可以去思考如何走好接下来的生命之路。

和所有留学家庭一样，刚到陌生的国度，会遇到许多困难和挑战。虽然，之前曾多次到欧美旅行，然而，匆匆过客和成为暂留此地的居民，无疑有质的区别。语言是首要障碍。本来英语底子就不好，加之多年疏于使用，我的英语交流水平仅限于最简单的日常会话。当然，更深层次的挑战还来自文化习俗、思维方式等的差异。

抵美第二周，没有任何耽搁，我就去了附近的社区大学接受英语能力测试，并立刻注册成为全职语言学生。

对我来说，学英文最难的是听力。记得第一次听力课，老师播放完三遍对话录音，我的本子上还只记录了可怜的几个单词，其中一个还拼错了。为听懂这几个似曾相识的单词，我努力辨别，于是错过了大段的句子，结果当然是没听懂对话。我，成了十足的"差生"。

我从小成绩优异、工作出色，几十年来，一直是"优等生"的模样。却在四十几岁的时候，为了成长，放着好好的园长不做，在异国他乡"沦落"为一名"差生"。突如其来的巨大反差，使得我开始害怕老师课上提问，害怕考试，甚至每天去学校学习都要鼓足勇气。

然而，就在有一天，我又一次在课堂上面红耳赤回答不出问题的刹那，突然对"差生"有了感同身受的真正理解。过去，作为教育者，我自诩对每一个儿童都平等相待，对差生的各种成因分析也能侃侃而谈，但一切都比不上自己成为"差生"后如此深刻的感悟。那种坐在教室里的不安、羞愧甚至恐惧的情绪，局外人是无法体会的。这段经历狠狠教育了我这个自以为是的教育者，让我清晰地察觉个体经验天然的局限，让我警醒时刻要保持谦卑和记得自己常常"不知"。

这一段初到美国的学习历程，某种程度上，打破的不仅是我对教育的认识，更是对自己生命的再一次唤醒。如初生婴儿一般，我对这个陌生的世界充满好奇，几十年建构起的经验和成熟"模式"被解构，开始更用心地去观察、学习、思考并融入。

> **黄博士：** 对于"差生"的这段描述，我特别认同。家长和教育者很多时候是不能对现在的孩子所面对的压力和处境真的做到感同身受的。不但不能感同身受，还容易给孩子贴标签——"懒""拖拉""不努力""好吃懒做"等，下次又要脱口而出的时候，请想想这样的孩子是谁培养出来的？

我决定采取行动，摆脱"差生"的标签。于是，主动与课程教师预约并沟通，坦诚自己遇到的困难，倾听老师的建议和意见，充分利用学校提供的辅导服务，课后进行一对一英语口语练习。此外，积极参加学校组织的各类活动，体验活动中蕴含的价值取向及文化习俗。回到家，我请儿子用英语跟我日常对话，并帮忙纠正我的发音。你能想象那个画面吗？母子二人在美国用英文对话，相互鼓励、支持彼此尽快适应新的生活环境。现在想想是一件特别美好温馨的事情。我们是互相陪伴。

这其中，但凡有了新的发现和体悟，我总会用文字记录或口头表述，分享给 Derek，并常常倾听他的观点和办法。事实上，当有了觉察的意识和习惯，生活每一天都会带来新的思考和喜悦。

很快，我能听懂的越来越多，开始享受自己的学生生活，并和很多同学、老师成了朋友。一年课程结束，我通过了语言学习的考试，并选修学习心理学等专业课程，成绩均为 A。

语言关过了以后，2018 年我申请进了芝加哥一所私立大学攻读公共管理硕士学位，两年后，以近 4.0 的 GPA 顺利毕业，成为本专业的优秀毕业生。

Derek 呢，美国高中生活第一年是在我们居住的小镇公立高中就读，和很多公立学校一样，这是一艘庞大的航空母舰，每个年级段有一千多人。不过，Derek 适应得很快，他成为足球队和数学竞赛队的成员，并结交了好多位美国朋友。学年结束，GPA4.1，并获得校长嘉奖。作为家长，我出席了颁奖仪式，深觉与有荣焉。Derek 能快速融入美国校园，很大的原因是他的体育爱好和开朗的个性。

考虑到公立学校的教育资源和师生比，我们还是决定让 Derek 转到私立学校去。2017 年上半年，Derek 顺利获得多所美国高中的录取通知书。最终我们选择了芝加哥的一所寄宿私校就读。环境改变之后，Derek 有过一段时间的迷茫期，但很快，他又重新适应，并成长得更快。

有意思的是，我和 Derek 是同一年的毕业生，只不过，我是硕士毕业，他是美国高中毕业。如果没有疫情的影响，我们将会盛装出席彼此的毕业典礼，并送上祝词和鲜花。但这又有何妨，人生值得被珍藏的从来不是成功的刹那，而是一起走过的生命历程。

> **黄博士**：父母和子女的爱是一场渐行渐远的分离，只是距离上的，而不是心灵上的。能够一起创造共同的回忆是最珍贵的生命历程。

回想过去五年，我从来没有教导过 Derek 如何去适应新的世界、新的文化，而是努力让自己学习，不断了解、理解并靠近这个国度。

从 Derek 出生起，我和他爸爸就有一个共识：与其言传，不如身教。为人父母，期待孩子成长为理想的模样，是人之常情。但我们也不得不承认，<u>真正能被改变和被教育的，唯有我们自己</u>，这是常识。我们要尊重常识。

  Derek 常常骄傲地对朋友说，他有一个独立、坚毅、平和，始终具有好奇心的妈妈，有一位乐观、聪明、善良，始终充满活力的爸爸。我想，与其说这是孩子对我的褒奖，不如说这是他心底对自己期待的模样。

### 美的力量超乎寻常

  有一个孩子每天向前走去，
  他看见最初的东西，他就变成那东西，
  那东西就变成了他的一部分，在那一天，或者那一天的一部分，
  或者几年，或者连绵很多年。
  或者是早开的紫丁香，那么它会变成这个孩子的一部分，
  还有那青草，那绚丽的朝霞，那红色白色的苜蓿草，以及那菲比鸟的啾鸣，
  还有那三个月大的小羊羔，淡粉色的一窝小猪、小马驹和小牛犊，
  还有谷仓空地上或泥泞的池塘边那叽叽喳喳的小鸡一家，
  还有池中好奇的鱼儿，以及那美丽的迷人的湖水，
  还有池中的水草，优雅地摇曳着，
  所有的这一切，都成了这个孩子的一部分。
  ……

——惠特曼

以前在幼儿园做园长的时候，每一年新生家长会，我都会朗诵美国诗人惠特曼的这首小诗《有一个孩子每天向前走去》。我笃信，孩子每日所见所闻所感的有形无形的外在世界，都会成为其生命的一部分。我分享的不只是这首小诗，也是我的家教观。

在 Derek 成长过程中，作为父母，我们把身教作为第一原则。另外，我们也深知自身生命的局限，因此，尽可能把人类文明和自然世界中美的事物带到孩子的成长岁月中，使其浸润于辽阔的世界，潜移默化地受到感染和影响。

这其中，书籍和音乐是最重要的两个美的载体。

Derek 与书的缘分始于胎儿时期。怀他的时候，我正备考教育硕士入学考试，有几个月，夜以继日地背诵考试科目的教材内容，直至奔赴另一个城市考完试，身孕已有八个多月。考试结果很理想，记得总分是报考学校当年录取考生的第二名。Derek 出生后，从小记忆力不错，家人常常开玩笑是因为当初陪我备考的结果。

从 Derek 三个月起，<u>每日睡前半小时的亲子阅读就成为我们家庭生活中的重要仪式</u>，雷打不动。由于 Derek 爸爸当时在外地工作，平日的睡前阅读都是由我来朗读，如果哪天我有事不能陪伴，我的妈妈就会替补上场。

我个人喜欢阅读，更喜欢买书。Derek 小学时，家里就有几千本藏书。只要是我们书架上的书，就没有什么是他不被允许读的。孩子的阅读品味和能力，是可以通过自己的经验慢慢建立的。有些书，虽然开始读不懂，但也许会播下种子，让你在未来某一天与它重逢。

就像前不久下午发生的事。我突然接到 Derek 的电话，那时是美国东部时间深夜两点多。这个时间接到电话，我以为发生了什么大事，心里着实吃了一惊。只听 Derek 在电话那头激动地说，"妈妈，我在看《悉达多》㊀，看得不能自拔。我希望自己像悉达多那样不断修行，成为最好的自己。你知道吗？我十一岁的时候在你的书架上读过这本书的，当时读不懂。今天读英文版，小时候读到的那些文字，好像一下子都记起来了……"不容我说话，Derek 一口气说了很久，直到我催他赶紧睡觉，明天再聊。挂上电话，我既欣慰又感动，这确实是一件大事，十九岁的青年 Derek 在人生悟道的新路口，因为黑塞的《悉达多》，与十一岁的 Derek 相遇，与旧日时光相接，心灵被思想激荡，这是何其美妙！

书，是 Derek 最好的童年玩伴。我们从没有刻意教过他识字，只是把他领进了书的世界；在上小学前，他已经认识了一千多个汉字，并理解其意。阅读，帮助他储备了知识，开阔了眼界，也锻炼了他的思维能力。这些，都让他在学校学习中获得极大助力。

而最为珍贵的是，以书为桥梁，Derek 看到了当下日常世界以外更为广阔而悠远的文明世界，他得以与各个时代的先贤、精英对话，并由此慢慢对自身生命有所省察和思考。

也许因为童年亲子阅读养成的对话交流习惯，长大后的 Derek 并

---

㊀ 《悉达多》是黑塞的第九部作品，1922 年在德国出版。主人公悉达多是古印度贵族青年，他英俊聪慧，拥有人们羡慕的一切。为了追求心灵的安宁，他孤身一人展开了求道之旅。通过对悉达多身上的两个"自我"——理性的无限的"自我"和感性的有限的"自我"——的描写，黑塞探讨了个人如何在有限的生命中追求无限的、永恒的人生境界的问题。

没有跟我们渐行渐远变得无话可说,而是始终能持续进行有意义的对话和讨论。有时候我就想,等到年老的时候,Derek 还依旧喜欢对着我们"喋喋不休",那时候的我们大概不会感到孤寂的。

和很多孩子一样,Derek 也从小开始学习钢琴,从学前大班一直持续到八年级,九年级到美国后就中断了。但是,他对音乐的喜欢已经根深蒂固。

在高中期间,他加入了学校的人声合唱团,多次参演每年度学校的戏剧大戏。一年多前,开始自学吉他并学习乐曲创作。最近,又参加了所在大学的中国学生合唱队。

2020 年疫情严重时,大家都保持相对隔离的状态。Derek 说,是音乐让他不觉得孤单。而这无疑正是我们当初让他学习音乐的初衷:每个人不免都有孤独或者失意的时刻,音乐能抚慰人心;我们不能陪伴孩子一辈子,但音乐可以。

在他童年与音乐亲密接触的往事中,最令人记忆犹新的是一套《古典音乐入门》CD,一共有十张,几乎囊括了整个古典音乐史的经典曲目,是有一年我在上海书展上所购。自从有了这套 CD,只要坐上汽车,当时三年级的 Derek 就会要求循环播放这些曲目,自己摇头晃脑地跟着哼唱,激动时,手舞足蹈。这样的狂热持续了近两年,差不多到了五年级,这些 CD 才淡出我们的家庭汽车演奏厅。

但热爱音乐的烙印已经打下了。如今,我们在一起听到那些熟悉的曲目,总不免要相视一笑。不用说,我们都想起了汽车上的演奏厅。

当然,美的事物又何止书籍和音乐。参观博物馆、看画展、学习烹饪美食,都成为我们亲子生活中的一部分。

Derek 进入大学后，每次放假回来，都主动担当大厨角色，烹饪我们的餐点。老实说，他的西餐做得颇有样子，不仅考虑香和味，还讲究"色"，我们都很开心，美经由精神的洗礼回到了他的日常生活。回国后，我听不止一位朋友夸赞他的厨艺，他自己也在为大家的服务中感受到力量。

这个学期，Derek 搬进新的学生公寓。他在家庭微信群分享了自己房间的照片。只见房间内物品分类有序摆放，墙上挂着几幅博物馆买来的名画印刷品，桌上有书籍，有唱片机，还有几盆绿植，一切生机勃勃。

### 走出唯一真理观

任何一个可信的道理都是真理的一种形象。

——威廉·布莱克

拙文的结尾标题"走出唯一真理观"，其实是借用了哲学家陈嘉映先生的一本书名。如果说前两小节的叙述是讲具体的方法及策略，那么，"走出唯一真理观"是我们和 Derek 慢慢清晰的人生哲学观念之一。

人的生命以及社会形态没有统一标准的科学答案，小到个人，大到国家，价值伦理、文化习俗等都各不相同，各有各的历史渊源和现实背景。每个生命个体都是独一无二的。即使是自己，今日的自己和昨日的自己也会有迭代更新。

> **黄博士**：这本书的目的不是为了给大家一些成功的模版，而是通过他们的故事给读者一些新的启发，掌握一些常识性的原则，作为处世育儿的指引。就像达里奥的《原则》，他写出来的目的就是通过总结自己经历中的原则，帮助更多的人取得成功。希望大家能够透过现象，看到本质。

不固守一种确定的模式去面对世界、他人和自我，是精神底色，也是常识。由此，才能在这个不确定的大时代，不陷入虚无，逐渐学会谦逊包容、平和专注，与世界、他人和自我保持一种良性的关系，并在时间的河流中，慢慢寻找到自己生命的坐标。

从观念到行动，Derek 和我们还只是起步，却已受惠良多。

也基于这样一种哲学观念，亲爱的读者，这篇小文仅仅是亲子共同成长的一种形态，作为案例供大家参考、讨论。我们期待您孕育出属于您和孩子的成长之道，因为"任何一个可信的道理都是真理的一种形象"。

# 及时当勉励

姓名：张琬悦（April Zhang）
高中：浙江省浦江中学
大学：中国科学院大学

**送给大家的话**

刘震云在《一句顶一万句》中说道："这个世界本就没有任何一句话，可以让你醍醐灌顶。真正叫你醍醐灌顶的，只能是一段经历。而那句话，只是火药仓库内划燃的一根火柴。"希望你多体验勤思考，愿你在我的分享中找到你所需的火柴。

　　我们或许素未谋面，我无从知晓你学业是否顺利，生活是否欢愉，无从知晓你是否曾经历和我一样的迷茫期、困惑期、调整期、自信期。当然我希望你一切都好，但是如果你仍有所渴望、有所困惑，我愿讲讲我的故事。如果能陪你走过一段略显艰难的时光，抑或能给你一些锦上添花的启示，那我便不负"朋友"二字。我讲，你听。

　　现下是 2021 年的夏天，是我大二刚结束的暑假。窗外的雨叩打浓郁的绿叶，敲出绵延温柔的白噪音。在两年前考上 ESI 排名全国第一的大学而前往北京求学之前，我一直生活在浙江一座安逸的小城里。这江南的雨，从我的童年一直淋湿到现在。回望我这二十年的成长轨迹,像是一条近似正比例的直线,有着几处小小的波动,总体上却不曾偏离轨迹。想来有几次是险些坠落,只是在努力和机遇的化学反应下,我后知后觉地完成了一个个转折点。我能成为今天这样自己喜欢的模样,除了因为我父母对我的教育功不可没之外,还得益于我遇见的许许多多富有人格魅力的老师,他们在潜移默化中改变了我,还有一路上与我同行的各位好友,他们给我的很多温暖的鼓励和建议,都在我没有察觉的时刻塑造了我,当然,我也要感谢不放弃努力的自己。

细细算来,我的成长轨迹可以供你参考的有这样三个方面:在阅读中奠基成长的基石,在兴趣培养和活动历练中提升自身的能力,在逆境中锤炼自己的心智。我是如何做到的呢?且容我娓娓道来。

## 童年与阅读

"当我还是个孩子时,我吃过很多食物,现在已经记不起来吃过什么了。但可以肯定的是,它们中的一部分已经长成我的骨头和肉。"这是我非常喜欢的一句话。不论是看过的书,还是走过的路、参加过的活动,我把我生活中出现的所有事都当作一种经历、一种体验,汲取其中的养分,让它们慢慢长进我的骨头和肉里。

出生在"神笔马良"之父洪汛涛先生故乡的我,受益于浙江省

> 黄博士:阅读的好处,本书几乎每一位学生都提到了。从脑科学的角度来说,阅读是靠后天培养的,从儿时的图像识别(绘本),到语音感知(睡前听妈妈讲故事),再到五六岁时初步建立文本阅读习惯,到青春期后期随着阅读量的增加,人的阅读能力才完全建立起来。感兴趣的朋友可以看下斯坦尼斯拉斯·迪昂(Stanislas Dehaene)写的《脑与阅读》。

良好的经济环境和教育政策，不曾在过于激烈的竞争中失去自由多彩的童年。小学时期，钢琴黑白键编织的悦耳旋律熏陶着我，在瓦片上绘画、用雨伞制作"蜘蛛"的创意绘画课激发了我的创造力，除此之外，我还顺着自己的兴趣上过书法课、写作课、游泳课，等等。

我坚持最久的爱好是阅读，从识字起到现如今，是发自内心热爱最持久的事物。阅读的启蒙者是我的妈妈，她是一名小学数学老师。那时候全民阅读还未兴起，妈妈先知灼见地在我小学一年级时带我办了一张图书馆的借阅证，从此我在阅读海洋里肆意乘风破浪。阅读成了我闲暇时的午后阳光、忙碌时的解压神器。阅读带来的好处是培养了我的共情能力和语言表达能力，让我心思细腻、思虑周全，说话时逻辑清晰，做事专注度高，学习能力强。我最喜欢的古典诗词在我的语文学习过程中起到了莫大的作用，无论是写作时的唯美开头，还是古文阅读时的诗词典故，都是曾经诵读过的"千朵花，万盅酒"的诗词片段浮现在我脑海中帮助我答题。

现在"全民阅读"时代已经到来，但是阅读带给我们的好处不是随意看书、看随意的书能够实现的，阅读的书目需要甄别。根据我自身的经验，不能只看一种类型的书，需要广泛涉猎。我们知道像悬疑、玄幻、言情等书像短视频一样具有感官刺激性，任何人都可以轻易沉浸入它们的世界。对于这类书籍，建议挑选其中的经典之作和巅峰之作进行欣赏和学习便足够了，不可沉迷。广泛涉猎各种类型书籍，如小说、散文、诗词、童话等，可以帮助我们在对比中构建出最适合自己的正确世界观。学习的重要作用之一就是帮助我们理解这个世界的多样性和复杂性，单一品类的书籍阅读若是在成长阶段，就容易让我们养成较为固化地看待世界的眼光，这会在很大程度上限制我们的发展。

<u>阅读是最低成本的学习方式</u>。不论你此前是否热爱阅读，你都可以从看到这一段话开始，坚持每周或每天有固定的阅读时间。阅读的海洋如此浩瀚，总有一朵浪花是为了迎接你而存在。不论是纸质阅读还是电子阅读，不论在书店、在图书馆，还是在家中，沉默的文字和你一起浸没在暖黄色的灯光下，你身处一隅，却可以与任何时期的世界交流，在交流中获取你所需的眼界和哲理。在阅读的过程中，我希望你不要忘记思考，可以在读到触动你的句子时停下，思考这是否是"知识火药仓库内划燃的一根火柴"，也可以在阅读完毕之后回味这本书带给你什么，毕竟留在脑海中的东西才真正属于自己。通过阅读，愿你能成为一个温柔并有力量的人。

## 成绩与能力

我想和你分享的很重要的一点——<u>要看重成绩但不唯成绩论。社会归根结底看重的是能力，成绩是能力的一种体现方式，但不是唯一一种</u>。不论是作为中国教育体系下的普通高考学生，还是艺考生、特长生、出国留学等教育路径的学生，我们最好都能在保证相应成绩的基础上尽可能提升自己的能力。

在幼儿园里，除了在乐园里无忧无虑地坐木马玩积木，省级体操比赛、本地各类儿童走秀活动、主持活动等也带给了我新奇的乐趣。上了小学，各种各样的比赛中少不了我的身影，钢琴比赛，阅读大赛、朗诵比赛、奥数竞赛、美术比赛、剪纸比赛和漫画比赛，等等，我在不少比赛中获得了第一名，在信息竞赛中也是力压群雄，甚至到最后，我的信息竞赛辅导老师都舍不得我毕业了。这些比赛和活动都起到了以赛代练的效果，很直接地推动我在各个领域有所涉猎、有所收获。或许我现在已经忘记了一些备赛的内容，但是我在比赛的过程中掌握了学习技能的技巧，在遇到新知识时，我本能地将其转换为便于自己理解的方式存入我的脑海，这便是一种"学习力"的提升。"学习力"是把知识资源转化为知识资本的能力。我个人认为，学生时代是开发学习力的极佳时期，学习之余的比赛带给我的短期压力迫使我快速提高自己的学习速度以及吸纳和扩充知识的能力，学习力的提升又提高了我课业学习的效率，所以我依旧拥有属于自己的快乐童年时光。或许，你也可以试一试开发你的"学习力"。

凭借我的观察，现在很多大城市里的孩子，从幼儿园开始接触主持培训、舞蹈训练、奥数入门甚至编程学习，一些较为富裕的家庭还会对孩子进行马术、高尔夫等爱好的培养。我知道现在的小朋友们都挺辛苦的，作业多、辅导班多、兴趣班多，但是我觉得必要的看世界和接触自然对于孩子的身心发展有着至关重要的作用。如果你很幸运地喜爱你学习的内容，那么请享受它；如果你不喜欢，那你可以和家长说出你的想法，是因为学习的内容，还是因为老师、时长等各种原因，以理服人是最有效的沟通方法。在学习的过程中，尝试去接纳新知识的涌入，思考如何高效掌握这一技能，并将不同的学习方法融会贯通，找到最适合你的一套学习宝典。没有什么事情是有趣的，直到你开始擅长它。

上了初、高中以后，我参加的竞赛多以学科类为主了，这与我的课业成绩相辅相成，也与我之前参加的比赛"一脉相承"地锻炼了我在知识层面的"学习力"。同时，我会参加一些校内活动和实践活动，这使我在社交和组织能力方面的"学习力"有较大提升。

初三那年，我凭借优异的课业成绩被重点高中免试特招。时任高中校长的陈建浦老师多次和我们提起中学校训"重德、尚学、求实、创新"，这让我开始思考，如何挖掘自己的潜力，努力成为新时代所需的创新性复合型人才。恰好在高一刚入学时，时任高中团委副书记的楼显潭老师担任我的临时班主任，他看到了一个新生对机会的渴望，就介绍我参加了以高年级学生为主体的"接力环卫工人，助力迎创工作"大型公益活动。从那以后，我找到了提升能力层面的"学习力"的方法。我开始主动报名各项小活动的主持人，在锻炼自身能力的同时，也收获了较高的知名度。知名度听起来是很虚的东西，但是它在高中期间却实实在在帮助了我很多。在高一学生会换届时，初生牛犊不怕虎的我直接竞选主席团成员，最终在大家的支持下，我凭借较高的票数成功当选了校学生会秘书长。从那以后，作为学生会和广播站的成员，我参加了不少学校的活动。我主持过元旦晚会，组织过"五水共治"社会实践活动，也策划过高三成人礼，在一次次与同学和老师打交道的过程中，我收获了许多真挚的情谊，也渐渐学会了把握为人处世的平衡。在课外，我参加了红十字会的急救培训，利用假期积极参与红十字会组织的公益活动，更好地践行了"人道、博爱、奉献"的红十字

> **黄博士**：既有较深的专业知识，又有广博的知识面，也就是有一技之长的多功能人才，是这个日新月异的时代所追求培养的。既需要好奇心去探索很多不相关的领域，又需要专注力去深耕自己感兴趣的领域。

精神。我作为学校代表,参加了市里的"发展大会"、团代表大会等社会活动,结识了暖心敬业的哥哥姐姐叔叔阿姨,也和其他学校的优秀代表结下了深厚友谊,并在活动中锻炼了自己随机应变的能力。不得不承认在高中三年,学习和活动将我的生活填充得很满,让我觉得这三年里我每一年都经历了一次脱胎换骨。我的成长也收获了肯定,从高一到高三我蝉联了学校"十大风云人物"荣誉称号,我曾获得"全国最美中学生""浙江省三好学生"等诸多荣誉称号。荣誉代表的是过去,但我收获的友谊、鼓励和赏识,让我在日后困顿之时仍有相信自己的底气。那么同样,你也可以通过参加感兴趣的比赛,报名一些正规的夏令营活动,与不同的人交流,以达到锻炼自身能力的效果。

当然了,参加活动是学习之余的能力延伸,学习成绩才是帮助你进入心仪大学的保障,一长串活动列表只会是锦上添花,而不会是雪中送炭。我高三时通过三位一体综合评价招生途径被心仪大学录取,综合评价成绩 = $X \times 60\% + Y \times 30\% + Z \times 10\%$,其中,X 代表高考成绩,Y 代表综合素质测试成绩,Z 代表高中学业水平考试成绩。中国科学院大学的笔试采用了播放大学课程视频并立刻进行测试的方式,我的快速学习能力帮助我在观看视频过程中整理出了知识的脉络,取得了较好的成绩。在面试过程中,我缜密地从多个角度回答老师的提问,用谦卑但不怯懦的态度探讨老师与组员提出的现象,在面试结束时,我感叹哪怕没有收获较好的成绩,此次交谈中我已然收获良多。这都依赖于我从小到大学习能力的积累和知识的储备,也得益于我不断提升的"学习力"。

## 修学先修德

苏格拉底说:"教育的本质是唤醒,是开发你的内心。"

你翻开了这本书,就说明你有欲望。欲望和信心是做成一件事的根本,哪怕你说你想要佛系,那么佛系也是你的一种欲望,是你需要付出努力去达成的事情,更何况当今年轻人口中的佛系更多的是一种应对繁重压力的自我保护和暂时解脱方式。有欲望就需要付出努力,通过正确的方式获得自己想要的。

成功之路上存在一个起着至关重要作用的新概念——逆商(AQ,Adversity Quotient 的缩写)。它是指人们面对逆境时的反应方式,即面对挫折、摆脱困境和超越困难的能力。这是与智商(IQ)、情商(EQ)并肩的人生法宝,当我身处高手如云的大学时,逆商一次次帮助我调整了心态。而我第一次领悟到逆商的含义,是在我高三首考失利之后。

> **黄博士:** 逆商也是一种"复原力",其实是 21 世纪的一个新概念。因为各种从未应对过的挑战层出不穷,而且化解情绪的方式也随着现代社交模式的多元化发生了变化。对于求学阶段的学生,他们面临的挫折大多跟学业、人际交往和自我价值认定有关。要培养"复原力",一是在问题出现的时候解决,一是在遇到挫折后恢复,都需要有健康的身体和健全的心理,而这两者是相通的。

高中时恰逢浙江省新高考试点改革,我选了物理、地理、技术三门课作为我的选考科目,这三门都是我非常喜欢而且实用的学科。按照新高考方案,这些选考科目是可以考两次的,如果第一次你获得了自己满意的分数,第二次考试就可以选择不参加。当时班级中大多数优秀的同学都期盼着在首考中一举获得高分,后期可以获得更充裕的时间备战语数英,我也如此。在首考前,我花了大把时间复习这三门课,尤其是地理,我在课余时间经常跑到办公室问老师问题，在各种模拟考、联考中，我也取得了不错的成绩，于是我胸有成竹地参加了首考。然而，当我在电脑上查到成绩时，我愣住了，茫然地回到教室，看着发挥不错的同学谈笑风生，发挥失常的同学趴在桌子上不语，我反应过来我应该属于后者。我最自信的地理科目考得最差，一向稳定的技术因为出题难度的大幅调整也只得到了挺一般的分数。我非常害怕，害怕看到曾经鼓励我、赞赏我的人眼里的失望与安慰，害怕自己失去了冲击名校的机会。我沉沦了好一阵，觉得自己再怎么努力也无法弥补这一次的失误。对于现在的我来说，这也仅仅是一次小小的挫折，在后期的努力之下得到了弥补，但是对于当时前途未卜的我来说，走到高处又跌落的感觉实在是不好受。

当时，是我的妈妈帮助了我。从小，我的家庭氛围就比较民主，爸妈有事会和我商量，但是作为一个涉世未深的孩子，我的想法往往是不成熟的。经验证明，我的妈妈是一位坚韧智慧的女性。这一次首考失利，她首先鼓励我正视挫折，首考成绩已成定局无法改变，过于纠结过去无济于事。我试着找不同的老师沟通这一次首考暴露了我哪些问题，比如地理知识点理解不透彻，基本功不扎实，等等。我遇到的都是很好的老师，他们真诚地希望每一位学生可以超越自己，他们愿意利用自己的空闲时间为我们答疑解难，我非常感谢我遇见过的每一位好老师。找到首考暴露的问题后，我着手逐一攻破。那一段时间，我潜心学习，鲜有社交和游玩，除了学习便是运动，每天晚上的跑步锻炼帮助我在高三那年获得了校运动会女子八百米金牌。但是那段时间我的情绪时常低落，我不确定我的努力是否会有回报，虽然后来我明白了"努力不一定会有收获，但是要有收获必须要努力"。

我记得那段时间，每周回家都有特别丰盛的饭菜等待着我，在车上爸爸和我讲一讲新闻里的时事，在餐馆里我们聊一聊大学和未来。和爸妈在一起的时光总是这样让人心安，在北京求学的孤独学习的深夜里，每每回想起家中的饭菜，想起爸妈的鼓励，想起和妈妈促膝长谈的温柔夜晚，我似乎找到了前进的动力。我记得高三的冬季，有一个特别寒冷的夜晚，南方没有暖气，我正整理笔记的双手逐渐麻木，试卷上的错题也让我苦恼——我知道从现在的角度看，这完全没有什么，但是高三的时候确确实实有着许多焦虑彷徨，就像从人生的角度来看，高考也不过就这么一回事儿，但是这句话只有奋斗之后才有资格说。当时，种种烦恼和寒冷一起侵入了我的脑海，我来到学校的公用电话处给妈妈打电话。妈妈帮我请了假，带我到餐馆吃了我喜欢的饭菜，帮我捋顺每一缕烦恼的思绪，给了我充足的暖宝宝和发热鞋垫。<u>良好的状态是高效学习的基础</u>，及时有效的调整好过对着书本发呆。

渐渐地，我走出了首考失利对我的打击，我开始享受将知识打包、归类、装进脑海的过程，我享受地理带我领略高耸的山峰和浩瀚的海洋，我享受语文带我与诗仙对酒、与先贤作揖的过程，我享受几何图形在坐标里进行有规律的变换，我享受小木块在传送带上跳着"牛顿圆舞曲"。

我终于明白了，<u>挫折并不可怕，可怕的是被挫折击败后踌躇不前</u>。我们一生会遇到许许多多的困难，这不过是一种打怪升级，困难会更有挑战性，但我们的能力也在不断增长。当你回望，这都

> **黄博士**：读到这里，不禁想起了海明威在《老人与海》中的一个片段，当老人捕的鱼被鲨鱼袭击的时候，他告诉自己"眼下可不是想你缺什么东西的时候，想想你用手头现有的东西能做什么事儿吧。"一个顽强的老人跃然纸上。当然，还有他那句著名的"人可以被毁灭，但是不能被打败"，这是作者坚持精神胜利的表述。

不过是正比例直线上的一点波动。我很感谢一路上陪伴我的家人和鼓励我的师友，是他们的爱帮助我成为现在的自己。但是你也要坚信自己的能力，哪怕被迫独自面对困难，你依然可以依靠自己渡过难关。

我感恩父母，赠我温良的生命，予我思考的能力；我感恩师友，指引我前行，鼓励我奋进；我感恩阅读，开阔我眼界，涤荡我心灵，教会我更包容地看待这个世界的复杂；我感恩努力的自己，参加这么多比赛，参与这么多活动，我认真思索我经历的每一件好或坏的事情，提炼出方法论，提升自身"学习力"，从所见所闻所经历中汲取养分。你若愿与我一样行动起来，去阅读，去体验，去思考，勇于攀登，不惧挫折，你我生命便有了交织的光辉。最后，引用一段我非常喜欢的张晓风的散文片段作为结尾，与此情此景颇为相衬。

"雨声滴答，寥落而美丽。在不经意的一瞥中，忽然发现小室里的灯光竟这般温柔；同时，在不经意的回顾里，我童稚的光辉竟也在遥远的地方闪烁。但是我的光芒呢？真的，我的光芒呢？在许多年之后，当我桌上这盏灯燃尽了，世上还有没有其他的光呢？哦，我不知道那么多，只愿那时候你我仍发着光，在每个黑暗凄冷的雨夜里。"

## 推荐书单

1. 《精神的三间小屋》（毕淑敏）

    推荐理由：千字小文，是常读常新的人生导言。

2. 《理想国》（柏拉图）

    推荐理由：哲学的经典之作，从更本源的角度思考人生、教育和自我。

# 只要你相信，希望就在前方

姓名：佳琪
高中：内蒙古海拉尔第二中学
大学：北京交通大学

**送给大家的话**
态度决定高度，细节决定成败。（罗曼·文森特·皮尔）

    学习的过程就像是在搭积木。学习也许会很枯燥，有时我们可能很想要放弃，但是在这个过程中自己的态度很重要。如果自己的态度足够乐观坚定，就能够渡过"放弃期"，之后可能会觉得这个过程还是有乐趣在的。同时，如果搭积木时地基打得不够牢，那么倒塌的风险会很高，我们的失败率将会直线上升。只有当我们拥有乐观的态度、完美的细节，最后才会搭建出属于我们自己的学习城堡。

    大家好，我叫佳琪，来自内蒙古呼伦贝尔。我认为我是一个非常按部就班的人，像大多数家庭的孩子一样，上高中、考大学、考研……但我的学习经历也许也有一些与众不同之处：我在初中时努力学习，考上了重点高中，并以 30 分之差无缘北京的中央民族大学附属中学；高考时超常发挥 50 多分，从平时考试年级大榜二三百名提到年级前五十名，考上了 211 大学；大四时备战考研，以年级中下等的成绩成功考研上岸本校的金融专业。我认为学习不仅仅在于天赋，更重要的还是后天的努力。虽然我们无法决定我们的家庭、出身，但我们可以决定自己的未来。要相信，只要我们想做，一定可以成功。下面，我想和大家分享一些我的经历与心得，希望可以对你有所帮助。

## 一、计划 + 执行力 = 成功

为什么学习明明很努力，学习时间也足够长，但是成绩却仍然无法提高？为什么已经制订了很明确的计划，但是成果却并不显著？为什么上了很多补习班，几乎没有休息时间，但成绩却止步不前？相信在学习过程中，大家有时会遇到这些问题，明明已经很努力了，但是回报与付出却不成正比。俗话说"一分耕耘一分收获"，但也并不是所有的付出都有与之匹配的回报。我认为这与我们的方法密切相关，用对了方法就可以事半功倍，用错了方法可能连事倍功半的效果都没有。所以，我想给大家介绍一个我自己定义成功的等式：计划 + 执行力 = 成功。

为什么这么说？举个例子，在我们的人生中会遇到很多考试，中考、高考、考研、考公等。其实每场考试，所有人的备考时间都差不多，为什么有人可以一举成功，但有人的结果却不尽人意呢？成绩与人们的天赋有关吗？没有学习天赋就无法成功吗？我觉得不是。相反，我认为很多时候我们自己的努力其实要比天赋更重要，成功是 30% 的天赋加 70% 的努力。努力也是有方法的，如果一味地盲目学习，反而会降低时间的利用效率和自己的学习成果。那我们应该如何管理时间，做时间的主人呢？

**1. 合理的计划是成功的一半**

在我上初中的时候，我不仅在准备家里重点高中的考试，同时也在准备北京的中央民族大学附属中学（后文称为"民附"）入学选拔考试。我是从初三上学期正式开始这两场考试准备的。现在很多人认为仅是一个中考就已经让人焦头烂额了，那么在中考这个阶段，尤其是在自己青少年时期，心智不是很成熟而且学习习惯还没有固定时，我又是如何平衡这两个考试的？我认为高效率的学习计划很关键，高效率的学习计划其实就是我的 To Do List（待办清单）。

To Do List 的主要内容如下：第一，列清单。我把今天的学习内容或者复习内容列出一个清单，在纸上清清楚楚地分条写出。例如：①做数学卷子，②预习语文课文，③背单词，④写英语练习册，等等。第二，分类别。将不同的任务按难易进行分类。不同的作业或者复习任务在我们心中有不同的难易程度。例如：对我来说，做数学卷子是比较难并且费脑的事情，背单词是费时间但并不难的事情，预习语文课文是很轻松并且不难的事情。第三，排顺序。我一般会将比较难和费脑的工作放在最前面，因为在写作业或者复习时，刚开始的状态往往都比较好，而我会把不太费脑的工作（比如预习课文等）留在最后，或者放在两个比较难的任务之间。这样就能提高时间的利用效率，不会发生一晚上做不完一张数学卷子的情形。第四，有预期。不同的作业有一个预计的完成时间，而不可以无时限地去做。而且由于还有下一项任务，就会给自己产生相应的压迫感，避免发生走神的情况。

To Do List 不仅要做短期的，还需要做长期的。我是在 2021 年刚刚考研结束的，2022 年考研人数又创新高，从 2021 年的 377 万人，增至 457 万人，考研的形势越来越严峻，录取率也变得越来越低。经历这次考研，我最大的感受就是，考研其实不仅是对知识学习的考验，更是对学习习惯与时间安排的考验。其实，考研很大程度上是自主学习，没有老师的督促、家长的陪伴，甚至不知道自己的竞争对手的学习程度。这时候，你其实就是一座孤岛，你任何的学习进度或计划都是由你自己来决定的。这次考试，我发现很多人的学习能力都很强，但是最后却没复习完，或者复习的重心不正确，导致了最后考研失败。这其实就是因为他们的学习计划有问题，所以学习不仅要做短期计划，长期的计划也是必不可少的。比如政治的历史部分，我计划用两个月的时间学习第一遍，一个月的时间背诵重点，一个月的时间做题，等等。像这样先做一个长期规划，然后再做每日的短期计划，能够提高自己的学习效率。

To Do List 要实时调整。其实做了计划也不是就结束了，我们还要根据自己的学习情况进行实时调整，因为我们的学习计划不可能一直不变。举例来说，如果最初计划一天背 50 个单词，但是背的过程中，发现这个任务对自己来说太沉重了，这时候就应该及时进行调整，以免自己出现打退堂鼓的心理。所以，我们一定要根据自己的实际情况对计划进行合理调整，这样才能做到事半功倍。

虽然计划制订成功了，但如果今天做了，明天偷懒了，后天又偷懒了，那这个计划有什么意义？接下来就是我认为成功的第二个要素——执行力。

**2. 执行力是成功的重要保障**

为什么说执行力很重要呢？比如说我的计划很完美，今天学数学，明天学英语，后天学政治，这样一直滚动复习，那到最后我是不是就一定能成功呢？其实也不然。因为你如果无法落实你的计划，或者偷工减料的话，你的计划就毫无意义。这就是为什么很多人在一开始时可以雄心壮志、满怀自信，但是最后成功的却很少，就是因为很多人没有一直坚持下去的执行力。

首先，我想跟大家分享一种学习英语的方法——艾宾浩斯遗忘曲线法㊀。其实人们的遗忘是有个过程的，如果可以保持一个科学的重复率，就可以提高对于知识的记忆程度。这个曲线很科学也很有效，可是为什么很多人的英语单词还是背不好？这就是因为执行力不够。

---

㊀ 遗忘曲线由德国心理学家艾宾浩斯（H.Ebbinghaus）研究发现，描述了人类大脑对新事物遗忘的规律。该曲线对人类记忆认知研究产生了重大影响。人们可以从遗忘曲线中掌握遗忘规律并加以利用，从而提升自我记忆能力。

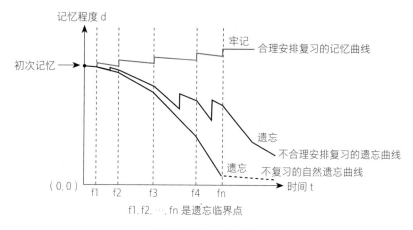

**（图片来源于百度百科）**

我先来介绍一下这个曲线的使用方法。比如我要背 500 个单词，我打算每天背 20 个，那我就把单词分成了 25 组。第一天背第 1 组，第二天背第 1 组和第 2 组，第三天背第 2 组和第 3 组，第四天背第 1 组、第 3 组和第 4 组（具体如下图）……以此类推，你会发现越到后面需要背的单词越多，而这时我们的惰性也会更强，这就是为什么这个方法很有效，但是成功的人却很少。失败的人就是因为执行力发生了问题，那么应该如何提高执行力呢？

我认为提高执行力，也可以用公式来表示：预期 + 回报 = 执行力。

首先，要明确我为什么要做这件事情，自己心里要有一个明确的目标。比如我为什么要考研？为什么要学英语？我为什么要背单词？首先，我背单词是为了学好英语，学好英语可以考一个高分，英语考了高分我可以考研成功，考研成功我可以给自己一个更好的知识平台。那么，这件事情是我很想做的吗？是，我非常想做。我不做会后悔吗？会，我一定会后悔。那么<u>当你有了这么坚定的心理目标时，就是你执行力成功的第一步</u>。

| 艾宾浩斯遗忘曲线法 | | | | | | | | | |
|---|---|---|---|---|---|---|---|---|---|
| 序号 | 学习时间 | 学习内容 | 1天 | 2天 | 4天 | 7天 | 15天 | 1个月 | 3个月 | 6个月 |
| 1 | 1月1日 | 第一组单词 | 1 | | | | | | | |
| 2 | 1月2日 | 第二组单词 | 2 | 1 | | | | | | |
| 3 | 1月3日 | 第三组单词 | 3 | 2 | | | | | | |
| 4 | 1月4日 | 第四组单词 | 4 | 3 | 1 | | | | | |
| 5 | 1月5日 | 第五组单词 | 5 | 4 | 2 | | | | | |
| 6 | 1月6日 | 第六组单词 | 6 | 5 | 3 | | | | | |
| 7 | 1月7日 | 第七组单词 | 7 | 6 | 4 | 1 | | | | |
| 8 | 1月8日 | 第八组单词 | 8 | 7 | 5 | 2 | | | | |
| 9 | 1月9日 | 第九组单词 | 9 | 8 | 6 | 3 | | | | |
| 10 | 1月10日 | 第十组单词 | 10 | 9 | 7 | 4 | | | | |
| 11 | 1月11日 | 第十一组单词 | 11 | 10 | 8 | 5 | | | | |
| 12 | 1月12日 | 第十二组单词 | 12 | 11 | 9 | 6 | | | | |
| 13 | 1月13日 | 第十三组单词 | 13 | 12 | 10 | 7 | | | | |
| 14 | 1月14日 | 第十四组单词 | 14 | 13 | 11 | 8 | | | | |
| 15 | 1月15日 | 第十五组单词 | 15 | 14 | 12 | 9 | 1 | | | |

**艾宾浩斯遗忘曲线法**

那么，第二步是什么？第二步是回报，就是一些可视化、可以给自己提供自信与动力的回报。比如说大家觉得背单词很难，因为背单词很枯燥，而且日复一日、年复一年地背了以后，很有可能看不到自己的成效。打个比方，比如我背了一个月的单词，但是我的英语成绩仍然还在原地踏步，这是为什么？因为我们很多时候遇到的题不同、单词不同，即使我们的英语能力提高了，但可能无法很快表现出来。并不像是数学：我学会了一个公式，那么下一次我做题时，套着公式就会用，这样的话我就得分了。学英语，背单词的成效没有这么明显。那么，我们该怎么办？我认为执行力与计划是紧密相关的。首先，我们可以制订学习计划，并且每天都将计划写下来，完成后打个钩，增加自己的成就感。其次，我觉得适当的物质奖励也是很重要的。比如说我坚持背了十天的英语单词，可以给自己奖励一个小奖品；当坚持背了一个月时，可以奖励自己一个大奖品。这样的话，可以在完成学习目标的同时给自己一个很大的满足感。如此日积月累，就可以养成良好的习惯，有助于学习能力的提升。

## 二、心态越好越幸运

正如我开篇写到的，很多人觉得我的运气怎么这么好，为什么总是可以"逆袭"，或者说为什么总是可以从一个并不理想的成绩提升到自己想要的成绩呢？我觉得在这个过程中，努力固然重要，但心态也很重要。从心态角度来说，给我印象最深的人是我的妈妈。我来自内蒙古呼伦贝尔，从小在草原上长大的，我的妈妈是一位牧民。在生活中，我的妈妈教会了我很多，尤其是一个好的心态。

在我心里，我妈妈是一个非常乐观的人，我甚至没有在生活中找到比她更乐观的人。不管遇到什么事情，我从来没有看过妈妈绝望的样子，她总说："车到山前必有路，船到桥头自然直。"由于我妈妈是一名牧民，从事畜牧业，很多时候投入的前期成本非常大，而且收入并不固定。因为牧民需要买机器去打草，需要给牛羊买饲料等，但是他们的经济来源只能靠卖牛羊来获得。如果今年不卖牛羊，那么就只有投入而没有收入，就会有很多的负债。对于普通的家庭来说，这些大额负债真的会压得人喘不过气来，但是我从来没有看到过妈妈因为这个睡不着觉，或者担忧得不行、怨天尤人。而是每天努力地辛勤工作，因为她相信靠自己劳动的双手，总是可以还上这些贷款的。

我记得妈妈说过，如果有件事情让你觉得很焦虑，但是你焦虑了，结果并不会改变，那你为什么要焦虑呢？你的焦虑毫无意义。在妈妈的耳濡目染之下，我也有了一个很乐观的心态，能够让自己在考试期间保持这样好的心态。那么，如何锻炼自己并让自己有一个好的心态呢？我认为可以从以下几个方面来做。

第一，从自身角度来讲，我认为自我暗示很重要。在我的考试经历中，有很多的同学在重要考试的前一夜会睡不着。可能凌晨三四点才能入睡，甚至可能一夜无眠，这样就会导致他在考试中发挥得不是很好。这样的情况其实非常多，那么，应该如何缓解呢？我认为自我暗示非常重要，我还是想将我妈妈那句话送给大家：这件事情你焦虑也没有用，也不会改变最后的结果，那么，你为什么不用焦虑的时间去多看几本书，或者给自己一个更加充足的睡眠呢？

在大型考试或者是重要考试之前，我们可以先给予自己一个积极的心理暗示：你要不断地告诉自己"我可以""我能行"，明天只要我全力以赴，我就不会有遗憾。这种心理暗示可以引导自己不要那么焦虑，并且给自己更多的信心，让自己有一个更好的睡眠。其次，如果真的非常焦虑并且睡不着，我建议大家在睡前可以去做一些运动。比如可以做一套健身操等。其实运动是一种很好的缓解压力的方法，也是调整自己心态的一剂良药。

第二，从外部因素角度来说，我认为家庭因素也很重要。在重大考试之前，有的家长可能会比孩子还焦虑，不断地给孩子施压；有的家长可能漠不关心，一句问候都没有。其实，我觉得这两种方法都不是特别好。在这里，我想和大家分享一下我妈妈在我重大考试之前的处理方法。在我的备考期间，我妈妈总是会做一个非常合格的倾听者。空闲的时候，我们总是会聊天。聊天过程中，我妈妈从来不会用"我认为你应该这样做"这类句式跟我说话，很多时候总是我在说，妈妈在听，然后她会在一些适当的时候发表一些自己的见解。她会说"这种事情如果是我，我会怎么样去做"，我觉得这种说话方式更能让我接受。在我考试之前，除非我自己提起，妈妈从来都不主动跟我提起考试的事，她不会说"我希望你考××名"，或者"你一定要给我争气"，这种让人感觉压力很大的话，只会说"好好休息，明天加油"。她也不需要我的回复，只需要让我看到她在惦记我就可以了，所以我觉得在考试之前一个轻松和谐的家庭氛围很重要。

压力，如果过量了就会适得其反，但也不是说我们完全不需要压力，家长可以把更多的关心转移到日常的生活中。日常生活上你对孩子表达关心、轻松沟通，这样的话你就大概了解了孩子心里的想法。然后在他不顺心时适当开导，在他考试的时候，不需要再施加压力，只需要默默地陪伴,告诉他你一直都在就够了。我觉得这样的一个家庭氛围是非常有利于我们有一个良好的考试心态的。

以上就是我认为良好心态的两个必备要素,我相信大家在调整心态之后,更有助于备战一些大型考试。我觉得考试不仅是知识的博弈,更重要的是心态的博弈。如果你的心态较好,那么考试时可能有些你平时不会的题反而会有思路。我觉得这可能就是为什么我可以在大型考试上发挥得比别人稍微强一点的原因所在。

## 三、同理心——家庭和谐的秘诀

不知道"同理心"这个词大家如何理解,我觉得可以直接简洁地概括同理心的词是感同身受与换位思考。为什么说这可以促进一个和谐的家庭关系呢?首先我来简单介绍一下自己。

我的爸爸妈妈在我四岁的时候就离婚了,一直到小学六年级前,我一直由爷爷奶奶抚养长大。在我小学六年级的时候,我爸爸、我后妈、我妹妹和我组成了一个新的家庭,至今我们已经一起生活十余年了,现在我们的家庭比较和谐,但其实我们的家庭之前也有过很多摩擦和不愉快。那么,为什么现在我们可以相处得相对融洽呢?我认为同理心是很重要的。

由于我们重新组成家庭的时候,我和妹妹还比较小,攀比心理很强,有时甚至会因为谁多了一块糖少了一块糖而争得面红耳赤。然后孩子之间的矛盾就会上升到大人之间的矛盾,导致爸爸和后妈之间闹得不愉快。随着时间的推移,很多争吵我们已经记不清楚了,但是过了这么多年，我们四个仍然能够继续生活在一起，我觉得这不仅是一种缘分，更是一个彼此包容和成长的过程。我原来对于"再婚家庭"或者是"后妈"这种词语是有偏见的，但是随着时间的推移，我有了新的认识——并不是所有的再婚家庭都是不幸福的，也并不是所有的后妈都像白雪公主后妈一样狠毒。很多时候，如果想要家庭更加和谐，我们需要做到换位思考，这其实适用于所有家庭。

### 1. "体谅父母"不是一句口号

首先，我想从孩子的角度来分析同理心。为什么说体谅父母不是一句口号？因为有人竟然认为父母生我们养我们是天经地义的，首先我要纠正这样的观点。父母对你有抚养义务，但那是因为他们爱你而不是因为天经地义。随着我们慢慢长大，会发现白发已经悄悄爬满了爸爸妈妈的双鬓，他们在慢慢变老。我们应该体谅他们，因为他们不仅有养育孩子的压力、工作的压力，还有一些人际交往的压力。重重的压力压抑着他们，但他们仍然能够乐观地面对生活，我觉得这是非常让我敬佩的。随着我们长大，我们要去理解父母，要去分担他们身上的担子。可能我们还无法缓解父母的经济压力，但我认为做一些力所能及的小事，其实就是体谅父母最实际的体现。比如，我们可以帮助爸爸妈妈拖拖地、扫扫地、洗洗碗等，这些可以让他们在繁重的家务中得到一些休息，对他们来说是非常非常开心的事情。也许大家觉得这些都是小事，微不足道，但是如果大家坚持去做，才是真正体谅父母的表现。我们的父母正在慢慢变老，希望大家可以珍惜和父母相处的时间，尽自己所能去做一些小事，减轻父母的一些负担，这样能够更为有效地促进整个家庭的和谐。

网上流传着一句话"我妈开心，全家都开心"，我认为这句话还是有一定的道理的。在很多家庭中，妈妈做家务、做饭、收拾屋子，而且是日复一日，年复一年地做。这些不起眼的工作，如果她们停止去做，我们就会发现生活一团糟，所以她们在经年累月地做这些的时候，心里肯定也会有一些小情绪。如果我们能够帮助妈妈做这些小事，她就会觉得很幸福，妈妈的幸福感上升了，全家的幸福感也会上升。

希望大家不要光喊口号，而是起身就去帮助父母做一些力所能及的家务事，来促进整个家庭的和谐，这其实也有助于你的个人成长与发展。

### 2. 不要"我觉得"，而是"你觉得"

接下来，我想从父母的角度分析同理心。很多父母会对孩子说"我是你的朋友，有什么事情都可以倾诉"，但等孩子真正倾诉的时候，又总是"我要我觉得，不要你觉得"，这样的沟通其实是无效的沟通。这一点我后妈做得非常好，因为她每次做事都会先考虑别人的想法，她会想："我做这件事、说这句话，孩子会怎么想？会对孩子造成什么影响？"因此，这么多年来我觉得我们两个之间其实是亦师亦友的关系。举个最简单的例子，当我和妹妹出了考试成绩之后，她不会说"你怎么考得这么低"，而是会先肯定我们的努力。其实考完试后，我们最需要的就是对自己的一个认可。之后，她会帮助我们去分析考试失利的原因，比如在吃饭的时候或者休息的时候，用聊天的方式和我们交流，在这样轻松的环境下，我们自己也会进行一些反思而不是急于反驳她。而且她经常看与家庭教育相关的文章、书籍，接触很多家庭教育的前沿理论，同时也应用在实践中，这个过程不仅是家长成长的过程，更是推动家庭和谐的过程。

只有当我们能够设身处地地站在家人的角度进行思考时，我们才能够更清楚对方的感受，这样我们就不会说出那些伤害彼此并且让自己十分后悔的话，而是会更加理解彼此，共同致力于建设和谐家庭。

最后，希望我的故事能够给你们带来一些启发，也祝愿大家的未来都是美好的。

# SELF-DIRECTED LEARNING

## 第三章

# 校园：
# 学习力拓展

非学霸的逆袭之旅
从县城里走出来看世界
小镇不出做题家，沙漠也能开出花
选择的权利，试错的勇气
勇于尝试，不给自己后悔的机会

## 非学霸的逆袭之旅

姓名：Brian Wang
高中：坎特伯雷高中（Canterbury School）㊀
大学：布朗大学（Brown University）

**送给大家的话**
1. 不是学霸也没关系，全面发展很重要。
2. 凡是纠结要不要做一件事的时候，做就完事了。

在大家阅读这篇文章之前，我想先和各位道个歉。因为我初中就去美国留学了，之后没有太多的机会用中文写作，所以我可能用不出很高级的措辞，也没办法引经据典。但我会用朴素的语言讲述我最真实的想法、经历和建议。因为我自己是在美国留学的，所以这篇文章主

---

㊀ 坎特伯雷高中是康涅狄格州的一所私立寄宿学校。学校的优点在于学生数量非常少，所以大家是一个非常小而温馨的集体，基本每个人都可以叫出所有同学的名字。同时，老师也有更多时间去和学生交流，不像一些比较大的学校，可能学生不主动的话，老师并不会对他有特别多的了解。坎特伯雷高中的另外一个优点就是设施也都很新、很完善，而且学校建筑颜值非常高。

要是根据我在美国的经历提炼而成。希望我的分享能给大家带去新的视角和思考。

## 换个赛道，扬长避短

我出生并成长于浙江杭州一个创业者的家庭。十四岁就出国读初中了，到现在已经在美国生活学习了将近六年。常常有家长或者学弟学妹问我，当初是如何决定在这么小的年龄出国的。其实，当初出国的决定是爸妈为我做的，而我并没有反对。

在一个孩子还没有形成自己的想法和观点之前，需要成人给予明确的指导。现在回头看，我真的非常庆幸妈妈替我做了这个决定。其实我的成绩并不算拔尖。数学徘徊在第十到二十名，而语文就更糟糕了。我清楚地记得小时候因为书写不好看，文章也像流水账，而被语文老师留到大晚上。读到这里，你可能会想：如果在小学学习这样普通的孩子都能进美国常春藤大学，那还有谁不能？没错，我也这么觉得。初中或者高中出去留学，正是我认为非常适合不是学霸的孩子走的一条路。早早脱离父母的照顾和庇护，让我培养了独立性和情商，因为几乎所有事情都需要自己来处理。不仅如此，平时在学校学习的同时，每天我都会有时间尝试不同的兴趣，并且从中挖掘自己的潜力，施展自己的领导力。这样全方面的发展，在一定程度上可以减少为了拼成绩带给自己的压力，因为哪怕我们不是学霸，也有机会通过自己在其他方面的表现来让大学看到我们的与众不同之处。

## 妈妈：给孩子自由，让孩子去闯，允许孩子犯错

我的妈妈心比较大，敢做决定，给孩子自己探索和犯错的机会。我妈妈最特别的地方可能就是她比较敢去做这类决定，不会犹豫不决。妈妈也给了我相对来说比较大的自由度。这个自由度不是指钱，而是指她会把事情的决定权留给我自己。不管做什么——体育、乐器或唱歌的选择，或是说我下次想剪什么样的发型，妈妈都会把主动权交到我手里。她只是在旁边作为一个观察者，适当地给出她的想法和建议。<u>让孩子自己去探索，去适当犯错，其实是一种非常好的学习方法</u>。如果只是家长苦口婆心地说教，孩子不一定会听进去。但当他们知道这些选择都是自己做的，他们才能学会对自己的选择负责，并且去分析别人提供的建议到底是不是对的，或者有没有意义。如果当时妈妈把掌控权都留在她的手里，我可能就是一个她说什么我就做什么的小孩，没有自己思考和反思的习惯，也没有承担结果的勇气。只有当我清楚每个决定是我自己做的，我才会对我的每个决定负责。从自己的经历回看，我认为家长其实可以不用太担心孩子犯错，因为孩子在这个年龄其实也不会犯下什么不可逆的、有重大影响的错误。中国有句话说：吃一堑，长一智。在大部分事情上，家长都可以试着把主动权交给孩子，培养孩子独立思考的习惯，自己则来扮演一个提供不同想法和建议的旁观者。

## 爸爸：分享爱好，分享经历，呵护好奇心

相比妈妈，爸爸对我主要的帮助体现在日常生活中的互动与交谈。我认为他带给我最大的感触就是他对自己的兴趣以及经历的分享。记得小时候过生日，爸爸送了我一整套三国演义的小人书。当时我很好奇，就问他："爸爸你是怎么想到送我小人书的？"他说他小时候非常喜欢历史和画画，所以自己画了很多的小人书。可惜当时奶奶觉得这些画占地方，就把它们都扔了，爸爸觉得很可惜。他送我小人书是因为他想把他的爱好分享给我。他作为一个爱思考的历史迷，也经常会给我讲各种历史故事。在我眼里，重要的不只是故事本身，而是他讲故事时不经意间展现出来的热情以及让我崇拜的庞大的知识储备。我经常学到一些冷门的知识后就想去"打压"爸爸的士气，问他各种刁钻的历史知识，比如蒙古在哪个时候的将军叫什么。让我惊讶的是，大多数情况下他竟然都能答出来。爸爸让我知道<u>一个人热爱做一件事情的时候应该是什么样的状态</u>。小时候，我们家书柜里也摆满了各种历史书，光是《明朝那些事儿》就整整一排。哪怕我小时候很多书读不太懂，我也愿意时不时把他们翻出来读一下。爸爸现在做的工作与设计有关，我小时候他常常带我去他的公司，看他是怎么一步步把一张纸上的设计变成现实的成果的。爸爸在我小时候给我营造了很好的氛围，让我去培养这些兴趣。其实，

> **黄博士**：跟孩子分享自己的兴趣爱好，并不是要让他们也爱上你喜爱的，而是除了拓展他们的视野，也让他们看到你为了自己喜爱的事情付出多少的热情和努力。这就是"以身作则"的最好呈现。还有一个好处就是让孩子看见一个有血有肉、活生生的父母，不是一脸严肃或者总是忙碌的样子。

我申请大学时也填写了历史专业，我想这是受了爸爸的影响。

读到这里，你可能会想：如果孩子的兴趣和我的不一样呢？那也完全没关系。最重要的并不是兴趣本身，而是你愿意为之付出什么。我佩服的并不是爸爸热爱历史和画画本身，而是他竟然真的为了他的热爱去读了这么多书，画了这么多画。在我的人生中，不管是高中读历史还是参加合唱团，我都会愿意为我的热爱去花时间把它做好，因为爸爸给我树立了很好的榜样。

我个人认为没有什么经历是不值得分享的，每个人的经历都有值得提炼学习的点。所以作为家长，可以多多地把各种经历分享给你的孩子，特别是你为之努力过的经历。爸爸就很善于把他的经历以及故事讲给我听，不管是他年轻时从大公司出来创业的艰辛，还是他第一次去美国出差时有趣的经历。这种分享不仅能拉近家长与孩子之间的距离，更能让我从他分享的故事里找到可以学习或者参考的东西。

## 亲子关系总结

最后，我还觉得爸爸妈妈都做得很好的一点就是他们懂得怎么培养以及呵护我的好奇心。人的好奇心是与生俱来的，但同时它也是脆弱的。好奇心能促使人去发现以及进步，所以我认为懂得怎么呵护好奇心是非常重要的。我爸妈有几点做得很好，这里分享给大家：

第一，爸爸很懂得怎么去激发我的好奇心。

不管是他给我分享历史故事，还是带我去一些公司以及工厂，都在给我营造激发好奇心的环境。他鼓励我去提问题，以及尝试不同的东西，就比如他会让我跟着工厂的一个工人，去看他们是怎么把各个零部件组装成最后的成品的，并且让我自己去尝试。

第二，充分信任，让我不需要担心好奇心可能会带来的一些批评。

我小时候特别喜欢"拆家"，很喜欢把一些东西拆开然后再装回去。爸爸妈妈不会因为我这么做而批评我，让我觉得尝试以及探索是一件很"安全"的事情。

第三，允许我适当放弃。

家长在给孩子报兴趣班时一般都比较爽快，但放弃时就不一定了。我小时候尝试了很多的兴趣班——书法、素描、漫画、轮滑、钢琴、唱歌、跆拳道、足球、篮球，等等。里面有我非常喜欢的，但也有我不喜欢的，就比如轮滑以及钢琴。当时我进了速滑队，但我认为轮滑并不是我非常想继续培养的一个兴趣。虽然很不情愿，但妈妈还是同意让我放弃轮滑，去追求别的爱好。钢琴也是一样，因为当时时间安排得特别满，我和妈妈说我想在钢琴和唱歌里面选择一个继续下去，而我选择了唱歌。妈妈当时也同意了。允许孩子放弃是一件非常重要的事情，因为当他知道他有选择的权利时，他才能更勇敢地去尝试新的爱好。比如，如果我知道学轮滑就代表我必须一直学下去，我可能当初根本就不会开始去滑。虽然放弃听起来不好，但只有给了孩子自己做决定的权利，他们才会更愿意去尝试未知的新事物。

## 不要害怕，去尝试

通过我的成长经历，我想给大家的建议就是，永远不要害怕去尝试新的东西,好好去玩,享受每一天。尝试各种活动的好处当然不仅只是为了申请大学,做这些活动的同时还能从多方面提升自己的软实力。比如第一天进合唱团的我,极其害羞。老师拉我们在网球场大喊来开声,我喊得声音极小。第一次老师要求大家自由组队选歌,我都不好意思主动去问别人要不要一组。在一个新的环境里尝试自己不拿手的活动,更容易暴露出平时可能刻意隐藏的短板,比如紧张或者不自信。而正是这种环境下的尝试和突破,会对自己的软实力有非常大的提升。

尝试各种活动还会让你变成一个更能干的人。我相信所有人都希望别人认为自己是一个有实力的人,是一个会生活的人,是一个值得学习的人。或许有人读书没我读得好,可他会乐器、会体育、会烧饭、还会修家具。难道因为我的成绩比他高个几分,我就是更能干的、更值得人佩服的那个人了吗?显然不是。正是这些丰富多彩的活动教会了我怎么去生活。就比如说露营,老师会教你怎么选择扎营地点,怎么生火,怎么看哪种树适合生火。再比如木工课,老师能教会你怎么使用一些最基本的工具,怎么用区区几块木板来打造一个很有用的小物件。你可能不知道什么时候会用得上这些技能,但如果用上了,你一定会非常感谢自己当初去尝试去学习过它。

很多时候,我们因为有家长的保护、对未知的不确定或者逃避的心理,而错失了一些尝试的机会,这真的是最可惜的。我希望大家在斟酌要不要参加一个活动,或者要不要跳出自己舒适区的时候,不要给自己太多时间思考,去做就完事了。尝试得多了,会的自然就多了,申请大学能拿得出手的也就丰富了。更何况,大学并不是终点,人生的路很长，还有很多机会和挑战等着我们。所以尝试吧，Have fun!

**推荐书单** ———————————————————————

    1.《伟大的盖茨比》( 弗·司各特·菲茨杰拉德 )

    2.《哈克贝利·费恩历险记》( 马克·吐温 )

    3.《汤姆叔叔的小屋》( 斯托夫人 )

    4.《唐·吉诃德》( 塞万提斯 )

    5.《君主论》( 尼科洛·马基雅维利 )

    6.《伊本·白图泰游记》( 伊本·白图泰 )

## 从县城里走出来看世界

**姓名**：黄毅捷（Frank Huang）
**高中**：浙江浦江中学；圣母古德康索高中（Our Lady of Good Counsel High School）⊖
**大学**：纽约大学（New York University）、哥伦比亚大学（Columbia University）

**送给大家的话**
全球化视野，本土化执行。

我来自于浙江省浦江县，与本书的发起人、我的高中校友、人生导师黄兆旦博士是同乡。浦江位于浙江省中部，素有"文化之邦""书画之乡"的美誉；还因为在浦江上山文化遗址中发掘出了目前发现的最古老的人工水稻——距今约一万年的历史，所以冠有"世界稻作文化的起源地""万年浦江"的称号。

我的人生前十五年在浦江，后来赴美上高中和大学，开启了自己从县城里走出来看世界的经历。虽然初到美国高中，我经历了学业、社交和孤独等各方面的挑战，但是经过三年的努力，我在毕业的时候

---

⊖ 圣母古德康索高中是美国马里兰州私立走读天主教大学预备学校，两次被评为美国蓝带学校。

成为学校的最高荣誉——"Brother Mark Award"（马克奖）的唯一获得者。现在我是一名纽约大学的大四学生，主修国际关系、经济双专业，辅修媒体、文化与传播专业。近期，刚刚收到哥伦比亚大学研究生院的录取通知书。

在此我要特别感谢我的父母，他们相遇相识相爱于 20 世纪 80 年代的国有工厂，经历改革、下岗、创业，一起开过夫妻店，辛勤工作积累下了革命情感。虽然我的父母只有高中和小学文化水平，但是他们拥有国际化的视野，在我小的时候就送我出国游学，早早帮我树立起了世界观；而且特别舍得在教育上对我和姐姐进行投资，他们总是把最好的留给我们。感谢姐姐一直以来的支持、鼓励与知心交流，让我在生活中更有勇气去面对一切。

## 父母：我的人格人生塑造工程师

上面送给大家的话"全球化视野，本土化执行"常常出现在广告、环保、商业等领域。而我个人对此的理解是，<u>思考一件事情的时候要有国际化的视野和格局，在实际操作的时候要脚踏实地地去做</u>。我认为父母一直在秉持这个理念。妈妈性格开朗，热爱社交，为人处世极为热心。她就是我们家的外交官。在送姐姐去美国读研究生之前，妈妈就结识了家乡几乎所有美国留学生的家庭，其中就包括黄博士的父母，因为她们三姐妹都在美国读书。她的眼光和要求都非常高，不管是在日常生活还是在给我和姐姐规划教育与职业的时候，总是使用"顶级、国际化"等字眼，时常给我们带来非常大的压力。过

> **黄博士：**一个人的眼界跟所受教育没有直接的关系，而是跟心态和学习的状态有关。知道自己的短板促使很多人不断地去寻求新的平台，认识不一样的人。如果你什么方向都不知道，那么多听多看，多走出舒适区，也许答案和方向都会如影随形。

程中难免有争吵与对抗，我们会时常调侃她"一个小学生"的心气怎么那么高，但是内心里是很佩服妈妈的。妈妈也是勇敢的，庆祝我高中毕业的时候，我们一起乘飞机从 3000 多米高空跳伞跃下，感受极限运动带来的刺激。她很伟大，没有她不断地推着我们前进，也不会有我们的今天，所以妈妈带来的压力也是我们上进的动力源泉吧。

我爸爸是一位心细负责且烧得一手好菜的靠谱大暖男，他做事我放心。在创业之前，他在国有工厂里做过电工，当过派出所所长，社会经验丰富。我从小就常常听他讲在厂里面工作的有趣经历，以及抓小偷、跨省追捕的各种破案经历，家里至今都放着那本年代久远的《中国公安百科全书》。经历改革下岗以后，具有商业头脑的父亲开起了家乡第一家手机店，之后也发展了一些其他产业。父亲成为我学习的榜样，我想凭借自己的努力，得到父母的认可，也得到别人的认可。

父母常常热心公益，回馈社会。妈妈会经常参加公益活动助力青少年的身心健康发展，组织大家为敬老院的老人送温暖，而爸爸同时在社区基层任职，服务于大众百姓。他们俩的性格和优缺点刚好互补，我觉得他们在潜移默化中对我的影响很大。

## 国内就学：在压力中成长

我在浦江长大，就是一个普通得不能再普通的学生，学习成绩一直处于班级中等水平,也没有什么突出的才艺。我依然记得小学三年级开始学英语的时候,自己的成绩并不好。爸妈知道自己可能没有足够的能力来教我,就请有能力的人来辅导我。从小学起,我就常常住在老师家,初中大部分时光也是这样。某著名教育机构刚刚入驻浦江的时候,有外教资源,爸妈也会让我去上外教一对一的课。那个时候,与学习英语相比,我感觉更像是与外教交朋友,口语水平就慢慢好起来了,最主要的是克服了与陌生人或者外国人交流的紧张感。后来,爸妈还特别鼓励我去参加"希望之星"英语演讲比赛,我依然清晰地记得那句"I am a sunshine boy"以及唱到一半忘词的英语歌。我特别感谢实验小学的伍芳菲老师对我的指导,让我能够面对挑战,"打开自己"。

最难忘的时光就是初三了,早上七点到晚上九点,周一到周日的学习生活日复一日。我们的班主任应鲜红老师任劳任怨、极其负责,不管是在运动上还是在学习上都带领同学们争取全年级第一。家长们也团结在一起,出心出力,为同学们做好后勤服务,大家都攒着一股劲儿,是我到现在为止感觉最团结的一个集体。在那种压力下的一年,我觉得自己成长了许多。我没有在国内经历高考,但后来听初中的同学说,高考都没有中考时压力那么大。所以,在以后遇到任何事情的时候,我的抗压能力都比较在线。我觉得<u>经历一定的压力也是人生不可或缺的历练</u>。

中考结束后我考入浦江中学,成为学校里的国旗班成员,每周的升旗仪式我负责护卫国旗,在班里也开始担任班干部,每天跑操的时候我负责带领全班同学喊口号,那时候我的自信心才开始得到提升,才慢慢觉得自己在班级中或者学校中有存在感,这为我之后去美国高中做一些需要领导力的事情有一定的加持。所以,千万不能小看了孩子那些不起眼的"领导"小职位和小责任,其实都在慢慢地培养我们承担责任和相信自己的能力。毋以事小、责任小而不为!

## 不平凡的高中生活:学习和能力得到质的飞跃

一家人本来计划让我在国内读完高中或者大学,再去美国求学。没想到计划不如变化快。一方面,我高一的时候浙江开始了高考改革,不确定因素比较大。另一方面,黄博士一家三姐妹的故事给我们家的启发一直很大,我也想像她一样去国外闯荡,尝试不一样的学习和生活方式,见见更大的世界。在没有远大的目标和梦想的时候,<u>一个榜样的力量或者他人的鼓励是很重要的</u>。

> **黄博士**:一个孩子到青春期的年龄,父母的影响力越来越小,有时孩子对父母的反抗力反倒越来越大。这个时候,父母要学会借助外力或者用巧力,效果也许事半功倍。让孩子通过跟他人的交流形成自己的判断,即使有时候观点过于偏激,也可以给他们提供不同的视角,让他们学会分析和决策。

所以,我的出国计划开始被提前讨论。经过各方面的了解之后,我们觉得去美国读高中不仅能帮我提高语言水平,而且也能锻炼各种解决问题的能力,对个人的发展大有裨益。事实证明,这个决定是正确的,我把许多课外时间用在组织活动、提升英文、结交朋友、为学校服务等实实在在有意义的事情上。虽然也有很多的挑战和辛苦,但这些都是值得的。我学到的与人沟通、解决问题等能力才是我进入大学以及在实习中真正有用的,而且这些好处已经在我现在的学习生活中得到了印证。

## 1. 放养式教育考验自制力

在圣母古德康索高中，一个学年由四个季度组成，每个季度的成绩占总成绩的百分之二十，期中考和期末考都只占百分之十。而且每门课的成绩细化到每天的作业、每隔几天的小测验、每隔几周的考试，想要取得好成绩，丝毫不敢懈怠。

没错，大家肯定听说过 GPA，俗称绩点，这就是美国的评分体系，大学在审阅一个学生的申请时，对绩点很看重，这能体现一个学生的学术潜能。如果所有课程都是普通难度，然后拿了全 A，我的绩点就会是满分 4.0；如果我选择了一些难度水平较高的大学先修课程（AP 课程），我拿到全 A，那么我的绩点更高。拿我自己高中四年级来举例子，当时我的大部分课程都是 AP 课程，又拿了全 A，这样一来，GPA 就有 4.8，是特别好看的成绩单。

选择课程难易度的时候还涉及一个取舍问题，太难的课程可能会拿一个 B，在成绩单上不太好看，得不偿失。太简单的课程都拿 A，可能反映你不愿意挑战自己，故步自封。这样一个小小的细节还能反映一个学生是否了解自己，愿不愿意走出舒适区。

在国内的时候，老师或者家长会帮助孩子设立各个阶段的学习目标，我们只需照做即可。而到了美国高中，没有老师会追在你后面督促你学习，所以这种放养式的教育很考验学生的内驱力和自制力。

> **黄博士**：国外的高中更需要学生自己管理自己，而不是靠老师或者家长的监督。当然，这并不代表国外的所有学生都是自律、自觉、有驱动力的。什么体制下都有不同类型的学生。一个学生在什么环境中长成什么样子还是扎根在早年家庭教育的土壤里。再次说明早期父母言传身教的重要性。

## 2. 人人都会至少一项运动

这是我去美国上高中以后感到最惊讶的一件事情，身边每一位同学都会至少一项运动，而且学校的体育设施也十分健全，从橄榄球、足球、篮球、曲棍球、垒球，到游泳、马术，应有尽有。有一门自己热爱且擅长的运动能很快地帮你打开话匣子，交到许多有共同兴趣的朋友。

我的高中下午两点四十五分就早早放学了，那之后大家可不是回家睡懒觉、打游戏，而是去办公室与老师交流问问题，或者参加各式各样的俱乐部，又或者是去足球场、棒球场、网球场、橄榄球场和游泳馆训练。美国高中运动队的训练已经是非常专业了，每天放学后两到三小时的训练能给运动员的技术带来很大的提高。

就举个运动队的例子，来美国的第一年我报名了学校的游泳队，我们的游泳队可是个大家庭，有六七十号人。每周有两次训练时间，不过并不是所有人都参加学校的训练，因为大部分人都加入了他们家附近的校外游泳俱乐部，跟着外面的教练训练，然后代表学校出征参赛，其中有些同学从六岁就开始专业学游泳了，让"半路出家"的我情何以堪。大家会被分为三组从最基本的泳姿练起，在50米长的泳池里连续练习摆臂、呼吸、入水和最难的转身动作（需要在水里面翻个跟头然后以最大的力气蹬泳池壁返回），持续的训练增强了身体的耐力，也磨炼了我的意志。

而且，基本上每两周都会有一次地区学校间的比赛，从小在家乡水库里游泳的我总算是开了眼界，涨了见识。游泳队的成员会坐上大巴，到另外一个学校和当地几所高中的游泳队竞赛。一般会是跳水队先进行比赛,然后才轮到游泳队。用的计时系统跟电视中奥运会比赛使用的一模一样。比赛让我既兴奋又紧张。随着一声电子枪响,我奋力跃入水中,在水下打腿前行。一切都是按训练的步骤进行,唯一不同的是肾上腺素爆表了,感觉每一块肌肉都特别有力,心脏飞快跳动,我很享受那些时刻,能够不用担心任何烦恼,像一头鲸鱼一样劈水前行,快到终点的时候,我费尽力气用手触碰感应板,从水中探出脑袋就能看到显示在大屏幕上的成绩。那时候的感觉像极了奥运冠军,虽然我经常拿倒数。毕竟只接受过一年的游泳训练,无法与练了十几年的同学们匹敌。但我觉得自己尽力了,就很开心,游泳队的朋友们都成了兄弟姐妹,刚刚到美国的我也因此拓展了不小的朋友圈。

刚到美国的那一年,除了游泳之外,每周我还需要上一个半小时实打实的体育课锻炼自己的身体,那段时间是我有史以来身材最好的时候。一个人专注学习一段时间后,大脑负责学习的区域会疲惫,体育活动正好能用到大脑的另一块区域,于是大脑的各个部分都被充分利用,运动完回去再学习的效率更高。

**3. 热心公益**

我的高中是一个天主教学校,倡导"热情、同情、谦逊和朴素"的价值,还有做义工的要求。九年级学生要做 10 小时义工,十年级学生要做 20 小时义工,以此类推。十年级的暑假,我报名参加了学校的义工活动,去了一个叫卡姆登的城市。卡姆登曾有美国最大的造船厂,后来渐渐衰败,现在是美国最贫穷、犯罪率最高的城市之一。

我的义工小组，有两位成人领队和其他十二位学生成员。为了锻炼大家的能力，每位学生要自己想办法筹款，解决一周的衣食住行：你可以写信向自己的亲朋好友筹款，也可以帮助学校商店卖东西，甚至和朋友开一个临时洗车铺。我就写了十六封信，陆续收到共200美元的支票。

到了暑假，我们终于来到了目的地卡姆登。汽车一驶入城市，我就看到了杂草丛生的马路、护栏生锈的桥，还有连房顶也没有的废旧厂房。当地的教会安排我们住进教堂的宿舍里，给每个小组分配了任务。第二天早上，我的小组来到一个慈善食堂，帮助大厨做午饭给饥饿的人吃。接下来几天，我们一部分人到养老院陪老人唠嗑、打牌；一部分人去食物银行把人们捐赠的食品分好类；还有一部分人到残疾人疗养院帮忙。最后一天，大家抽签组成几个小家庭，每个"家庭"四个人，只能拿11美元买食物，因为这是当地一天的贫困线生活标准。来到超市，我们开始精打细算，选了最便宜的土豆、鸡蛋、牛奶，还有每人一根香蕉。土豆泥撒上免费的盐作为午餐和晚餐，鸡蛋、牛奶、香蕉作为早餐，我们生存了下来，也体验到贫困的艰辛，给大家带来了不少感悟。除了美国，我还去了经历过大地震的加勒比海国家海地造房子。而且，每年暑假我还会去我国云南省做义工。

## 4. 积极尝试，终于在美国高中创造历史

当年被这所高中录取，家人并不太喜欢，因为那是我们高中第一

次招收国际生,家人担心学校经验不足。而我却把这当成了一个机会,因为我做的所有事情都将开创历史。后来的经历证明,做第一个吃螃蟹的人蕴含了很多机会。

我们高中的俱乐部活动实在太丰富了,如果每个俱乐部是一个商品,那摆在商店的橱窗里肯定是琳琅满目,可是唯独缺一个关于中国的俱乐部。于是,我和一位来自广东的同学一起创办了中国文化俱乐部。我们创办俱乐部的目的,就是为了让中国同学能更多地与美国同学沟通,同时让美国同学学习到正宗的中国文化。做好了一些活动规划,找好了俱乐部的指导老师,我们一起把申请资料发给校长审核。每年开学,学校都会举办俱乐部招兵买马的宣讲会。我们在"中国文化俱乐部"的牌子上写着"如果你参加了我们俱乐部,就有机会尝到正宗的中国食品,体验到中国的传统佳节,并有机会学习中文"。我们信心满满,以为美国同学会争先恐后来参加,结果报名的寥寥无几。那时候,我们才意识到美国同学对中国文化并不太感兴趣。虽然有些沮丧,但是也激发了我们作为"文化使者"的斗志。俱乐部的负责人告诉我们,这是新俱乐部的通病,只要坚持举行活动,慢慢地,年复一年,就会吸引越来越多的人。

每逢端午节、中秋节、中国新年等,我们都会精心准备幻灯片介绍节日的由来和习俗。举办活动的时候,我们还会放周杰伦的说唱乐,让美国同学感受到我们的旋律。后来,我和同学打算以中美主流 App 的比较方式来介绍中国的科技进步,比如,比较美国的推特和中国的微博,美国的亚马逊和中国的淘宝,还有美国的脸书和中国的微信。我想把一个现代化中国的形象展示给美国同学们,所以暑假回国的时候，我还特意拍摄和制作了一些乘坐高铁、使用共享自行车的视频，好在俱乐部的活动上给美国人展示，向世界输出中国的文化自信。

看似创建和运营俱乐部只是一件小事情，但在这个过程中，我不仅培养了自己的领导才能，提升了口语水平，展示了 App 的制作能力，还学习了摄影和视频制作的技巧，这些技能也在我之后的学习生活中起到很大的作用。

> **黄博士**：很多时候，我们很难去预判做一件事情会有什么样的收获，但是不做就一定不会有收获。所以，即使不确定结果，尽力去尝试是一个很重要的开放式心态。当然，在选择尝试什么的时候不要过犹不及，锁定一两件自己感兴趣的事情先动起来。

除了创办中国文化俱乐部，我还在第一年人生地不熟的时候成功竞选学生会学生代表，并且在第二年成功连任。学校总共有 1300 多人，学生会由主席、副主席和八位学生代表组成，要想成为学生代表，需要在整个年级的 300 多人中脱颖而出。因为是第一届国际生，大家对我特别好奇，也特别热情，再加上我参加的各种活动，比如之前提到的俱乐部和游泳队，积累了不少人脉。当我得到学生会竞选的通知时，我果断申请参选。当时正值美国总统大选，我也开始筹划我的学生会"大选"。我模仿其中一位总统候选人伯尼 · 桑德斯（Bernie Sanders）的竞选口号"Feel the Bern"，创作了我的竞选口号"Feel the Huang"，在口号里加入了我的姓氏。

当年的美国总统竞选在媒体流传着一张海报，上面分别是总统候选人以及他们的独特性描述。比如，如果希拉里当选总统，那么她会成为美国历史上第一位女性总统；如果卢比奥当选，那么他会成为美国历史上第一位拉丁美裔总统。而我就效仿这样的句式，在竞选海报上加上了我的头像,并且写上"如果 Frank 当选,那么他将成为我们高中历史上第一位中国籍学生代表"。海报与口号贴到了学校的每一个角落,全校的人都知道了我。

竞选学生会代表另一个重要的挑战是演讲。我提前好几天开始准备,脑子里有一个点子,我就把它们写在纸上,放学以后将它们一一汇总。我把自我介绍、给学校的提议,加上了许多美式幽默,完成了 500 字的演讲稿。我缠着演讲队的老师,让他教我怎么演讲。我率领的"中美合资"助选团队也非常给力,不仅帮我粘贴海报,还反复帮我打磨演讲。终于到了演讲的那天,我开口第一句就说我是"中国制造"的 Frank,台下的 300 多位同学开怀大笑。一阵互动之后,我真诚地提出了对学校的提案。我还说"大家来中国玩时,一定要打电话给我呀"。一阵掌声过后,我振臂高呼,"Vote for Frank,Vote for Frank(投票给弗兰克)"。美国同学比较爱起哄,就这样"投票给弗兰克"响彻整个礼堂。

> **黄博士:** 至今还能清楚地记得 Frank 竞选学生会代表和第二年连任时的场景。他很紧张,也很投入,最后凭借自己的幽默和勇敢脱颖而出。当选和连任成功固然值得庆祝,但是他在准备过程中的学习同样不容忽视,他让全校的同学看到了这样一位积极开朗的中国学生。这在某种程度上为他毕业时获得"马克奖"奠定了一定的人脉基础。

这是我人生中一个重要的历史性时刻,一个星期的辛苦没有白费。当广播里宣布下一年学生会成员名单时,终于念到我的中文名。当选后,我为学校做了许多事情。制作海报,宣传招募,组织舞会,布置场所。每年学生会都要给学生们赠送年度礼物,我利用中国的神器"淘宝",反复与卖家沟通,定制了 1500 块带有学校 logo 的金牌。礼物很快寄到了美国,同学们都很喜欢,也爱上了中国。竞选和当选学生会代表让我有机会接触到学生事务，领导学生团体，这对我以后参与大学的学生会，甚至毕业后参加工作都有诸多好处。而我在高中也成了名人，申请大学的时候我特意请求学校的董事长帮我写了一封极好的大学申请推荐信。最有意思的是，他给了我这样一个评价："Frank 真是一个难得一见的中国好学生，他突出的优点就是 no face。"也就是说"不要脸"（哈哈哈）。确实，我们中国学生有太多的顾虑和不敢，因此错过了很多本来可以拥有的机会，别太把自己的"脸面"当回事，没什么大不了的，试就对了。

当我开始申请美国大学的时候，才发现自己在美国高中的这些精彩经历都是申请文书的完美素材，不矫揉造作，不弄虚作假，一切都是水到渠成，我把这几年在美国高中的经历和思考呈现给大学，交上了一份满意的答卷。其实，参加这些活动的意义远远超越大学申请，更是人生的宝贵财富。

通过三年的摸爬滚打，高中毕业的时候，全校同学要提名再由老师投票选出一名最高荣誉奖的毕业生，而我作为一位国际生，击败了我的美国同学们，拿到了这份沉甸甸的荣誉。在 2000 多人的见证下，在北美最大的教堂里，在父母目光的注视下，我意外而惊喜地上台领奖。

## 和学习成绩一样重要的软实力

学习固然重要，但是那些看不见摸不着的能力同样重要，因为成绩的衡量范围也许仅限校园，而软实力是受益终身的，从校园、职场,到人际关系。所以,接下来我跟大家谈谈如何提升软实力。

### 1. 渗透美式幽默

不管在什么场合,给人留下的第一印象非常重要,我在观看很多演讲的时候,发现演讲者们总会在开头埋下一个笑点,来活跃现场的气氛,也吸引听众们的关注,而我也学习了这一招。先是观察优秀的演讲者如何使用这一招,然后自己在不同场合模拟练习,尽可能地练习这个技巧。如果大家异口同声地大笑,我就知道成功了。如果大家一脸茫然,我就知道这个梗没在点子上。

> **黄博士:** 英国作家萨克雷说:"诙谐幽默是人们在社交场上最美丽的服饰。"小到朋友聊天、课堂发言,大到融资谈判或者总统竞选,幽默的说话方式会带来意想不到的效果。幽默并不是肤浅地搞笑,而是用轻松的语言,说出让人意料之外的道理。拥有幽默的能力,需要我们站在一个独特有趣的视角,洞见一些荒诞的、痛苦的、忽视的真相。

To be frank, I'm Frank.(我的英文名 Frank 也有"坦率的"意思,而 to be frank 是大家常用的短语,意思是"实话实说"。所以,这句话一语双关)到美国以后,我常常会用这句话作为我的开场白,这样一句美式幽默博取大家一笑,让大家很快地记住我,屡试不爽。我的学生会竞选演讲以及毕业晚宴的演讲中,总会插入许多美式幽默,有时紧扣时事,有时关联生活。

### 2. 快速适应新环境的能力

之前提到,我的父母做生意比较忙,他们也没有足够的能力来教我书本上的知识,从幼儿园起就把我寄宿在亲戚家,然后小学也有一段时间住在老师家,初中大部分时光也是这样。常常在外生活的经历培养了我的适应能力,以及与人打交道的能力,所以每次到一个新的环境，经过一段短暂的"阵痛"后，我总能很快适应。家长们要舍得让孩子去体验，不然孩子就是在父母呵护下不敢迈开步子的小鸟。

初到美国的时候，我很快跟上了学校的课程节奏，上课也能听懂，我觉得自己内心挺强大的。但是因为一件小事，我发现那时候的自己内心还是比较脆弱的。当时因为弄丢了陪伴我三年的铅笔盒，我就情绪崩溃，大哭一场。但是经过阵痛，我后来很快就振作了起来，加入了各种俱乐部以及游泳队，找到了朋友圈以后，一切都顺利了起来。

刚到纽约大学的时候，我也经历了阵痛，那时候还未完全融入大学生活，从高中到大学的落差非常大，原本的高中是一个非常紧密的团体，突然到达了陌生而广阔的纽约，这让我一下子喘不过气来。我在房间里窝了一周，现在依然清晰地记得我当时沉迷于《兄弟连》这部剧。

学姐告诉我，这些状态都是正常的，"新的城市，新的学校，新的人生阶段，不适应在所难免。刚开始的时候会觉得什么都是很高大上的样子——学长学姐看上去都那么厉害，学校课程很高级，这座城市那么酷，这都源于你对陌生的敬畏感。相信我，等到明年这个时候，你也会变成下一届学弟学妹眼中很厉害、很'老油条'的学长。"学姐的这段话，帮我度过了那一段困难的时光。之后，我积极参与学校的事务，很快成了"老油条"学长。

纽约，可能会让人一开始有种"自己什么都不是"的感觉，但是电影里都说了，"如果你能在纽约站稳脚跟，那么你就能在任何城市出人头地"。虽然大家常说"宁为鸡头，不为凤尾"，但是经历过一些场面和历练的人，应该尝试着做凤尾而不是安于当鸡头。因为当身处一个好的环境，被一群忙碌上进又优秀的人包围时，更能激发出你的斗志。当然，这取决于你是否愿意和压力为伍。当你发现自己成为一个环境的中心，或者是一个团队中最厉害的人的时候，恰恰需要有危机感。因为这说明这个环境的平均水平低于你，你可以在这里获得快感和虚荣心的满足，但是这对你的个人发展也许没有好处。

> **黄博士**：当"凤尾"还是"鸡头"，没有绝对的对错，要看学生的个性特点。对于越挫越勇的好胜型选手，也许在一个高手如林的环境里当"凤尾"是个好选择；如果一个人的动力来源于不断被肯定、被看见，那么也许"鸡头"是更合适的选择。

### 3. 以诚相待，成为寄宿家庭的第四个儿子

美国高中第一年我与另外一位中国同学寄宿在学校的一位西班牙语老师家。那时候的我还比较稚嫩，也不太懂事，察觉不到因为我们导致的厕所脏乱差问题，以及周末早起带来的噪音。如果不是他们指出不足，也不会有现在爱干净、有条理、做事情总是先为别人考虑的我。后来老师跳槽去了科罗拉多州，我便开始寻找第二个住家，开启了在美国的另一段奇妙经历。

我与第二个住家的关系特别好，他们家里有三个儿子，都在我们高中上学。他们把我当作家里的第四个儿子，住家爸爸甚至在通讯录里把我的姓改成了他们家族的姓，而且我毕业以后他们也不再寄宿新的国际学生了。即使上了大学，逢年过节我都会回去与他们一起度过。甚至疫情期间我又在住家住了小半年，他们真的把我当作家人了。住家爸爸是做房地产开发的，开发新区域的时候，会特意把小区里面的路以家人的名字命名，我大三暑假回去的时候，住家爸爸特意从图纸筒中拿出一张图纸，上面竟然有以我名字命名的小区道路。

我与住家关系比较好。一是因为运气，住家一家人都很友好、善良、包容；二是因为我们真心对真心。大家应该知道美国家庭会给自己的孩子们分配一些任务，比如家务活儿，而我们住家的家务活范围较广，包括室内清洁、餐具归位、草坪除草、树林伐木、清洗泳池，等等。虽然住家一开始比较客气，不会给我安排工作，但我会主动承担责任。比如每次洗碗机完成任务以后，餐具厨具归位就会由我来完成；每周一垃圾车会来门口收垃圾，而我也会跟住家儿子们一起把垃圾桶和回收桶一起拉到马路上。有时候，这些事情住家兄弟们会忘记或者抱怨，但我觉得都是小事，就会主动做了。平时的家务劳动能让别人感受到你的态度，觉得你是一个有心的、愿意付出的人。美国是一个建立在个人自由独立理念上的国家，你为别人做一些事情，对方就会比较感激，"谢谢"会时常挂在嘴边。

住家爸妈分别来自于拉丁裔和希腊裔的家庭，所以我很幸运能感受到不同的文化。两边的大家庭在节假日聚会的时候都非常热闹，我也会拿出自己的单反相机或者无人机，拍摄记录下家庭的幸福瞬间，分享给所有成员，给大家带去美好的回忆。每年重大节日的时候，我还会精心给住家所有人挑选礼物，礼物不在贵而在用心。如果你用心了，对方会被感动并且深深记住。和住家大哥一起从高中毕业的时候，我送给他一个从淘宝上私人定制的手工小雕塑，是我俩穿着晚礼服参加毕业舞会的样子，下面刻着"We are brothers"（我们是兄弟），此后他就把这个纪念雕塑放在了房间最显眼的地方。毕业的那个暑假，我还带着他在中国旅行了一圈。

我希望在分享这些事情的时候，大家不是以一个功利的角度去看待，觉得我是在做一些刻意迎合别人的事情。其实，恰巧相反，这些都是内心驱动着我想做的事情，做这些对我来说很开心。

## 充分利用学校的资源

我们留学在外，学费都不便宜，为了自身的发展，也为了不愧对父母的栽培，我觉得最好的方式就是尽可能利用好学校的每一份资源。而我其实从高中就开始践行这一理念——我常常跑去与自己的学校顾问沟通交流，更新近况，问问建议；参加学校许多公益活动，包括去海地辅助医疗队以及在弗吉尼亚州东岸做义工建房子；报名学校提供的几乎所有我能上的大学先修课程（AP 课程），这些课程在我进入纽约大学的时候换取了 32 个学分，助我自动变成了一名大二学生。

在纽约大学，我也把这一理念延续了下来——在自己选专业迷茫的时候，我与学校顾问深入交流，做好了几个最感兴趣专业的选课模板以及利弊分析；常跑学校的职业发展中心，改简历，找实习，以及模拟面试；加入并且领导了多个学校社团；申请义工项目奖金、校园工作学院领袖、同龄人导师等多个职位。

### 1. 不忘初心，持续做公益，收获意想不到的回报

之前提到高中时因为学校的要求，我开始做义工，后来慢慢产生了持久的兴趣，参加了更多的公益项目。我热爱公益的一个原因是，我认为爸妈通过他们这一代人的努力，给我创造了很好的成长环境，才有了现在的生活。我想通过自己的付出，去回馈社会，让别人的生活更好。

所以上了大学，我也没有停止脚步。大一的时候，我报名参加了学院的危地马拉义工建房之旅。在一周内，跟队友一起为两户当地家庭各建起了一个遮风挡雨的小平房。大二的时候，通过申请与面试，我从原来的一名义工参与者，转变成了领队，从宣传、招募、面试成员，到规划执行，我都经历了一遍，虽然因为疫情在最后关键时刻未能成行，但是那一年的经历对我的能力有了整体的提升。

我在做义工的时候是坚守初心、不求回报的，但这些付出却给我带来了意想不到的收获。可能是身边的同学，也或者是学院的教授、顾问，他们对我的提名，使我每年都会获得诸如"紫罗兰火炬奖""创变者奖学金""卓越成就奖"的奖项。而且在做义工领队的时候，我常与同为领队的学院副院长沟通交流，最后在申请学校工作以及校外实习的时候，还得到了他的大力推荐，并且都拿到了最终的机会。

### 2. 大学不只是读书

学业固然是重要的，学业之外，也可以去探索自己感兴趣的领域，或是了解社会上的行业，或是协助教授深究学术课题，或是开启一段关系，甚至找到合作伙伴开始创业。如果你早已经想好了以后的职业目标，那就尽快从大一开始，放开手大胆地去追逐吧，利用好大学的学术资源或者求职资源，去完成你的目标。

如果你还没想好，我希望你不要焦虑，很多人与你一样，大学里有无数种可能性等你去探索。可以找学长学姐这样的过来人去了解，听取他们的建议，慢慢发掘兴趣，利用寒暑假的时间去做公益，在社会上实习。大学不可能只是读书！

## 总结

最后,给读者朋友们提几个建议:

### 1. 身体是革命的本钱

大家可能会觉得这是一句司空见惯的话,但<u>身体健康是最重要的,因为你做的事情是外部的,而身体是自己的</u>。我希望大家不管多忙都要照顾好自己,投资时间给自己的身体——平衡膳食、适时休息、充足睡眠、坚持锻炼。我现在会时常约上朋友去健身房,或者自己去游泳。运动能调动身体的每一个部位,改善一个人的心情,提高学习或者工作的效率。健康的身体,才能让你走得更久更远,才有机会去学习自己感兴趣的内容,做有意义的事情,在短暂的一生中创造价值。

### 2. 把握机会,走出舒适区,勇于挑战与试错

不管是在高一军训暗自下决心要成为国旗班成员的时候,在做去美国读高中这个重要决定的时候,还是在美国参选学生会抑或是面试义工领队、申请各种奖学金的时候,即使变数很大,没有百分百的把握,但我都抓住了眼前的机会,而且很多时候结果会出乎意料地给你惊喜。我想去挑战自己,因为相信这些机会能助力自己的成长。当然,这些年我也有很多失败的经历,<u>但越年轻试错成本越低,每次失败都能磨炼出更好的我</u>,让我更精准地定位方向,为下一次的挑战做好准备。一个人失败了并不可怕,失败的经验往往是宝贵的,就怕连尝试的勇气都没有,最后后悔至极。

### 3. 培养驱动力

在学校或职场中，大部分人都习惯被动地让人盯着去做事情，觉得完成他们的规定职责就可以了。但如果你多想一步，<u>主动担当</u>，把事情做得更好，往往会有意想不到的结果。我希望你在自己热爱的事业上，上下求索，有所建树，就像纽约大学的校训说的："Perstare et Praestare."（这是拉丁语，是坚持不懈和超凡脱群的意思）。

### 4. 充满好奇，多问问题，放手去做，多与现实生活建立联系

在生活中充满好奇心，这个<u>社会往往是你最好的大学</u>。我在高中申请社会科学奖学金的时候，曾经对我最喜欢的老师 Mr. Burns "口出狂言"："你的比较政治课不是我最喜欢的社会科学课，我最喜欢的社会科学课是独立自主地在海外生活。"因为不管你在哪儿，生活的经历往往能教会你很多书本上学不到的东西。这些年在海外生活时，我时刻保持着好奇心，抱着"打破砂锅问到底"的精神——在日常生活中，有自己感兴趣的机会，我总会去尝试并且摸清套路，比如最基本的在纽约考驾照、认清方向、乘坐公共交通，以及参加一年一度的龙舟大赛；在学习中，如果有不会的问题，多问教授、助教，利用好其他学术资源，为交的学费负责，为对得起自己负责。这样不仅有助于自己的成长，也让我的阅历有所积累，能够分享自己作为过来人的经验去帮助到别人。

这些年离开父母在海外生活的经历，让我在面对事情的时候能够保持镇定冷静，沉着地去面对。所以我希望父母在生活中多放手，让

孩子自己去做一些事情，即使是处理一些小事，也能教会他们不少东西。还有书本上很多理论知识，如果与现实生活脱轨了，往往特别难理解，让孩子对这个世界与现实生活有充足的了解是有好处的。不要让孩子成为伸手党，过于保护与溺爱孩子会给他以后的成长埋雷。

### 5. 放下电子产品，多读书，多走出去看看这个世界

现在是互联网时代，电子产品和碎片化的内容占据了我们越来越多的时间。我妈妈曾经说过："手机是生活的小三。"这句话虽然讽刺，但我在成长过程中，越来越觉得它的正确性。互联网固然重要，但不应该是我们生活的全部。

大家可以利用好互联网和电子产品，让我们的生活更便捷，也可以向世界发出自己的声音，比如我会利用自己的微信公众号"毅起看世界"总结自己的一些旅游经历、学习生活、人生感悟，在提升自己的同时，也希望可以给大家带去启发。

同时，也要与互联网和电子产品划清边界。我鼓励大家放下电子产品，多与真人面对面交流，因为这个社会是由人构成的。其次，碎片化、快餐化的内容充斥了互联网，我希望大家多阅读有价值的新闻，知道世界动态，树立世界观；以及多阅读书籍，去做深层次的知识摄入。此外，建议大家有机会多出门去旅行，了解当地的风俗文化，领略祖国的大好河山，或者走出国门去探索外面的世界。我很幸运有机会在小学以及初中的时候就走出国门去到了南亚、欧洲、北美游学，知道了这个世界的版图是怎么样的，各地的人们是如何生活的。而高中毕业的暑假，出于机缘，我去到了越南旅游，探访美国高

中认识的越南国际生同学，最后甚至坐火车来到中越边境关口，通过陆路走回中国；出于好奇，我还去到了朝鲜这个邻居国家，受到了不小的震撼。

这些经历让我早早地树立了世界观，也在现在国际关系与经济学科的学习中起到了很大的帮助。

世界这么大，值得去看看！

### 推荐书单

《云上八万里：中国公民首次环球飞行》（陈玮）

推荐理由：由中国环球飞行第一人陈玮先生所写，回顾了他完成环球飞行壮举的历程。通过这次环球飞行，陈玮实现了自己的三个愿望：凝聚海外华人的爱国热情、为儿童公益慈善募捐、宣传中国的通用航空事业。我在新华书店偶然看到他的书，到后来留学美国和他写信交流加上微信好友，一直期望着与他的见面。在这个过程中，我也进一步了解了陈玮当年如何远渡重洋，求学美国，再白手起家，创造财富，成为华人骄傲的过程。他经常问自己一个问题，我也想问读者们："如果你认定自己不会失败，你将会尝试着做什么呢？"如果你有一个答案，那就是你心中真正热爱的东西。他的经历将一直激励我走下去。天妒英才，特此悼念于 2018 年 12 月 20 日不幸坠机身亡的陈玮先生。

# 小镇不出做题家,沙漠也能开出花

姓名：刘远（Salina）
高中：天津市第九十五中学（现已更名为天津市第九十五中学益中学校）
大学：中国人民大学

**送给大家的话**

愿你始终有肯定自己的达观和否定自己的勇气，有顺应世界的坚忍和改变世界的雄心，有追逐白日的梦想和守住黑夜的信念，有独自上路的勇气和抵抗孤独的不屈。

---

此刻的我正坐在维也纳的一间小屋里，嗒嗒地敲击着键盘，窗外不时传来火车轰隆而过的声音。清风卷着白色的窗帘，携着阵阵花香，撩动着我为数不多的头发。不出意料的话，附近的咖啡店又该坐满了，一份报纸，一杯咖啡，三两好友，就是一个下午。我是刘远，也如自己所愿，来到了很远的地方。相较别人，我不够优秀；但相较自己，我足够特别。这个普通人，想和你讲讲她的故事、她的心声。

## 昨夜西风凋碧树，独上高楼，望尽天涯路

聂鲁达曾言："在我荒瘠的土地上，你是最后的玫瑰。"我不知聂

鲁达的玫瑰是谁、是什么，但于我——这个成长在新疆戈壁滩上的丫头来说，这支玫瑰便是成为外交官的梦想。这只玫瑰的种子是在何时种下的呢？许是那次搬着小板凳坐在电视机前，内心震撼地望着外交部发言人掷地有声的发言；许是那次翻阅书籍，望见周恩来总理外交场上风度翩翩、游刃有余；抑或是看见王毅先生坚定的目光，华春莹女士的温柔但绝不退让，听见耿爽先生有理有据、引经据典的发言……

　　从我两岁起，母亲就开始教我英语。黄沙漫天的小城里，低矮甚至有些破落的平房里，总是能见到一个小姑娘，一只手拿着英语卡片一只手拿着苹果，边啃苹果边念叨"Apple，Apple"。身边的人都不太能理解，母亲为什么要这么早开始教我英文，毕竟我们当时小学一年级才会上英语课，但母亲就像是在拿我做实验，饶有兴趣地坚持了好几年。时至今日，我们家里仍然保存着英语学习的碟片，"来是come，去是go，点头yes，摇头no"就像是刻进我的DNA里了。英语和奥特曼的碟片也并列成为我最爱的碟片。

　　父亲和母亲对我的教育，似乎从来都不是死记硬背式的灌输，而是兴趣诱导式的启蒙。我第一次认识麦子，是在麦田里，追问了母亲好久："妈妈，他们种那么多韭菜怎么吃得完？"这件事至今仍是我们家的笑料。核桃不只是书本上的一张图片、一个单词，而是在新鲜时有绿色外衣，褪下外衣晒干后才是图片上的模样。1+1=2也不仅是算式，而是妈妈有一个核桃，爸爸有一个核桃，都给我，我就可以吃两个核桃了。就这样，我在麦田里奔跑，在核桃树下数核桃，一个吃货的好奇心得以与世界、与知识连接。书本也不仅是书本，而是智慧结晶的载体，是美食得以"生根发芽"的另一处。回想我的求学路，英语的学习像是我的一块"敲门砖",敲开了这个新奇世界的大门,也敲来了诸多机遇。

从小学一年级开始,我就是班里的英语课代表;直到大学,我还是英语课代表,似乎我对于当英语课代表这件事已经不仅仅是一种兴趣,而是一种强迫症。十几年的英语课代表生涯,可谓是爱恨交加,追着同学们要英语作业是家常便饭,而我也早已修炼出催交作业的十八般武艺。我想写完这篇文稿,我或许可以试着写写《如何优雅地催促同学们交英语作业——来自一位一线英语课代表十几年的亲身经验》。英语学习碟片中的高楼大厦里,各种各样的美食也在隐隐告诉我,这个世界上不仅有我生活的小城,外面的世界还有很多美食,而我真的很想去看看、去尝尝。

带着这种好奇,我进入了内初班㊀,从我的家乡新疆和田来到了新疆的克拉玛依市。克拉玛依市是座石油城,是座比我的家乡大很多很多的城市。这里的同学很优秀,大部分在初中就可以用英语进行无障碍交流了。听着他们纯正自信的发音,我在感到差距的同时,更是感到好奇,他们是怎么拥有这么纯正的发音的,三年的时间,我可不可以达到这个水平呢?我想,为了得到这些答案,我还是要做英语课代表。

三年的时光一晃而过,高中我争取到了进入内高班㊁机会。从新

---

㊀ 内初班,全称"新疆区内初中班",是自治区党委、人民政府于2004年为推动新疆双语教育,在新疆教育资源较为发达的城市如乌鲁木齐、克拉玛依等开设初中班,招收对口地区的农牧区乡(镇)、村小学或贫困、边境县城市小学的应届毕业生。

㊁ 内高班,全称"内地新疆高中班",为深入实施"西部大开发"战略,进一步加快新疆各民族人才培养步伐,促进各民族共同繁荣、共同进步,党中央、国务院决定从2000年起在内地部分经济发达城市举办内地新疆高中班。

疆又来到了渤海之滨——天津。这一次，我还是选择了成为英语课代表。我至今还记得那天在老师办公室，接到中国日报社要举办英语演讲比赛的通知，我拿着一张薄薄的通知书，双手微微颤抖，小心翼翼地问赵老师："老师，我可以报名吗？"赵老师笑着说："当然可以！"

在初中敲开英语口语、高中敲开英语演讲比赛的门之后，在大学我想敲开出国交换的门。因为内高班的优惠政策，我以比身边同学低的分数进入了人民大学。在倍感幸运的同时，更是深感压力山大。是成绩，更是这成绩背后所接受的教育、成长环境、谈吐见闻。但是这一次，我还是想当英语课代表。

---

**写给爸爸妈妈们的话：**

无论身处小镇还是大城市，对孩子教育的重视程度不应该改变。教育的内容固然重要，就我自己的成长经历看来，对孩子好奇心的激发、呵护更为重要，如此方能让孩子产生自驱力，发自内心地认为学习是一件快乐的事情。

**写给和我一样或者不一样的你的话：**

所处城市的大小，不应该限制我们梦想的大小。做梦，永远是你我的权利。梦想可能会随着所处环境而发生变化，只要找到我们的制胜法宝，就能用它将困难逐个击破。

> **黄博士：** 我也生长在一个小县城，自从离开家乡到北京、纽约求学，我见的世界越来越大。一有机会，我都会回到原来的母校给学弟学妹们演讲，主题只有一个"出去看一看"。即便最终回到家乡，那也是看过世界后的眼界。

## 衣带渐宽终不悔，为伊消得人憔悴

"理想，是要用实力去捍卫的。"借用我大学遇到的一位良师说过的话，作为这一部分的开头。梦想或许虚无缥缈、天马行空，但是实现梦想的路一定是脚踏实地、手胼足胝的。回想我之前的求学生涯，虽在大学前没有上过补习班，但吃过的苦或许并不比上补习班的同学们少。

内初班的日子很苦。小小的姑娘要背着沉甸甸的行囊和同样沉甸甸的来自父亲母亲甚至是整个家庭的期望，坐五十几个小时的窗户都合不严实的绿皮火车，摇摇晃晃地从新疆的南部一路到新疆的北部。为了什么？读书。我到现在仍然记得很清楚，爸爸送我出发的那天，帮我放行李，又想多跟我嘱咐两句，竟然没来得及下车，只好陪我坐到下一站。一向沉默寡言的他，不知道哪来那么多话，"路上要注意安全，一个人出门在外要多长个心眼儿，要好好吃饭。哦，对了，晚上车上凉，要注意保暖，不要着凉，爸爸不在身边，发烧了可就没人管咯……"

在我家，爸爸似乎一直都是个沉默寡言的角色，既不会在我取得好成绩的时候大声表扬我，也不会在我失利的时候轻声安慰我，甚至打电话也像在节省电话费似的，从不会超过两分钟。我妈总说："这是你爸当兵的时候留下来的习惯，汽车兵嘛，在沙漠里执行任务，一去就是好几天，路上最多也就两个人，时间一久，到现在也不怎么会表达。你要相信，他是爱你的。"我相信，我的老爸超级爱我。我的老爸会在我备考的时候，化身美食雷达，变身所谓"老乡家土鸡的宿敌",让土鸡、鹌鹑、鸽子闻风丧胆;会在我不知道要去到哪一所内初班的时候,一整天都在搜集整合几所初中的信息,在我以为他终于要开始"长篇大论"的时候,就告诉我一句"没事,都挺不错的,去吧";会在我高三统考连续几次失利的时候,沉默很久,在我以为他破天荒地要安慰我的时候,就撂下一句话,"你只管努力,大不了回老家种地嘛,哈哈哈"……我的老爸啊,就像是沙漠里的胡杨,站得笔挺,倔强地一言不发,守护着我这棵小树,守护着我们这个小家。我的老爸,就是我永远的后盾,也是我永远的牵挂。

一路摇摇晃晃,小小的姑娘途经沙漠,吃了满嘴的沙子,灰头土脸地到了一千多公里之外的城市,用小小的肩膀担起了大大的梦想。不记得多少次因为想家,也因为和身边本地同学巨大的差距,在跟爸爸妈妈打电话的时候,我哭得鬼哭狼嚎,响彻整个宿舍楼。有的时候甚至一整个宿舍的姑娘抱头痛哭,但抱头痛哭之后,一群人又开始奋起直追。连续几个月不间断地早起背书,"喂,老大,我要是明天没起来,你就用喷壶装上凉水喷我啊,一定啊"。看着对方斗大的喷壶、坚定且狡诈的眼神,和提前一天早早灌好的凉水,我一阵心惊,第二天早上直接从睡梦中惊醒,快快爬起来。这个时候天还没亮,索性就坐在楼梯上背书,楼梯上的人越来越多,到最后两边都坐满了人,只有中间一条小道可供人穿行。天空泛起了鱼肚白,一部分同学就开始转战操场。站着一动不动地背、边走路边摇头晃脑地背、坐在草地上背……我最喜欢坐在草地上背书,我一遍一遍复习、预习的习惯就是在这个时候养成的,预习或巩固的同时标注出问题,上课的时候刚好请教老师。

英语课上除了讲知识点以外，我们还会干一件事情——跟读。从初一甚至到初三，始终如此。李老师总说："我知道在课上跟读很花时间，但我想这对你们的口语很有帮助。虽然现在用处不大，但将来一定会派上用场。"一群人就跟着音频大声地读，很多时候嗓子都读哑了，还乐此不疲地模仿语音语调。或许也不是乐此不疲，只是因为身边同伴的跟读声实在是"千奇百怪"，只好大声朗读来保持专注，以免笑出声来。我到现在都记得，有一次课上我模仿一个老巫婆，惟妙惟肖，全班同学都捧腹大笑，还得到了老师的表扬。培养好的习惯很重要，"罗马不是一天建成的"，一步一步来，在过程中保持好奇心，积累成就感，克服一个又一个困难。

三年的时间一晃而过，转眼间大家都进入了高中。进入内高班后，我来到了天津市第九十五中学，开启了我的高中学习之旅。初中的学习有源自内心的动力，亦有身边优秀同伴的督促和压力。而我的高中排名并不十分靠前，来自同伴成绩上的压力小了很多，身边也没有一个明确设定的目标。也是在这个时候，我意识到，环境固然重要，但更重要的是坚守本心，优于过去的自己。

能够报名高中的英语演讲比赛，只是拿到了一张"入场券"，在繁重的课业之余，写稿子、改稿子、反复练习似乎更具考验。我也就这样开始了在教室和赵老师办公室之间的奔波，修改誊抄，反反复复不知多少遍。关于练习，我最熟悉的是教室出门右拐的走廊尽头。那里的玻璃门在天没亮的时候，能清晰地印出我的表情、动作，十分适合练习，虽然有点吓人。五分钟的稿子，我反反复复练习了得有一个月。轻轻推开复赛的门，缓步走到中间，深吸一口气，放空大脑，再吸一口气。好的，确实放空了，第一段也想不起来了。落选之后，我反复思考，排除玻璃门的影子太吓人的原因，或许我不应该用死记硬背的方法来准备演讲，而是应该真正去传递观点和听众沟通交流。我准备明年再战。在长达一年的准备之后，这一次，我成功进入了半决赛，深吸气，没忘词。五分钟的演讲以及即兴演讲都很流畅，但在问答环节，我还是十分紧张，磕磕巴巴几乎说不出完整的话来。虽然结果上都是没能进入总决赛，但我终于习得了深呼吸放松但不放空之术，演讲重在传递观点、沟通交流，而非死记硬背、自说自话。

还没上大学，新的困难接踵而至。不知道从什么时候开始，我的生物成绩呈直线下滑，最后一度徘徊在及格线边缘，班主任、生物老师轮番上阵，对我"严加拷打"。毫不夸张地说，那段时间我在进班之前都要先趴在门框上，以迅雷不及掩耳之势看看班主任和生物老师在不在，再"嗖"地一下溜进教室。说实话，我害怕自己做得不好，让他们失望。但又或许，我只是担心追不上那个被寄予厚望的自己。在分不清叶绿体和线粒体被同桌笑话之后，我不得不承认成绩下滑的原因就出在我的基础知识上。于是我又开始背书了，每天第一个从到校的大巴车上跳下来，直奔操场。同学们说，真搞不懂我背个书为什么跑这么快。一天，两天，三天，一周，两周，一个月，从高二直到高三结束走出考场。

走出理综考场的时候，我长舒一口气，再见了，生物。接下来就开始等成绩，填报志愿，之后我进入了中国人民大学。一切顺利？不，这不是我想进入的专业。不顺利？对，一入学就被迎头痛击，原本有信心的英语考得一塌糊涂，成功与英语B班、二外绝缘，拥抱A

班。原本以为的优势科目英语都与身边的同学差距如此之大，其他科目更是如此，还想出国交换？简直痴人说梦。但我就是不服气，"打不死"的刘远再次上线。这一次我报名了托福的补习班，每周六从早上到晚上上课，也因此错过了很多认识新朋友的机会。第一次上补习班的我，深感上补习班的不易。上课，模考，真正考完托福走出考场的时候，被门口推荐课程的姐姐拦住，"家长，您孩子需要这个课程吗？对升学很重要的。"一时失笑，只好感慨自己可能真的长大了。

让我感到迎头痛击的或许还有游泳课，来自戈壁滩的"旱鸭子"真的感到无从下手，尤其是对于我这只平衡性不好的"旱鸭子"。同学们已游出好远，变换多种泳姿，最后直接转移到深水区，而我还在浅水区使劲喝水。老师实在看不下去了，于是我原本一周一节的游泳课，变成了一周两节。课余时间的休闲活动，也变成了到游泳池"喝水"。考试的前一周，更是每天一有空就泡在游泳池里，最后几乎认识了所有的工作人员，还经常被打趣："姑娘，又来喝水？"

---

**写给爸爸妈妈们的话：**

支持孩子小小年纪到几千公里之外的地方读书，支持孩子虽然英语水平不足以获得奖项，但仍然想参加英语演讲比赛，支持孩子想出国交换，报补习班学习托福……这是我的爸爸妈妈的选择，他们选择支持我、信任我，让我来做出自己人生的选择，而非替我做出选择。或许老爸老妈不再懂得高中课本上的知识，但关于生活，还是有很多可以教给我们的，如何更加坦然地面对生命中的得与失，如何建构起心灵的秩序……我们或许不能够一下子明白，但真正遇到的时候，或许就可以说"我爸我妈早就告诉过我这个道理了"。相信孩子吧，适当松松线，让这只"风筝"也找到想去的远方。

**写给和我一样或者不一样的你的话：**

"猛兽是单独的，牛羊则结队"，鲁迅先生的这句话曾一度被我当作座右铭。时至今日，我有了一些不一样的看法，家人、朋友真的很重要，我们不必时时刻刻坚强。"有些事，只能一个人做；有些关，只能一个人过；有些路啊，只能一个人走。"有些路，即使没有人理解，没有人同行，只要能够通向我们的梦想，我想还是值得去走。环境固然重要，有积极向上的环境是幸运，但有自我内心的坚守，方为长久之计。梦想，是需要用实力去捍卫的。

---

**黄博士：** 在知识经济和快餐阅读的年代，能慢下来静下来是特别重要的提醒。我曾经在网上上过一门课《快节奏，慢生活》，老师是美国华盛顿大学信息学院的教授戴维·利维。他的课的精华就是教我们如何提升学习和工作效率，从而省出时间让生活慢下来，他的方法是：通过观察和聚焦实现集中注意力、一心多用、暂时断绝电子产品和网络。感兴趣的朋友可以找同名书来看。

## 众里寻他千百度，蓦然回首，那人却在，灯火阑珊处

有些时候我们总是太浮躁，想要瞬间的博学，想要风光的学位，想要闪着金光变成自己理想的模样，但时光总是想让我们慢下来，让我们一点一点地努力，才肯将"我想要"一点一点交付到我们手中，厚积薄发。

我一直不算是班上最聪明的孩子。初中练

口语练到怀疑人生，为了一个发音，前前后后练上十几遍好像成了常事，总觉得舌头都快练到打结。老师讲的知识点也不能在课上就吸收，还是需要早起诵读以巩固。高中英语演讲比赛的稿子来来回回背了好多遍，在真正比赛的时候还是会大脑一片空白。生物，线粒体、叶绿体傻傻分不清楚，不得不第一个跳下车，跑到操场看书。大学的托福、游泳课亦然。

  我没有天赋异禀，更多的是厚积薄发。时至今日，回想起来，我口语的大部分底子都是初中打下来的。英语演讲比赛给我带来的也不仅是艰难又有些漫长的练习，还让我第一次走进南开大学，对大学的生活产生了憧憬，也让我知道自身的英语水平亟待提高。对于生物的学习，每日的坚持记诵，一笔一画写下的知识点查漏本，认真整理的生物试卷，似乎都变成了我在考场上的底气，也让我最终成功拿到了生物的满分。托福，每个周六风雨无阻的坚持，不仅让我的英语水平得到了提升，也让我结识了志同道合的伙伴。游泳课不断喝水的"旱鸭子"，在泳池扎根之后，十米，二十米……"旱鸭子"好像也学会游泳了。

  前几日，有高中同校的师妹问我："师姐，他们说你出国交换了，是真的吗？"我从书桌前支棱起来："好像是真的。"师妹继续说："天哪！我感觉出国交换隔我们好遥远。"我想，确实远，可我是刘远啊。临行前，朋友问我："我也想出国交换，你当时决定出国交换之后，准备了多久啊？"我想了想，笑着答道："好像，挺久了……"

  你瞧，一点一点交付我们的努力，生活好像也会一点一点给出我们想要的答案。初中的时候，我把"戒骄戒躁"写在课桌上，但其实当时浮躁得很，要不然也不会中考填错答题卡。如果中考没有填错答题卡，或许高中就不会来到天津。如果高中考英语的时候不那么紧张，或许也就不会来到人大。可是如果没有那张填错的答题卡，我怎么结识高中的好朋友，遇见对我又爱又恨的班主任和生物老师。如果没有高考英语的紧张，我又如何来到人大，如何能有机会将这些话说给你听？生活实在有太多的不确定性了，做好恒常，勇敢地去面对生活的无常吧！普普通通的我，没能成为小镇做题家，大多数时候也没能完全实现我的梦想。但或许，兜兜转转才是人生本色。确定好方向之后，低头前行，躬身做事，岂知梦想不会在下一个拐角处实现，沙漠不会开出花呢？

**写给爸爸妈妈们的话：**

无论我们的孩子是不是所谓"别人家的孩子"，都请给他们多一点的时间，多一点的支持。当然，在他们走偏的时候，还是要拍拍他们，告诉他们"这边才是对的哦"。

**写给和我一样或者不一样的你的话：**

我知道，挺难的。但是一想到将要去到的远方，将要变成的模样，就浑身充满了力量。追逐月亮，即使最终没有抵达，也终将坠落在星辰之间。

## 结语

梦想是个动词，而非名词。梦想是进行时，而非过去时、将来时。梦想是需要用实力去捍卫的。你还年轻，可以成为任何你想成为的人。我们的梦想或许会在追梦的途中，因为外部环境、自身想法而不断发生变化，但是那颗追梦的赤子之心不应该发生变化。

在写书稿之前，老师问我，"你推荐别人去上内初班或者内高班，或者推荐家长在孩子很小的时候就送孩子出去上学吗？"我想，既推荐又不推荐。推荐在于，内初班和内高班都是对于我这个小城姑娘，也是对于千千万万个新疆丫头、巴郎子想要出来看看的很好的选择，是在教育资源不均衡背景之下的优惠政策。在内初班和内高班，我看到了更加广阔的世界，看到了人生更多的可能性，我的梦想也一点点被放大。不推荐在于，我们这群人总戏称"自从选择上了内初班和内高班，家乡从此只剩冬夏，再无春秋"，这句话恰如其分地让人心酸。父母的陪伴，家乡的濡沫，对于一个孩子的成长来说至关重要。上内初班或者内高班，只是千千万万家长在孩子很小的时候，为了更好的教育资源送孩子出来上学的缩影。

我也还在求学的途中，并不能也不想以一个所谓过来人的口吻，给出建议。我只能诚诚恳恳地将我的故事原原本本地写下来。并不期望爸爸妈妈们看了立马拍板，给孩子报补习班，送孩子到远方去上学；也不期望和我一样或者不一样的你，看了之后立马狂刷几套试卷，怒背几章知识点。毕竟我的葫芦里，卖的不是心灵鸡汤，而是我的故事、我的心声。我只希望老爸老妈们看了之后，无论身处何种环境，都能更加重视孩子的早期教育以及教育的方式，明白孩子对于这个世界的好奇心是如此重要。如果你的孩子也和我一样，不想成为一个小镇做题家，那就让他做自己吧，多一点理解，多一点耐心，多一点支持和包容，松松线，让"风筝"找到想去的远方。我还希望和我一样或者不一样的你，看了之后，能在我"打不死"精神的感染下，多那么一点勇气，然后用这些勇气去面对生活、学习中的困难。找到自己的制胜法宝，用它去叩开人生的一扇又一扇门。当然，还要找到自己。

我是个普通的来自新疆的小城姑娘，从遥远的维也纳给你写来这封信。此刻的我还是坐在维也纳的一间小屋里，嗒嗒地敲击着键盘，但窗外的火车早已不见踪影。今日无风，是个难得的晴朗日子。对了，隔壁还搬来了一个来自英国的姑娘，每天嘻嘻哈哈十分快乐，你真该来听听她魔幻的笑声。我是刘远，希望你也如自己所愿，去到想去的远方。小镇不出做题家，沙漠也能开出花。

**推荐书单**

1.《孩子你慢慢来》（龙应台）

2.《目送》（龙应台）

3.《撒哈拉的故事》（三毛）

## 选择的权利，试错的勇气

姓名：张锦
高中：达娜豪尔女子高中（Dana Hall School）[1]
大学：西北大学（Northwestern University）[2]

**送给大家的话**

成功并不是一个公式，更多的是由身边的环境、自我的向往和所做的决定共同构成的一则故事。你将如何定义你向往的生活或"成功"？你为了达成这个目标，如何做选择？无论走在哪条路上，只要努力去达成自己的目标，活成自己想要的模样，就都是可敬的。

### 风雨兼程的二十年求学之路

在开始总结这二十年来的成长和求学经验之前，我先介绍一下自己的背景故事。在读我的故事时，可以关注一下我在不同时间段的不同经历以及其中的共同点——站在岔路口时如何做决策，什么样的环

---

[1] 达娜豪尔女子高中创立于1881年，美国马萨诸塞州韦尔斯利的一所私立女子高中。是波士顿地区的顶尖女校，注重全面发展，设有体育、学术、课外活动等项目，如马术、创业夏令营等。
[2] 西北大学创立于1851年，坐落于美国伊利诺伊州埃文斯顿，是美国排名前十的大学。其中，以Kellogg商学院、Medill新闻学院、McCormick工程与应用科学学院等出名。

境会驱使我更努力地学习，等等。

从小学一直到初中，我都在离家5分钟路程的复旦万科实验学校度过。每次和朋友聊起小学生涯，我都会半开玩笑地说那是我的"高光时刻"。我每天都会戴着"三条杠"上学；班主任也很信任我，我每次都能把他交付的任务顺利完成；每次拿到考卷时的欢喜，都进一步激发了我的好强心，并且让我变得更加自信。而周末及放学后的时光也主要都在补习班或去补习班的路上度过——奥数、英文辩论、写作、钢琴、网球、画画，等等。这不但让我的成绩名列前茅，也让我更加有自信，我也喜欢通过上课不断发言以及幼稚地和同学比成绩，来"炫耀"自己的点点成就。长大后回想起来，自己都会觉得可笑，这可能也是当时我在班级里不是特别受大家欢迎的原因之一吧。

可这一切都在五年级的时候改变了。当时我面临着小升初的压力，当我已经半只脚踏入了心仪的初中时，我们忽然多了另一个选择。复旦万科有个C班项目，是一个国际学校形式的小班。经过一系列的试课、了解利弊、激烈的饭桌讨论后，父母和我一致认为去国际班可能是一个更正确的选择。基于我们已经初步确认了大学想去国外留学的方向，父母认为我进入国际班会对未来适应国外的生活以及学习氛围有更大的帮助。所以，我下定决心想要去C班读书，虽然当年我用英文几乎没有办法与人正常沟通。一个全新的环境和教学方式让我充满了期待。

虽说我被C班录取了，但全英文的教学环境对我来说太陌生了，需要花大量的精力和时间去跟上大家的步伐。在学业遇到挫折的同时，交朋友也成了一个难题——无论我多么想与同学们沟通，但是因为自己的英文不够好，且谈论的话题也截然不同，很难与同学建立很好的关系。而这些接连不断的"坎"也狠狠地打击了我的自信心,我不再像以前那样炫耀自己的成绩,因为我远远不及大家的平均水平;不再像以前那样外向,因为我并不受欢迎,与大家也没有共同话题。可是就是这样的环境和压力,迫使我更加想要通过自己的努力去证明我也可以。课后我会花更多的时间去复习巩固课上学过的内容,有不会的词汇和没有理解的内容我也会自发地花更多的时间去学习并突破自我。

> **黄博士**:世界通用的预测成功的指标包括三个"商":智商、情商和逆商,而"逆商"是在不确定的时代非常重要的素养。它是可以后天培养的,人们对于逆境的反应受到父母、老师、同辈以及童年时期其他重要人物的影响。(节选自《逆商:我们该如何应对坏事件》)

为了能更好地让我了解并融入美国的生活,妈妈也下定决心带我去美国波士顿的夏令营,提高一下英文水平的同时,也去体验一下美国的文化。我再次被迫要去适应一个全新的环境,这一次不仅是换一个不熟悉的语言上课,而是需要和不同文化背景的同学打交道(很庆幸,当年第一次去到这样一个环境的时候,身边有一位与我一起去夏令营的C班同学共同"尴尬")。在短短五周里,十二岁的我第一次尝试了飞碟,第一次与父母分开自己住宿,也是第一次尝试墨西哥餐。这个经历让我对于未来在美国读书有了一种莫名的憧憬。回国后也时常会怀念美国同学手把手教我做友谊手链,以及在课堂上做着非常有意思的实验和手工的情景。通过不断逼自己跳出舒适区,加上父母不遗余力的帮助,我的努力终于有了回报——我从六年级刚进入C班时成绩没有一门超过B,到八年级时可以拿到几乎全A,我用成绩回馈了自己这几年的付出。

八年级的上半学期,因为身边的同学也都开始为了考国外高中,准备起了SSAT和托福,我也想去尝试一下,当作是测试一下经过几年积累的水平。短短的三个月里,我就将托福和 SSAT 都考完,并申请了十三所美国高中。在接下来的那个寒假里,父母也带着我,大雪天开着租来的车走遍了美国东部地区进行访校和面试。这一切都发生得如此之快。也因为太匆促,很多本应该花更多时间去做的准备,例如写文书、访校,都在短时间内仓促地完成了。而当我在三月份打开第一份录取信的时候,我并不知道那将是我拿到的唯一一份录取通知。其余的十二所学校都直接将我拒之门外。唯一录取我的学校就是黛娜豪尔女子高中。老师们都建议我再花一年的时间去重新做准备,加强自己的能力,以便明年申请更好的学校。可是我累了,也非常抵触重新走一遍一模一样的路。当年的我非常坚定,希望能快一些踏上去美国的学习之路,不想浪费任何时间。虽然依依不舍,也很担心十四岁的我独自一人远行,但是父母在做这个决定的时候并没有犹豫。就此,我踏上了去美国留学的路。

> **黄博士:** "适时放手让孩子自己做决定,并且让他们自己承担决定的后果",这是我在很多优秀的学子故事里反复听到的家长策略。至于什么时候放手,没有完美的时机,只有在不断尝试中找到那个合适的机会,然后陪着他们一起跌跌撞撞成长。

在八年级那年,我为自己做出了第一个决定后,接下来的所有选择似乎都握在了我自己的手中。可能是因为和父母的距离越来越远,也可能是因为逐渐独立的生活和美国高中教育让我有了自己做决策和判断的逻辑思维能力。在接下来的四年里,我很完整地体验了美国高中教育的日常生活,熟悉了住宿的烦恼及乐趣;熟悉了独自拖着行李箱,不敢回首让正望着你背影的父母看到你在憋着不落泪。

年复一年,我不断经历着倒时差、上课、考试、选课、做规划的循环,很快再次站在了另一个人生节点上——申请大学。这次,我感受到了前所未有的压力。身边的同学都如此优秀,而且大家都铆足劲儿地想要进入最好的大学。刚进入申请季的我每天都不断地问自己,如何能申请上一个心仪的大学?在一次偶然的机会中我遇到了一位美国西北大学的学长,我被学长对西北大学的衷心热爱吸引了。虽然我从来没有去参观过西北大学的校园,黛娜豪尔高中也没有去西北大学读书的中国学姐,但我非常坚定地选择了西北大学。这个决定,犹如当年决定八年级就去上美国高中一样坚定。我的第一封录取信来自美国顶级设计学院帕森斯,还给了奖学金(高中时的我还有着一颗想要走时装设计道路的心),而西北大学将我的 ED 申请延期宣布结果了。

虽说被帕森斯学院录取,已经让我心里落下了一块石头——有学可上了。然而后几个月因为在不停地准备常规申请的文书,同时还要准备学校的考试,并做好准备迎接种种不确定性的挑战,我也一直在忙碌中。通过给西北大学写种种"求爱信",不断地努力复习 AP 课程考试,在三月的时候,我很庆幸地收到了一封来自西北大学的录取通知书。而这一次的选择又再次让我踏上了一个新的高度,认识到了更努力更聪明也更谦虚的"西北野猫"㊀们。

在西北大学,我第一次感受到了被最优秀的同学环绕的心情:不只是一种压力,更多的是对自我价值的反省和审视。比起来自同学的竞争压力和"内卷",我在西北大学得到更多的是支持,

> **黄博士**:一个人的竞争力是随着自己竞争对手的不断强大而不断提升的。对手强大并不仅指他们更会学习,而是他们身上同时具备了其他的优良品质。在高手面前我们容易妄自菲薄,但是提醒自己"能跟这样的对手过招说明自己也不赖啊。"

---

㊀ 西北的吉祥物是"Wildcat Willie"(野猫 Willie),所以西北大学的学生也被称为"西北野猫"。

让自己感觉被环绕在一个大家想共同提升和进步的大环境中。而这很大一部分归功于西北大学的低调校风和同学们的谦虚态度。这里让我第一次感受到对知识的无限渴望和心底对自己所学的学科感兴趣的动力。而这种来自心底的渴望才是自我驱动力的最佳燃料。在西北大学,我遇到了如此优秀、谦虚并努力的朋友,在学习的同时也很享受大学的生活。我们会凌晨在图书馆里喝着咖啡复习考试,也会一起坐在湖边吹着风听着音乐唱着歌,并向往着未来的生活。这段时光是无比美好并欢乐的。哪怕刚刚毕业,我已经开始怀念大学时光的美好。

每当到了一个人生的转折点时,我都会情不自禁地回首过去,并反思过去做出的每一个决定以及它如何一步步地帮助我走到了现在。而此时此刻的我又站在了一个人生的节点上,面临着求职的压力。很多同学,包括我,在毕业季面临的问题就是先工作还是先读研。我选择继续在西北大学的凯洛格商学院⊖就读一年研究生,原因是想在入职前有一个对商业更深刻的了解——从财务报表,到可以在实际商业情景下应用的知识。本科期间的学科(例如传媒学的课程以及经济课程)更偏向于理论的研究和探索,而研究生(以及未来的MBA)更偏向于实际应用。所以,2021年9月我将开始在凯洛格商学院的求学之路。

2021年给予了我许多机会,我走向了一条自己在三年前刚入学时也未能预想到的道路。我能走到今天这一步,也归功于二十年来不断

---

⊖ 西北大学的凯洛格商学院(Kellogg School of Management)是美国公认的顶级商学院之一。2020年,凯洛格商学院位列U.S. News全美最佳商学院第三,以及福布斯美国最佳商学院第三。

的积累、尝试及失败,以及一路上遇到的所有导师、同学与挚友,当然还有在风风雨雨中永远陪伴并支持着我的父母。

## 回顾二十年

在二十一岁生日之际,我再次利用这个机会回顾了二十年来的经历和重新体会了这一路的艰辛。也希望通过我自己的经历能给予正在走着相同或类似道路的你们一个灵感。

我从小就不认为自己是一个非常热爱学习、自我驱动力非常强的孩子。每次和父母聊天讲到小时候的故事时,他们都会回忆到说我并不喜欢看书,每次被要求弹琴时也非常不情愿,我甚至还记得自己被要求写作业时会时常偷偷和同学聊天、看美剧。儿时大部分的学习动力主要来自于想要证明自己,完成当时被赋予的使命(一般也就是考出好成绩,进一所好的初中、高中或大学),并且得到他人的鼓励和认可。而对我的性格和自我认知影响最大的就是,每当我把自己置身于一个完全陌生且不占上风的环境里的那一刻,当我在被压力和挑战环绕时,我内心所感受到的无知与羞愧让我自发地想通过努力来弥补各方面的不足。而不断学习和接触优秀的同学让我越发认识到我的知识储备是多么有限,从而反复这样一个正循环,不断前进。而这个正循环正是瑞·达利欧(Ray Dalio)在自传中提及的进步方式。人生不可能是永远直线向上发展的路径,更多的是

> **黄博士**:达利欧在《原则》这本书里提到了自己总结的螺旋式进步模型:开始于一个大胆的目标,你会因此经历失败,痛定思痛,在失败中学习原则,提高自己,设立更大胆的目标。他强调了"正确地失败"这个概念,就是在经历痛苦的失败中取得重要的教训,从而避免"错误地失败",即因为失败而出局。

以一个类似电话线一样螺旋的路径向前推进的。每个人在每一个阶段总会遇到挫折和失败，你如何从低谷中走出来并向下一个目标进发，将决定你人生的高度。

如果要从一个理性的角度去分析我为什么可以走到今天这一步，我觉得可以从三个方面去分析：

**1. 家庭教育**

我们是第一次做孩子，而父母也是第一次做家长。在我们摸爬滚打的时候，他们也在摸索着如何帮助我们在早期做出最好的决定。他们牺牲了自己的时间和精力来帮助我们创造一个可观的未来，并给予我们最好的资源和最多的可能性供我们选择。而这种无私的付出从一个孩子的角度是没有办法体会的。父母是孩子的第一位人生导师，所以很多时候父母的言行举止、决定，甚至是所在行业和餐桌上讨论的话题，都有很大概率会影响到孩子未来的性格和选择。

在我二十年的经历中，我很幸运能有父母的陪伴，以及他们无私的奉献和给予我的支持。他们也从很多方面影响了我，我也在这里举几个例子：

我母亲一直非常善于与不同的人打交道并交朋友。从小到大，她都可以在很短的时间内与我身边同学的家长、学校的老师以及各方面（例如在出国留学领域）的专家建立关系，并在与他们分享交流的过程中，学习一个不了解或新接触的领域。从中，我们了解了很多学长学姐的经历，听取了前辈及老师、家长的建议，并一起摸索出了一条最适合我自己的路。这也是我们为什么在做出国留学的决定时以及准备的过程中如此坚定。从小，她也教导我如何与同学、朋友相处；我长大后，她教导我如何在实习中与同事、领导打交道。而我也因此慢慢养成了善待他人的习惯，从小学时有些霸道的我慢慢变成了愿意聆听他人的故事、给予他人支持与鼓励的我。

　　我父母在正确的时间做出了现在看来非常正确且坚定的选择。比如，从我小时候开始，我父母就带着我去接触各种各样新鲜的事物；同意并支持我出国留学。在我表现出明显的抵触情绪时，他们也会选择性地放弃一些"道路"，比如芭蕾舞。而被选择的那几条"道路"，如钢琴、画画、网球等一直伴随着我到了今天。我觉得这也在一定程度上帮助我养成要多去尝试新鲜事物的习惯。到了大学后，我觉得我很大一部分时间也花在了尝试新的课程上，比如哲学、法文、行为经济学等。这些课程虽然看似与未来的求职和工作没有太大的关系，但让我可以很好地从不同的角度去感知和体验这个世界，并且通过不同思路去解决问题。

　　在这个话题上做一个小小的延伸，是关于孩子是否应该从小上补习班的问题。从我和许多优秀同学的沟通中发现，大家都有着截然不同的儿时故事。当大家聊起小时候吃过的小卖部零食，或是小时候玩过的游戏，我就有点不知如何接话儿。我唯一可以调侃的就是在小时候上过多少不同的补习班。哪怕我们现在都聚集在了同一所学校，站在了同一个高度，但来到这里的路有无数条。有一部分同学与我相似，从小学开始课余时间都是在补习班度过的，而另外一大部分的同学则几乎没有上过补习班。他们惊人的知识储备皆来自于自己在

> **黄博士：** 对于是否从小给孩子安排补课这个问题真的没有标准答案，取决于家庭的经济条件和孩子的特性。父母要做好认真的观察者，适时地安排一些拓展性的课程是有必要的，但是应该给孩子留出探索的时间。从其他学生的经历来看，自学也是一个很重要的能力。

课余时间的积累和发自内心的兴趣。这种经历与我截然不同。在课余时间，我已经很少有属于自己的可以去探索其他新鲜事物的时间。而当我到了美国高中有了这样的选择权时，我依旧延续了当时在国内的习惯——把课上好，该做的都按时做完，其余时间就可以随意躺平。但到了大学以后我才发现，碎片时间也可以变得非常有意义和高效，无论是花时间听播客（podcast），还是在公众号上阅读有意思的文章，都是可以随时增强自己知识储备的途径。所以，虽然我没有一个100分的答案，但我认为在做类似决定时，可以先问自己几个问题——做这件事（上这个补习班）的意义是什么？对未来有什么帮助？除了白纸黑字的证明外，还会得到什么？最理想的状态是由孩子自发地想要去参加某一些能提高自我价值的课或活动。但对于像我这种自驱力不算很强的，可能就需要父母帮忙起步。很多时候，孩子小时候无法做出像大人般的长期规划，更注重短期的快乐与享受。所以我当然会因为要去补习班没有办法在家里睡懒觉而烦恼，会因为要去参加辩论比赛没有办法和同学一起玩耍而生气。

在这个阶段，父母的帮助很大程度上避免了年龄还小的我因为短视而失去机会。直到长大，我才明白自己的积累带来的更多选择与机会都是无价的财富。

### 2. 环境对于我性格的改变

小学无疑是对我能力的认可，并像吹气球般无限地放大了我的自信心。在这个阶段，我并没有认识到教育的真正意义，因为它所带来的结果和目的性非常明确，即拿到好成绩，进一个好初中。而进了初中新的环境以后，它对我的打击远远超出了我的想象，它从根本上改变了我的性格。我不再是那个班级的霸道总裁大姐大，而变成了一个内向而又渴望通过自己的努力去做出改变的孩子。

从初中开始，我重新认识了自己的不足，并且想方设法来弥补自己在各方面的不足。很庆幸在这段时间里，父母和老师一直陪伴并默默支持着我。我犯过的每一个错误都会被老师明确地指出并要求我改正。初中的经历也深深影响了我的高中生涯——从思考问题的方式，到学习的方法论，都来自初中时积累的经验。而美国高中的环境更多地教会了我如何待人、如何独立生活、如何合理安排时间等。这些是在父母的保护下无法学到的。遇到不会的课题时，不再有无限的课外资源来供你使用，你必须要自己找到老师或同学寻求帮助；遇到生活上或同学关系上的问题时，也没有父母在身边听你倾诉，你必须学会自己与朋友和解或找到属于自己的舒适区。这一切的一切让我这个十四岁去国外读书的孩子很早就养成了独立思考、解决问题的能力。也是这些经验，让我进入大学时能顺利过渡，很快地投入到学习和结识新朋友的环境中。

对于这些对我个人成长有着正面影响的环境，我总结出了几个共同点：

**（1）选择的权利以及试错的空间**

我一直认为，孩子需要拥有一个自己的空间去成长并发掘自我。早些有选择权和试错空间的好处就是，在机会成本非常低的时候去试错，并最大限度地通过不断学习和接触不同的人来构建自己对世界的认知。小时候多去尝试，可以更早地了解自己的性格、爱好等，也可以尽早根据自己的喜好来合理规划未来。

### （2）身处在同样经过层层选拔后脱颖而出的同学之中

大家为什么都挤破了头想要进最好的学校呢？就我自己的经验而言，好的学校很大程度上已经帮助你筛选出了更优秀的同学（年级越高越是如此）。而这种大环境会间接影响我们的方方面面。从身边优秀的同学身上，我们可以学到很多，例如待人处世的原则、学习的方法论、他们的经验等。这些可以在某种程度上帮助我们少走一些弯路。

### （3）学校校风

一个学校的校风也是非常重要的，它会影响学生的性格发展。同时，好的校风下，学生并不会因为课程的压力而喘不过气来，同时还会被同学激励并希望共同成长。当然，并不是每一段校园经历都是顺心顺意的。我也在竞争压力非常大或是身边同学不友善的环境下学习（生存）过。这种环境对我自己的精神状态和学习的态度有着不一样的影响，成绩变成了一种互相比拼、互相压迫的途径，同学之间很少会有非常透明的资源共享，也不会有特别深厚的交往。当然，这也是因为我们所处的人生阶段需要自己格外努力和突出，才能争得在顶尖大学那为数不多的一席之地。

父母最常与我提起的话就是"近朱者赤，近墨者黑"，英文里也有一种类似的说法："You're the average of five（你是你身边五个人的平均）"。

这两句话很精简地总结了以上的内容，即环绕你的大环境很大程度上决定了你的性格和视野。

### （4）遇到的导师及朋友

这些年来，我走过的每一段路都有着来自朋友或者导师的指引。从初中时的老师与同学，到大学身边的同学，都对我的成长有着巨大的影响。特别从大学开始，身边的学长学姐已经比他们的同龄人要成熟很多。后来作为毕业生的我和学弟学妹聊天时，也会一次又一次地被他们成熟稳重的沟通和思考方式震惊到。我从大一以来认识的朋友们对我的影响也远超自己预期——从职业选择，到选课与社团，多多少少都会因为朋友的选择而改变。

西北大学是一所非常注重同学们未来职业发展的大学。从刚进入学校，身边的同学就会开始讨论求职、发展方向等话题。这种环境帮助我在刚进入大学时就有了一些关于求职的概念，并能早些为自己的未来做规划与准备。前二十年的教育和磨炼帮助我们更清晰地了解自己的兴趣爱好所在，让自己更好地认识到自身强项，帮助自己进一步深耕于擅长的领域。我其实在申请大学的时候并没有很明确我未来想进入的领域，对我来说，大学四年给予了我探索及改变的机会。在衡量了时间与收益、兴趣与能力、市场和政治环境与职业前景后，我才对自己的未来有了一定的方向。受益于这四年的教育以及在西北大学遇到的同学以及学长学姐的经验，我从梦想着进入时尚行业，到现在决定从事咨询工作。

当然，我所总结的这些经验只是对我自己这二十年人生的一个回顾和分析，这短短几千字无法完全概括我所有的经历。最后，想和大家说：其实我并不认为成功是一个固定的公式，因为答案本身就有无数种可能。而我个人的经历只能作为一个参考，因为世上没有两条路是重合的。每个人的起点、环境，以及所拥有的资源都不一样，更何况每个人的机遇、选择也会不同。只有通过不断学习、不断失败，并从中学习、重新起步，才能在机会降临时抓住它，并帮助自己走得更高更远。只要你的每一刻和每一个做出的决定都是为了成为更好的自己，你就踏出了完美的第一步。

### 校长视角　　选择、适应、成长

文 | 陈舒

作为张锦的小学和初中学校的校长，我对张锦的了解始于她的小升初。当时复旦万科学校国际班（C班）的初中部即将成立，而张锦已经被一所公立初中名校录取，但她有意向将来去国外留学，在张锦和她的家长举棋不定时，我们认识了。最终她放弃了公立学校，而选择了C班。

在祝贺她的同时，我也给她和家长泼了冷水：首先，尽管她小学阶段是学霸，可进C班的最初几个星期甚至几个月，她可能什么也听不懂，因为是全英文授课，她和其他同学在语言上的差距大概有五年甚至更长时间；其次，学习方式会发生很大的改变，分数不再是唯一考量，老师更注重过程评价，也就是说会有较高的比重去考量学习过程中的行为，比如学习习惯、思维习惯、沟通能力等；再者，需要为留学做的准备不仅是学业上的，还有中西方文化和思维方式上的。张锦家长是这样回答我的，他们希望张锦在家长身边完成留学准备最难的阶段，无论是学业上，还是文化上的。

我不担心第一个问题。一般而言，小学阶段是一个人成长的起步阶段，也是基础品质开始形成的阶段，这个阶段是学习习惯和品质养成的关键时期。张锦在小学阶段已经养成了较好的学习习惯和学习品质，更重要的是她对学习已经形成了充足的内驱力，所以只要有一定的语言环境并假以时日，我相信她能比一般同学更快地适应新环境，跟上甚至超越全班的步伐。由于 C 班采用的是浸润式的语言学习，简单说不是简单地学英语，而是用英语学习，所以六年级一开始的时候，张锦被自己的成绩吓到了，凡是英语授课的课程几乎都是垫底。庆幸的是，她只是被吓到，并没有被吓倒。经过两年的时间，张锦不仅成绩名列前茅，而且在沟通能力、表达能力、创新能力等软实力方面，也取得了长足的进步。

学习方式的转变恐怕是张锦进入 C 班后最需要适应的一个方面。学会如何学习是大部分进入欧美教育体系的中国学生碰到的难题。在国内习惯了追求标准答案式的学习，很多学生并没有机会去思考、去寻求答案。面对不懂的问题，也没有厘清问题、查询资料、解决疑问的习惯。而在 C 班的课堂上，老师们不会给出正确的答案，需要学生自己去积极思考，自己寻求答案。碰到难题，学生要在老师的帮助下，利用老师提供的资源库，自己去质疑、思考、发现问题、解决问题，从而养成独立思考的能力，为未来的本科、硕博留学，乃至终身学习打好扎实的基础。张锦，还有她的同学们，在真正踏入国外学校大门后，在学习方式方面毫无违和感，能很快融入并成绩斐然。

然而对大多数留学生而言，中西文化差异只有到了国外才能真正体会到，思维方式、价值观、生活习俗、交际方式，甚至表情和身体语言，中西文化的差异无处不在。融入得好，就能很快适应；相反，则会导致无助和孤独，甚至影响心理健康。张锦能在初中阶段就接触来自中西方各国的老师们，无论在课堂还是食堂，在学习上还是在游戏中，老师们就是中西文化的传播者，学生们则在潜移默化中学习、理解、实践中西文化，他们在语言上能中英文自由转换，文化习惯上也能中西自由转换。张锦九年级就读美国高中时，很快就融入美国的学校、教师、同学中，并顺利完成学业。试想，如果她之前从未接触过西方文化，这个过程可能要漫长且痛苦得多。

# 勇于尝试，不给自己后悔的机会

姓名：戴泠杉（Doris Dai）
高中：圣乔治高中（St. George's School）①
大学：巴布森学院（Babson College）②

**送给大家的话**

1. 勇于尝试，不给自己后悔的机会。
2. 要把自己的成功归结为运气，把自己的失败归结为能力不够，这样，成功时才不会自满，失败时才不会怨天尤人。

我来自广州，现在间隔年③期间在北京一家创投公司实习，计划下

---

① 圣乔治高中是一所建校于1896年，位于罗得岛州的寄宿高中。该校位于罗德岛的一个度假小镇Newport，离大西洋比较近，附近有三个海滩，非常漂亮。学校拥有英伦风格的哥特式建筑。
② 巴布森学院位于美国马萨诸塞州，建成于1919年，是国际著名商学院。该校主要致力于商科教育与企业家精神培养上，该校的创业学及企业管理学课程连续二十七年位列US.News全美第一，超过哈佛、宾夕法尼亚、斯坦福、麻省理工、伯克利等学校所开设的同专业的顶尖商学院。
③ 间隔年（Gap Year）是西方国家的青年在升学或者毕业之后、工作之前的一次长期的间隔期，让学生在步入社会之前可以体验与自己生活的社会环境不同的生活方式。

学期回美国读大二。我在小学五年级的时候跟着学校到英国的语言学校读了半年书，从此开始了我跌宕起伏的留学之旅——七年换了六所学校，三个国家。虽然最先去学习的地方是英国，但我最后还是选择去了美初，并在那儿一直读到八年级结束。之后因为个人原因我选择回到国内，打算在上海读完高中再到国外上大学。但是计划赶不上变化，我就读的国际学校教师流动性很大，再加上我发现自己已经适应不了国内所谓的国际化教育。于是，我又考回了美国上寄宿高中。虽然我的经历听起来很坎坷，但是我发现自己并没有记得太多的困难，记忆中更多的是我的成长。我会在接下来的文章里讲到家庭和学校对我的影响，以及我在这么多年留学经历中所学到的东西。

## 家庭教育：无条件的支持

从小我父母都特别支持我的决定，不会因为我是小孩子就忽略我的想法。比如，要出国留学的决定就是我自己做的，当时我父母身边的很多朋友都劝他们不要那么早就让我出国，因为那时候出国留学的群体还没有像现在那么低龄化。但是父母最后还是决定支持我。在这里我想要感谢他们，因为如果那时候没有出国，我的人生会截然不同。

除了从小很尊重我的选择外，妈妈还特别注重培养我的财商。在我上了美初之后，她经常带我去参加各种各样的投资路演和财富年会，而且

> **黄博士**：财商教育是中国教育中比较欠缺的，虽然近几年家长已经开始关注这方面能力的培养，但是依然没有体系性的课程出来。根据美国威斯康星大学麦迪逊分校的研究报告，孩子三岁的时候就能够理解经济学的"价值"和"价格"的概念。虽然他们的理解比较浅层，但是从小就让他们意识到钱的价值，有助于他们理解欲望、消费和财富等高阶的概念。

也会让我在听完几场项目路演之后给她建议投资哪家初创公司。这些经历都被我写进了大学申请的文书里，为我的申请添色不少，也让我顺利地被巴布森学院录取。

我从小学到高中毕业的学习历程中换了六所学校。每一次的转学都对我有极大的挑战和锻炼。还记得我第一次转学的时候是在读完小学二年级之后，因为父母觉得我之前两年所在的国际小学对学生的要求太过于宽松，每天几乎没有作业。放学之后我又把所有的时间用在和朋友一起玩游戏上。父母认为平时过于少的练习会导致我在与公立小学的同龄人竞争时丧失很多优势，所以他们觉得有必要让我到公立小学去历练。转回公立体系刚开始的一两个月里，作为班里唯一一名插班生，我度过了一段困难的适应期。在这个过程中我遇到了许多挑战，诸如交朋友、按时交作业等。我至今都记得当时因为交不到朋友、写不完作业，每天都跟爸妈哭诉的时光。

转机发生在开学一个多月之后的一天下午，我又一次没有完成语文作业，班主任老师放学之后把我留在了教室，并很严肃地问我为什么没有写完作业。在她多次盘问后，我告诉她我没办法在父母规定的休息时间前完成所有作业。她了解了情况之后，和我父母沟通并让他们给我报了一个托管班，这样我就可以在午休以及放学后到托管班去吃饭休息，并让托管班的老师辅导，确保我写完所有的作业。这样过了一两个星期，我很快就交到好朋友，再也没有因为没交作业被老师批评。如果说这段经历让我意识到了求助的重要性，并且锻炼了我快速适应环境以及交朋友的能力，那么之后的几段不断在国内外转学的经历就更加磨炼了我，让我学会快速适应新的环境并且交到朋友。

小时候父母对我的教育理念就是什么事情都要去尝试，所以他们经常会做一些"坑娃"的事儿。比如说在国外海岛旅游的时候，让我参加所谓的蜻蜓点水项目（就是挂在一个滑翔伞上被一艘快艇拖着在海上滑，同时工作人员会隔一段时间就把我往下拽让我的腿浸到海水里去）。我被吓得半死，哭着大喊"我要下来"的时候，他们却跟快艇上的工作人员一起哈哈大笑。他们也会鼓励我去体验空中飞人、去滑垂直90度的滑梯。虽然在当时我会比较紧张，但在体验了很多比较刺激的项目之后，我也变得更加有冒险精神了。

> **黄博士**：我在跟以色列的创业家一起写第一本书《养育下一代创新者》的时候，常常被犹太人"敢于冒险"的故事吸引。在他们的血液里流淌着"试一试"的精神，没有什么是不可一试的。与"冒险"相对应的就是犹太人对于"失败"和"错误"的包容。没什么大不了的，再试试呗。

如果说变得有冒险精神只是我父母的"恶趣味"所带来的意外收获，那么体育精神和意志力就是他们刻意教导下的产物。从我小学的时候开始，父母就会带我尝试各种各样的体育项目以此锻炼我的意志力。爸爸认为意志力是一种很重要的东西，没有意志力的人是不会成功的。而从小养成的运动习惯也帮助我更快地融入美国的体育文化，让我更加了解美国人重视运动的原因。

## 留学时的收获

提到教育，就不得不说一下学校教育以及我留学过程中的经历对我的影响。我的初中和高中与其他美国私立学校一样，每个学期都有种类繁多的社团以及运动项目供学生选择。那几年我参加包括马术、篮球、网球、足球、壁球在内的多种运动，每种运动都让我乐此不疲。篮球和足球这种集体运动提高了我的团队协作能力，网球、壁球这种个人运动让我意识到了心态对状态的影响。除此以外，这些我曾经参加过的运动都提高了我的意志力以及竞争意识。高中的三年对我影响最大的两项活动，还要数十年级春假时去的巴哈马七天的帆船之旅㊀以及十一年级春假去的南非支教活动。

在巴哈马的那一周，绝对是我最难忘的一段经历。七名学生加上三名船员组成了一个小队，并用了一周的时间绕着巴哈马群岛航行了一圈。我们从巴哈马群岛的最北端出发，经过群岛的内海开到群岛的最南端，再由群岛的外海也就是大西洋，连夜驶回起点。我们这些学生中只有两名是学校帆船队的成员，其余的对怎么驾驶帆船一窍不通。可就是这么一群人却在船员的带领下完成了所有的航行。在最后一晚，当我驾驶着帆船迎着狂风与闪电而行时，我从来没有如此深刻地感受到人的渺小以及团队协作的重要性。与平常在学校参加的团体运动不同，在海上我们面对的是无情的大自然，如果配合得不好，我们失去的将不是一个比分、一场比赛、一份荣耀，而有可能是比这些都重要的生命。

到南非参加的支教活动，让我意识到自己可以接触到世界顶尖的教育是多么幸运，也让我更珍惜自己拥有的一切。我在跟那些南非的学生相处的时候发现，他们有很多人都很聪明，都很懂得如何举一反

---

㊀ 这是圣乔治高中的"实验海洋科学"特色课程，在学校 21.3 米长的"Geronimo"帆船上培养领导能力和航海技能。在旅途中，学生们都要值班、转舵、操帆、做饭和打扫卫生。除了学习航海技能，还培养领导能力和团队合作技能，同时学会承担更多的责任。

三，有很多知识点只学了一次就可以掌握。可是因为当地没有好的师资，导致他们的知识储备完全赶不上其他国家的同龄人。从小接触不到好的教育、好的教材，即使是再聪明的人都很难成功。如果把小时候的我放到他们从小生长的环境中，我很难比他们做得更好。就像我之前听别人所说的：要把自己的成功归结为运气，把自己的失败归结为能力不够，这样，成功时才不会自满，失败时才不会怨天尤人。

## 软实力：无形的力量

除了一些可以用成绩去衡量的东西外，在国外的几年求学经历还让我走出了自己的舒适区，并且锻炼了我的公众演讲能力以及随机应变能力。记得我第一次突破自己是在五年级下学期跟学校同学一起去英国学习的时候。我们每一位学生都被分到不同的寄宿家庭，由他们负责我们的吃住行。在我刚到英国的前几天，我寄宿家庭的妈妈都是每天开车接我上下学，等到了第三天的时候，她只给了我一张地图，告诉我大致的方向之后，就让我一个人走路去上学了。虽然我听她说的时候非常认真，但我还是高估了自己看地图的能力。出门后没过多久，我就在一条岔路口迷路了。雪上加霜的是，当时因为时间还早，路上并没有多少人，所以在我看见一位遛狗的老人时，我马上意识到这可能是我问路的唯一一次机会了。尽管如此，我当时还是做了许久的心理建设，直到老人快走出我的视线范围了，我才鼓起勇气追上去问路。当他听完我的问题后，很热心地给我指了路，这也给了我信心,让我意识到主动开口求助并没有那么难。当时的我以为这次经历已经足够挑战了,没想到真正的挑战还在后面。

在我到美国上初中以后,需要我当众演讲的场合变得多起来了。我至今都记得八年级历史课上的一次期末演讲。虽然那时我已经有很多相关的经历,但我在每次当众演讲之前都会非常紧张,那次也不例外。尽管事先有过很多次练习,可是当我站在全班人面前的那一刻,我的脑海中还是一片空白。最后只能通过朗读PPT上的内容来开始我的演讲。当我开始讲述我真正要展示的信息之后,我的头脑开始变得清晰起来。可这也不能让我变得很放松。我相信当时听我讲话的人肯定能从我颤抖的声音和变形的英文发音里感受到我内心的紧张。在那之后,我又有过无数次的锻炼,直到现在我还是会紧张,但讲话时的状态好了很多。同时我也发现,当你做了充足的准备后,可以适当选择早一点演讲,如果因为紧张害怕而拖到最后,反而会影响到自己的状态,得不偿失。

除了在公众演讲时容易紧张外,我还非常不喜欢与陌生人打交道,特别是给陌生人打电话。在平时,如果遇到一些需要跟人通话的事情,我都是能避则避,能通过别的方式解决就通过别的方式解决。而最近在实习中做的事情逼着我走出舒适区,去和不同的人沟通交流。我在公司的公共关系部门实习,本身就需要经常与各种各样的人交流,而这次组织的活动更是把与人沟通的事情压缩到了短短几天,让人连做好心理准备的时间都没有。在活动即将开始的前一周还有很多人没有缴费,所以部门给我的任务是让我在两天内联系100位已经报名的人提醒他们交钱。因为很多人都不看短信,一个个加他们微信又是一件非常费时间的事情，所以我最后只能给所有人打电话。如果电话打不通再加他们的微信沟通。在刚开始的时候，我每拨通一个新电话之前，都会做好久的心理建设，跟别人通话时还会说到一半就忘了接下来要说什么。可是等打了十几通电话后，我明显感觉到自己慢慢放松了下来，沟通时也越来越熟练流畅，等到我打最后几通电话时，已经完全没有紧张感，不用在拨号前翻来覆去地想自己要说的内容了。在这之后，我对和陌生人打电话沟通没有之前那么抗拒了。更重要的是，这次的经历让我意识到在社会上所得到的锻炼（不管是软实力还是硬实力）远比在学校里多。因为到了公司里，没有人会在意你到底想不想干一件事，所有人在意的只是你有没有按时完成任务，有没有达到预期，而你所能做的就是一直推动自己去突破，去克服困难，去完成目标。

最后，我想分享一个发生在今年暑假我上网课期间的小插曲。我的暑期线上课程的上课时间都很晚，有几次，我正好在犯困的时候被教授点名回答问题。每次被突然点名都搞得我心惊肉跳，手忙脚乱，但是这些事情也锻炼了我的随机应变和快速思考的能力。不过最好还是主动回答问题，也希望读到这儿的各位可以认真听课、积极互动，不要像我一样让自己的脑细胞突然进入战时状态。

其实很多时候最让人焦虑的往往是在事情开始前的一段时间，比如比赛前的几个小时、演讲前的准备时间、考试前的复习阶段。而当我们真正开始之后，你会发现没有我们想象中那么难，<u>最难的其实是跨过自己给自己设立的阻碍</u>。如果在还没有正式开始做一件事情之前，先被自己的悲观想法吓退了的话，那么你连真正尝试的机会都没有，就已经失败了。

迄今为止，我的绝大部分的成长经历似乎都是围绕教育机会和教育资源而出发的，但是我深深地知道，那只是一个个逼着我改变和突破的契机。它们让我懂得了学习不仅在课堂里，也在每一次适应新环境、认识新同学、完成新任务、帮助新朋友的过程里。熬过了那些让我内心忧郁难过的难事、糗事、苦事，我才会看见自己的变化。所以，无论你在哪里、做着什么事、有什么样的担忧，我希望大家都不要让内在的恐惧束缚了双脚。每一次挑战都是值得应对的。祝愿大家享受自己的每一次突破！

**推荐书单**

1.《追风筝的人》（卡勒德·胡塞尼）

2.《白夜行》（东野圭吾）

3.《人类群星闪耀时》（斯蒂芬·茨威格）

4.《人类简史》（尤瓦尔·赫拉利）

# SELF-DIRECTED LEARNING

## 第四章

## 终身成长：
## 学习力远航

成就更好的自己，不止不休
通向麻省理工学院的旅程
果壳中，成为无限宇宙之王
教育中求自由，有限中寻超越
不随波逐流的倔强

## 成就更好的自己，不止不休

作者：赵也，赵娜
高中：悉尼基督长老会女子学院（Presbyterian Ladies College，Sydney）
大学：牛津大学（University of Oxford）⊖

**送给大家的话**

1. 认识你自己。
2. 寻找自己的光，让身份多元化。
3. 行动上做"内卷大王"，心态上做"躺平大师"。

　　我们是一对双胞胎姐妹，出生在哈尔滨，在十二岁时去悉尼读书，随后全家也一起移民澳大利亚。我们有着对生物、化学相同的热爱，课余时间也都喜欢读哲学书、健身、弹琴、画丙烯画以及弹吉他。我

---

⊖ 牛津大学位于英国牛津，是世界顶尖的公立研究型大学，采取书院联邦制。牛津大学是英语世界中最古老的大学，也是世界上现存第二古老的高等教育机构。具体建校时间已不可考，但有档案明确记载的最早的授课时间为1096年，之后在1167年因得到英国皇室的大力支持而快速发展。牛津涌现了一批引领时代的科学巨匠，培养了大量开创纪元的艺术大师、国家元首，其中包括28位英国首相及数十位世界各国元首、政商界领袖。

们的家庭既不是书香门第，也不是音乐世家。相反，我的爸爸妈妈在高中时便选择辍学创业。因此，相比于学术上的帮助，他们给予我们的更多是精神和物质上的支撑。综合我们相同的成长与教育经历中积累的想法，希望能为成长中迷茫或是困惑的你带来些许指引。

## 家庭：教育的起点

### 父母成为我向上的榜样

文 | 赵娜

对于我来说，父母带给我最大的影响是让我养成独立自主的性格。一方面，他们采取的半放养式教育，给了我机会去独立做大大小小的决定——大到选择大学和专业，小到生活习惯。另一方面，他们往往不会教我如何去做，而是以身作则，拿自己当榜样来激励我。我妈妈从小便不在父母身边长大，任何事情都靠自己去解决。如今年近六十岁的她不但撑起公司的半边天，坚持早起运动，还将家里打理得井井有条。令我印象最深的是，她在这个年龄依然坚持学习英语。她的朋友都劝她"省点力气"，毕竟可以让女儿帮忙翻译，可她认为什么都不如自己会重要，凡事都要靠自己。在妈妈的耳濡目染下，我也学会了尽量不依靠父母。自从十二岁出来留学后，我遇到任何事情都尝试自己去解决。这样独立的性格后来也体现在我的学习上。从高中开始，与其等待老师安排，我更擅长自己规划学习，制订复习时间表，并极其喜爱自学。我想正是父母潜移默化的影响和我从小留学的经历造就了现在独立自主的我。

## 不是所有父母都是"虎爸虎妈"
文 | 赵也

我听过很多优秀的朋友和名人谈论起父母的时候，都会提到他们懂得如何"放手"。比如米歇尔·奥巴马在《成为》[一]里讲过她母亲从小就不会干涉她的想法。有一次，当她对老师的教学方法有所异议的时候，她母亲既没有选择斥责她，也没有支持她，而是先倾听，再理性做出引导，最后让她自己得出结论。在某种程度上，我父母也实行着同样的教育方式。也就是说，对于很多人生的重大决定如选专业、学校或工作，他们都不做干涉。这种教育方式的好处早已被谈论多次，但在这里，我想谈谈为什么有些父母会选择放手，而有些却愿意当大家口中的"虎爸""虎妈"。其原因并不是父母的性格不同造成的，很大一部分原因也源自于孩子本身。我想以自己作为例子，分析一下"放手"式教育与孩子本身的关系。

我很早就离开了父母的庇护，在十二岁那年就和妹妹去澳大利亚读书。出国读书意味着两件事情：一方面，我比大多数同龄人成熟得早，无论是人情世故、看待事情的视角，抑或是个人的生活起居，我都被"逼着"去适应和成长。因此，在情感方面，我不像同龄人那样依赖父母，很多时候都能独自消化情绪；在对事情的抉择上，很多时候我都需要为自己的行为负责。另一方面，出国早意味着我在很多事

---

[一] 《成为》（Becoming）是美国前第一夫人，也是美国第一位非洲裔总统夫人米歇尔·奥巴马的自传。米歇尔，1964年1月出生于美国芝加哥，曾就读普林斯顿大学及哈佛大学法学院，她本身是一名律师，也是美国社会活动家。

情上比父母懂得要多，无论是英文能力还是对当地文化的了解。以至于在后来爸妈移民过来的时候，他们不仅会在很多事情上询问我的建议，而且在当地生活时一些语言上的困难也需要我的帮助。两方面相结合，出国读书在我与父母的天平上为我的那边增添了些重量，让我们互相依赖又相互独立，达成"我好，你也好"（'I'm OK and you're OK'⊖）的局面。

但形成独立人格只是让父母放手的一个方面，更重要的是我们要形成自己的资本。也就是说，让自己变优秀，才能让父母相信你的决定。记得一期职业观察节目里，一位学法律的女生的父母坚决让她弃法从事公务员。但当她通过节目里的优秀表现留在顶尖律师事务所里时，她父母便不再阻拦。我的经历也是一样。与很多华人父母一样，我父母一直很希望我从事医学，认为学医收入高并且稳定，而从事科研工作前途有很多不确

> **黄博士：**"信任"是一个老生常谈的话题，但并不是所有人都明白这个行为的真正含义。它是需要当事人双方都参与其中的，父母给孩子信任，孩子让自己承受得起这份信任，让自己变得优秀；孩子信任父母无条件的爱，父母在孩子犯错误的时候不急着否定，不离不弃，帮助他们改变。这样的"信任之树"才会长出好的"果实"。

定性。可在拿到澳大利亚顶尖的医学院的全额奖学金后，我坚持通过自己的努力去考牛津大学的生物化学专业。这不仅向父母证明了我从事科研的决心，更是让他们看到我在科研的前途未必会比学医差，于是他们便不再干涉我的职业选择。因此，当你做出成绩并向父母证明你的努力和决心时，真正爱你的父母是不会反对的。毕竟天下父母心皆一样，那就是真心希望孩子能够幸福安稳。

---

⊖ 出自 Thomas A. Harris 的 *I'm OK - You're OK: A Practical Guide to Transactional Analysis*（《我很好－你很好：交易分析实用指南》）

总结来说，当你能形成独立的人格，并让自己变得更加优秀的时候，父母才能更安心地去放手。用幽默一点的话说，我相信没有天生就是"虎爸虎妈"的父母，只有缺乏独立人格与能力的"熊孩子"。

### 在与姐姐的竞争中寻找自我

文 | 赵娜

身为双胞胎之一，就意味着在与同龄人的竞争中多了一层"姐妹竞争"。在高二的一次期末考试，原本与我成绩不相上下的姐姐突然取得了年级第一。在为她开心的同时，我也体会到了前所未有的危机感。于是整个高三上半年，我下定决心奋起追赶，熬夜苦读，刷题，不允许自己休息。我的目标也开始变得短浅，只关注"今天我是否比她学得多"。

现在回想起来，这样狭隘的竞争心态占据了我的全部注意力，让我在忧心忡忡的状态下学习。本就单一的高三生活变得灰暗无趣，害怕竞争失败的压力把我的情绪和注意力抓得死死的，最终我落入了盲目尝试、乱学一通、急于求成的陷阱。

> **黄博士**：这段描述太有画面感了，我仿佛看到了那棵在晨曦中摇曳的蓝花楹和在树下驻足的姑娘。人生中的很多顿悟来自对生活的用心观察和体验，就像英文中有一句话"stop and smell the roses"，字面意思是停下来闻闻玫瑰花香，其实也是提醒人们在忙着赶路的时候，要注意生活中的美好，也许会有新的发现。

真正的转变源于一件小事，在某个高三奋笔疾书的清晨，我决定放下笔出门晨跑。在薄雾蒙眬的晨曦中，我发现宿舍窗外那棵不起眼的蓝花楹不知何时已经绽开了。跑到树下抬起头，我的视野被漫天的蓝紫色占据，掉落的花瓣和遮天的花树让我仿佛置身于世外桃源。树还是那棵宿舍旁的树,但我只是换了一个角度,就获得了完全不同的感受。

那次奇遇让我认识到这个世界是多维的,看待一件事情的角度是多种多样的。而上半年的我将自己局限在与姐姐的竞争中,忽略了太多除了竞争以外的其他视角。单一视角让我只看到了自己比她稍微逊色的成绩,而忽略了两人互相合作共赢的可能性。同时,单一视角让我将自己束缚在一个情绪旋涡里,任由竞争的疲惫去剥夺我的远见、耐心、行动力和自控力,仿佛我的整个人生目标都建立在如何赢得这场并不实质存在的竞争之上。

领略到世界的多维性后,我试着跳出自己给自己的情绪旋涡,开始寻找属于自己的意义。将与双胞胎姐姐竞争转变成一场与自己的追逐游戏后,我发现学习不再是一件有压力的事情,而是一个完成自我提升的过程。高中的这段经历让我养成了一种在面对任何困境时都保持平和开放的心态,以及一种多角度认知事物的意识。这样的意识也帮助我更积极地对待同龄人之间的竞争。

## 学校:教育的广度

### 在多元课程中找到我的热爱
文 | 赵也

我就读的高中是悉尼的一所私立长老女子寄宿学校。可以说我的高中为我的成长增添了浓厚的一笔。在学业方面,我的高中为我提供了广泛的选择:从高等数学到西方哲学,我们可以任意选择并探索自己感兴趣的学科。通过物理、化学和数学这些课程,我初步培养了科学的热爱。而在高三那年，一门"实验科学"的课程也在真正意义上激发了我对生物化学的热爱。与大多数学科不同，这门学科没有应试也没有作业，每个学生有整整三个学期的时间完成一项科学研究项目。在上这门课期间，我切身体验了一回当"小科学家"的感受——阅读文献，提出假设，设计实验，分析实验结果等，这些都是科研工作者的本职工作。

通过实验去回答自己所提出的科学问题，让我初步体会到了创新的快乐，而每个我取得的数据都让我觉得我在探索未知世界的征途上迈出了一小步。我想这就是科研的魅力，在这个过程中我能够比世界上其他所有人都先看到某个新的现象，而这让我有了"一览众山小"的兴奋。这种兴奋给我带来的心理满足是无法用金钱来衡量，更不能用金钱买到的。现在回首，我十分感谢我的高中为我提供的多元化课程，正是这样的体系让我发掘了兴趣点，并培养了对生物化学的热爱。

> **黄博士：** 新生代的孩子有更多选择的权利。如何更好地行驶这个权利需要他们更多地去尝试、去分析、去感受。一旦他们做了选择，他们更愿意为结果负责。而这样的选择更不容易放弃，因为到达这个"选择"的路上，他们经历了反复的磨砺。

## 生活中打造素质教育

我想国外高中带给我的远远不止学业上的启蒙，更多的是塑造了我开放、包容的性格。

全住宿式的高中生活意味着我要时常和本地生打交道。在最初的时候，不同文化的交融难免会带来小冲突，比如我们不敢苟同他们过于开放的"派对"文化，他们也无法理解我们对学业的重视。但正是这样的文化差异，让我能够带着开放与接受的态度去看待一切观点与事物。我不需要放弃我的中国文化而去融入澳大利亚文化，而是带着身为中国人的自豪感了解异国文化并弘扬中国文化。比如，同宿舍的外国女孩会陪我练习口语，并纠正我的发音；作为回报，我也会和其他中国小伙伴做中国美食给他们吃。渐渐地，我们高中宿舍形成了一个融洽的集体，在我感受到无助时，为我提供力量。我在这些经历中慢慢变得开放，变得包容，享受这种碰撞冲突为我带来的更广阔的世界观。

## 校园对人生观与价值观的塑造

作为女校，我的高中也对我的人生观与价值观带来了潜移默化的改变。例如骨子里对女性力量的肯定，对未来无限可能的期待。而之所以说是潜移默化，是因为这其中很多的改变都是我出了校园后才意识到的。记得在一次耶鲁夏令营中以女性主义为主题的讲堂上，班里的几位女同学说出她们在学校"被抢先回答问题""被区别对待"的经历，以及这些经历给她们自信造成的打击时，我突然意识到，我的学校是如何在这最关键的几年塑造了我，让我在面对异性时不会本能退缩，而是相信自己。我想到在学校里，女性的成就是如何被赞扬，而学生又是如何被鼓舞去做任何她们梦想的事情。这些影响一直持续到毕业后的现在：我依旧坚信，性别之差无法注定

> **黄博士：** "女性力量"是最近几年全世界都在推崇的概念。真正实践起来需要像赵也和赵娜这样的年轻姑娘内在自信的觉醒。就像脸书CEO谢丽尔·桑德伯格在《向前一步》中写的一句话："女人的价值不是看她做到了什么职位，赚了多少钱，生了多少孩子，而是作为一个活生生的个体，是否拥有了充盈的人生，她应该不受内在或外在的干扰，并拥有自主选择的权利，无论这些选择是当总统还是做一名全职主妇，都值得尊敬和欣赏。"

任何智力上、性格上或是能力上的差距，女性同样可以靠自己的力量，在去往终点的路上不止不休。

## 内驱力与软实力

### 自律即自由

文 | 赵也

"自律即自由"最早出自于哲学家康德，意思是说想要获得高度自由就必须有高度自律。康德的一辈子便最好地体现了这一点，他每天按时读书、教书、写书，六点准时下楼散步，理性、规律、一致。从某种程度上来说，我的生活也是这样：五点半起床，坚持每日健身，健康饮食，并且今日事今日毕。来牛津后，朋友调侃，我这样的作息恐怕是全牛津最"阳间"的人。但达到这样的自律并没有很多人想象的那么难。归根结底，有三个角度看待自律：

> 黄博士：一个"习惯"的养成和"上瘾"的心理机制是类似的，都会经历"线索、行动、奖赏"这三步。所以，好习惯和坏习惯真的就是一步之差，关键是"选择"。选择一个被大众验证过的好习惯，然后遵循习惯养成的规律去反复实践，直到它成为你生活的一部分。

#### 1. 自律并不等于痛苦

无论是五点半起床的行动，还是健康饮食的心态，都是可以通过刻意练习和重复而达成的。当它们成为习惯，不去做才是一种痛苦。记得有一次手术后，医生告诉我三周内无法做剧烈运动，因此健身被迫告一段落。于是，每每到该健身的时刻我总是倍感痛苦，三周里度日如年。当你把自律作为生活常态，不自律才是痛苦。

## 2. 100% 比 98% 更容易

晚餐完全不吃高热量食品比吃一口更容易；五点半直接起床比赖床一会再起来更容易。换句话说，做 100% 比只做 98% 更容易。这样的原因是，当你全力以赴的时候，心中便没有杂念和干扰，摆在眼前的只有一种选择，没有"不做"的余地。因此，当你想做成某件事情时，行动上可以设备选计划，但心理上不要给自己留任何余地，哪怕是那 2% 的可能性。

## 3. 形成正反馈回路

生物里有一种概念叫"正反馈回路"，也就是确保一项反应的产物持续激活此反应（如下图），从而达成正向反馈。自律的形成也一样，总体来说就是各个地方正反馈的汇总。对于我来说，学习上的自律脱离不了饮食上的自律。当我达成减重目标时，正反馈不仅会激励我持续健身，更会在我面对学习困难时为我助力，从而让我达到在各个方面都形成自律。同样的，想要养成早起习惯的同学也可以通过其他方面的自律来激励自己。因此，达成自律的最好途径就是在多方面都对自己有要求，从而积累多个积极反馈，形成正反馈回路。

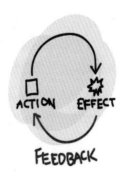

## 自律三件套——早起、运动、阅读

文 | 赵娜

### 1. 早起

早起是对我改变最大的习惯。从高三开始，我就坚持每天 5:30 起床，并且一直保持到了现在。<u>早起带给我的不仅是多出的几小时时间，更多的是另一种人生态度</u>。清晰的时间安排，良好的精神状态，不受干扰的锻炼氛围，专注的学习环境，从容的工作心态，持续的个人成长——这些只是早起带给我的一部分收获。

很多朋友不理解我的作息，他们要么觉得熬夜更有效率，要么觉得早起太难坚持。我认为只要掌握好的方法，坚持早起并不难。首先，在坚持早起的初期会有一个相对痛苦的适应期。在初期的一两周内，我经常会在早起后感到精力不足，连连打哈欠。但一旦过了这个适应期，早起靠的就不再是毅力的苦苦支撑了，而是一种习惯。让我继续坚持的动力是早晨起来那种奇妙的感觉：当别人还在睡梦当中时，我先别人一步来体验这个静谧的世界了。这样神奇的体验让我对早起"上瘾"。

长期的坚持也增强了我的毅力，更重要的是，它让我的生活中少了很多焦虑，并且治好了我的拖延症。我个人习惯将最难的任务留给早起后的 1~2 小时。于是渐渐地，我发现我的工作效率提升了，早上上课的时候，那种完成了最困难的工作的心情令我从容和愉悦，这样我就可以在很轻松的状态下做些超前或拓展性的工作。所以每当其他同学在为截止日期而焦虑时，我早已提前完成作业并上交了。

## 2. 运动

开始想坚持运动是来自一次偶然的听 TED 演讲——运动能够使大脑长出更多的新的神经元，所以这意味着运动可以在生理上让人变得更聪明。那时的我惊喜地读了这方面的文献，继而挖掘了更多有关运动的好处。

我认为坚持一个习惯的诀窍不在于意志力，而在于找到价值和意义，这样才能真正从内而外地驱动自己去坚持。这样一个 TED 演讲让我发现运动更大的意义不在于健身而在于健脑，它不仅能使人更加乐观，还能使头脑更加灵活，最终使健康水平和认知水平实现双重提升。于是我开始每天早晨做运动，坚持了一年后，不仅我的身材和体态得到了提升，我的效率也显著地提升了。

> **黄博士**：我很喜欢的一本书是哈佛大学医学院副教授约翰·瑞迪写的《运动改造大脑》。这本书强调的观点就是"运动强健或改善大脑"，因为人类天生就要动的，久坐不动的现代生活破坏了我们的本性，成为我们长期生存的最大威胁之一。

## 3. 阅读

在我看来，读书不是扫视白纸上黑字的重复动作，每读一本书实际上是在进行一次名人访谈，和顶级的专家交流谈话。当我拿起《活出生命的意义》，就可以跟随维克多·弗兰克尔去纳粹集中营感受绝望中的重生；当我捧起《三体》，就可以进入刘慈欣描绘的宏伟雄壮的星体文明世界。

最开始读书的我和大部分人一样，收藏各种名人的书单，并励志要一本本读完。可渐渐地，我发现自己不是读到一半就半途而废了，就是读完全部忘掉了。于是我选择放弃那些所谓名人书单，根据自己的需要去仔细选书。在选择时，我遵循一种"舒适区边缘"原则，即所选书内容并不是我无法理解的，也不是过于通俗易懂的，而是处在我思考的舒适区边缘的书。在这些书里，我总是能够找到触动我的点，而它们更是潜移默化地改变了我的生活。渐渐地，读适合我的书让我拥有高密度的思考，并建立了属于我自己的认知体系。

## 打开格局，才能有机会站到顶峰

文 | 赵也

格局的大小决定一个人的成败，在学习工作层面，大格局是一种懂得取舍、看清楚长期短期利益的能力；在与人交往层面，大格局代表一种宽广、包容的胸襟。接下来，我想结合自身的经历从这两个方面，为大家分析一下什么是格局大的表现。

### 1. 做任何事情，要衡量其长远价值

无论你在学习的哪个阶段，高中、大学或是大学毕业，针对机会的选择都是无限的。大学就最好地体现了这种多样性，社团、实习、赚外快、社交、学习等都可以作为你投资自己的时间使用方式。在这种情况下，如何抉择往往就变得十分重要。对我来说，<u>衡量一件事情是否值得投入时间的最好方式，是比较它长期能达到的高度。</u>

举个例子，很多高中毕业生或是大学生都会有给学生补习的经历。高中毕业后的假期里，我和妹妹也独立创办了针对国际学生的澳大利亚高考补习班，并且通过自己的能力在短短几个月就招了不少学生，得到了许多学生家长好评的同时，也几乎实现了财富自由。但是就在学生源源不断的时候，我们却突然停止了，这是深思熟虑后的选

择。在我们看来，在办补习班里投入的时间和精力并不能长期持续。如果我们把同样的时间投入到学业，或是专业相关的实习里，得到的效益不仅会对未来有所帮助，更是为我们真正热爱的领域增添见解。因此，衡量过两者长期的价值后，我们并没有把目光聚焦在短期的金钱利益上，而是把时间线拉长，为自己的未来做打算。同样地，大学生或高中生赚钱时，要思考的是这项活动带给你的除金钱外的收获，无论是能力提升还是同理心培养，这些才是未来的自己真正会感激你现在做出选择的事情。

### 2. 人际交往，要保持开放与包容

相信在海外生活过的朋友们都知道一种"中国人抱团"行为，也就是朋友圈只有华人的社交方式，拒绝与外来文化交流。事实上，不仅在国外，国内学校里不同的圈子之间也有着清晰的界限。往往圈子之间也会有冲突，形成所谓的"鄙视链"。更有些人遵循"近朱者赤，近墨者黑"的原则，拒绝和某一群体有任何形式的沟通。而在我看来，这些行为都是格局不够宽广的体现，不仅会限制个人未来的发展，更会把视野局限于某个圈子。在这里，我想谈谈怎样才能达到不批判、不揣测的淡然心态。

打开格局最直接的方式就是<u>去见更多优秀的人，结识生命里的贵人</u>。在我的成长经历里，对我影响最大的经历莫过于高二暑期夏令营。那是

> **黄博士：** 当"社交力"成为一种被反复强调的软实力时，我们也形成对这个能力的刻板印象，以为是朋友满天下的人才是拥有"社交力"的人。其实，真正的社交不是彼此"利用"，而是彼此"成就"。孔子在论语中说"见贤思齐焉，见不贤而内自省也"，意思就是我们要向优秀的人学习，别人身上有不好的不是去评判或者批评，而是反思自己身上是否也有这样的坏毛病。

我第一次以学习的目的去美国，项目内容是在哥伦比亚大学与一位机械工程博士导师做实验。实验内容已经记不太清了，学到的知识也不那么重要了，但那次经历对我的人格乃至整个人生的改变却是毋庸置疑的。带给我最重要影响的便是我当时的导师C。C就像教科书里的模范学长，拿到北京大学和斯坦福大学双本科后，他选择在哥大就读博士。与他一起做实验给我的履历带来的精彩并不是最重要的，真正改变我的是他面对人生的一种淡然的态度。这体现在（他对任何人和事都不报以批判，永远以中立抽离的角度阐述事实，并且对任何等级的人都保持包容友好的态度。）同时，即使在高压环境里工作，他也会以轻松的心态面对一切，不仅会平衡社交与学业，更会抽空以爱好和旅行的方式享受生活。这种淡然的心态改变了我对精英人士的固有看法，更是让我见识到真正优秀的人是怎样谦虚、大度并拥有大的格局的。因此，回到澳大利亚后，我不再对外来文化抱有抵触，而是鼓励我的中国朋友多走出自己的圈子，去领略其他文化独有的特色与价值。由此可见，提升眼界最好的途径就是去见识优秀的人，并且从他们身上学习知识与处世态度。

## 我们的建议

### 以正确的心态看待"比较"

文 | 赵也

相信大多数人的童年都离不开"比较"二字，父母口中"别人家的孩子"，班级里的"假想敌"，抑或是最近流行起来的"内卷"，都是"比较"的后果。但对于"比较"二字,我想我有着比较大的发言权。

与大多数是独生子女的人不同,我从小与双胞胎妹妹一起长大。这也就意味着,几乎从各个方面我们都会被拿出来比较,无论是高矮胖瘦,还是考试成绩。更重要的是,这种比较带来的影响很难被云淡风轻地一带而过。尽管我清楚,比较的输赢并不能绝对性地评判我的价值,但每次占下风时,自己总是不可避免地感到挫败与无力。该怎么化解"比较"带来的消极情绪呢?或者说,如何以正确的心态面对"比较"呢?在这里,我想通过自己的经历给大家三条建议。

### 1. 认识你自己:你的优势、你的劣势、对你来说重要的东西

"Know thyself"最早出自古希腊哲学家泰勒斯,是说要明白人只是人,并非诸神。这句箴言用在这里再合适不过。当与别人比较的时候,你很容易陷入"为了比较而去比较"。举个例子,我妹妹是个业余计算机爱好者,课余喜欢钻研各种编程语言和课程,但我在编程方面却缺乏这样的热爱。因此,每当遇到编程的问题,她总是比我快一步解出;遇到喜欢计算机的朋友时,我只能在旁边听他们讨论我从未听过的专有名词,插不进话。最开始,这对我来说当然是十分挫败的。我的第一反应就是去狂补相关知识,试图让自己能对计算机产生某种热爱。但随着越挖掘越深入,我发现自己真无法对计算机提起什么兴趣,然后在某一天第 n 次修改代码的时候我突然想到:计算机真的不适合我。那一瞬间我发现,我在一个自己并不喜欢也不擅长的领域花了这么久时间,仅仅是因为在与妹妹的"比较"中我不肯甘拜下

风。同样的事情我相信每个人都经历过，单纯为了"赢比赛"而去考好成绩、参加竞赛或是丰富经历，而不认清自己的优势、自己的劣势以及对自己来说重要的东西。因此，<u>与其在对自己而言无价值的事情上浪费精力，不如先认清自己，远离"比较"的陷阱</u>。

### 2. 寻找自己的光，让身份多元化

脱离"比较"带来的消极情绪的另一种办法，就是在努力追赶的基础上，寻找自己的光。高中时候的我性格相对内向，远没有现在热爱社交，因此那时候的我总是在人际交往上伤透脑筋，常常在看到别人成群结队的时候感到挫败。但所幸的是，从高二开始，我专注于学业，无论是课内的还是课外的，我开始迷恋上摄取新知识的快感，因此在短短两个月内就考到了年级第一，并一直维持到毕业。有意思的是，当我战胜学习上的困难后再回头看社交时，我内心有了前所未有的平和。我不再过于在乎别人如何看我，也不会在社交时唯唯诺诺，别人也逐渐觉得我看起来更亲近了，也就更愿意与我交谈和做朋友。这段经历让我明白，当你在某项"比较"中陷入挫败时，不妨尝试着在其他领域发光。英语里有个名词叫"identity diversification"，也就是身份多元化。当你有更多资本与闪光点时，面对新事物和比较，你才能更自信，更好地发挥出自己的潜力，从而以更平和的心态面对"比较"。

### 3. 行动上做"内卷大王"，心态上做"躺平大师"

兜兜转转说了这么多，其实面对"比较"最好的状态是，行动上做"内卷大王"，心态上做"躺平大师"。用一句TED演讲里的话就

是，set your goals, but don't focus on them（设立清晰的目标，但不要过于专注于它们）。举个例子，高考期间几乎所有人都会做的一件事就是去计算分。这包括给自己设立目标 ATAR（澳大利亚高考成绩）达到多少分，甚至精细到每次小考要考多少分才能达到目标，有些人还把目标分数大大地写在纸上，贴在书桌上。但我从来没有。这不代表我不在乎，更不意味着我比别人少努力。相反，我每天五点半起床学习一整天，每天唯一算得上"娱乐"的就是吃晚饭的时候与同桌聊天。

我没有去这样做的真正原因是，我抱着一种"躺平"的心态：努力就好，结果无所谓。我坚信，当你过于专注于结果时只会适得其反。就比如，当你一次小考失利时，你脑子里想的是你离目标又相差多远，下次小考要比目标多考多少分，而不是你有哪些知识需要巩固和复习。换句话说，你的聚焦点错了。同样，面对"比较"，最好的心态就是不去过分在乎目标和其他人，心理上"退出"赛道。当你不再关注你与他人的比较，只看清自己前行的道路时，你就不会再感到焦虑、迷茫甚至挫败，因为每个脚印都是你前进的证据。你的行动依旧"内卷"，心态却是"躺平"。

## 读书，构建自己的小宇宙

文 | 赵娜

（我发现无论是画画、健身还是练琴，做的时候都有一个共同点——求彻底的放松。）除去一切杂质，才能把最本质的东西挖掘出来。（阅读也是一样。在 2021 年的 5 月，我和姐姐筹办了一个读书会平台，目的是纯粹地给身边热爱阅读的人一个固定、长期的分享平台。）

在我看来，阅读不仅是构建自己的小宇宙，也是创造更广阔的共同体。因此，作为给各位读者的建议，我从非虚构、虚构以及经典三类书籍中整理了以下三本对我影响深刻的书。

**1. 非虚构：《反脆弱》（纳西姆·尼古拉斯·塔勒布）**

推荐理由：在这个"内卷"横行的社会，书中的观点可以说是让人"拨开迷雾见月明"。印象深刻的是书中塔勒布写他从小的经历：即使父亲是个事事拿第一的"别人家的孩子"，他也没有遵循世俗规定去走一条规划好的路。从小开始，他就每周都保持30~60小时的课外阅读，坚持在学校体制外进行独立的教育。当我们拘泥于如何让生活变得规律时，当人人都冲向一条铺满光环的道路时，塔勒布告诉我们，对不确定性的惧怕恰恰构成了我们脆弱的本质。

与许多哲学家相比，塔勒布的语句少了些向形而上的存在和时间发问，而多了些与形而下的对话。他通俗又犀利的语言让他的个性展露无遗，同时又深深吸引着读者的好奇心。他用他宏大的知识广度来架构整个观点，渗透着经济、政治、哲学，甚至人生层面的思考，让它们相互借鉴，互相交叠。

因此，这是本相当宏观的书，无论是从教育和个人角度分析，还是从医学、经济、社会和政治等方面探讨，相信你都会有很多新奇的共鸣与发现。也正因如此，本书为我开阔了视野的同时，也在潜意识里让我对生活抱有酒神精神的态度。

## 2. 虚构：《战争与和平》（列夫·托尔斯泰）

推荐理由："如果世界能够自己写作，它将像托尔斯泰所写的那样。"

《战争与和平》就是这样一本十九世纪现实主义的杰作。它勾勒了"生活中最真实最平凡的一切"，真正意义上让我能够从书中看世界。因其独特的长篇幅，《战争与和平》中的角色发展尤为精彩。在其中，我看到各种各样的人：安德烈亲王的军事野心实则是对权力和认可的渴望；玛丽亚公主秉承的基督徒爱情"更值得称赞，更甜美，更美丽"，实则是自我欺骗；皮埃尔一直在找寻人生意义与至善的路上，仍未到尽头。每一个人物都像极了过去、现在或是未来某个阶段的我。

对于我来说，《战争与和平》带给我的远不止其对俄罗斯历史甚至战争的新视角；相反，它就像一面镜子，我生活在其中，成长在其中，并从中学到东西。即使是三十、四十或是五十岁的我重新拾起它，一连串的新见解都将不断融入我对生命的理解。

## 3. 经典：《理想国》（柏拉图）

推荐理由：哲学经典。《理想国》是古希腊哲学家柏拉图的著作之一，它涉及了政治、伦理学、形而上学、道德心理学、诗歌，甚至艺术等多个领域，几乎代表了整个希腊文化。

正是因为多种理解角度，《理想国》是一本适合反复阅读的书，且每次拾起都会有不同的体验。对于我来说，初次阅读收获最大的就是对哲学与辩证的认识。它独特的对话形式以及"苏格拉底"式提问,让我见识到哲学风采丝毫不亚于数学与生物语言的魅力。其次,柏拉图的"洞穴"比喻与其对哲学家人生的描绘,让我更加清楚自己对追逐名利地位与世俗爱情的看法,也进一步坚定了我理想中的生活状态。

总的来说,这是一本读起来酣畅淋漓的书,它将我带到了哲学的世界,而且至今沉迷其中。它带给我的不仅是对人生问题的关切,还有对世界保持好奇与探索的精神的坚持。在某种程度上,我在生活中的自律与克制以及对学科的热情也源于此。

# 通向麻省理工学院的旅程

姓名：Vivian Hir
高中：Quarry Lane School（Dublin, CA）
大学：麻省理工学院（Massachusetts Institute of Technology，简称 MIT）

**送给大家的话**
在学习中找到乐趣！

（简介：Vivian 是一位在美国出生和长大的华裔姑娘。2021 年被斯坦福大学和麻省理工学院同时录取。目前就读 MIT 大一。在高中时期，Vivian 参加了全美化学奥林匹克的竞赛。她计划在大学中学习化学生物，同时她还成为许多社团的成员，包括 ESP 社（教育学习项目）和化学社。这篇文章由 Vivian 先用英文写作完成，优你学子傅楠和丁宁同学翻译审校，黄博士进行最终的中英文校对，并进行了简单的扩展补充。）

## 幼年经历：多尝试，找到自己的兴趣

我的童年相较很多从小学就开始参加数学和国际象棋锦标赛培训的孩子，还是比较轻松的。尽管我的父母也给我报了一些学科类的活动,但那时他们从来没有强迫我去参与某一项特定的比赛。他们让我尽可能多地去尝试各种各样的活动,从运动、舞蹈,到乐器。妈妈比较注重培养我和弟弟的阅读兴趣和运动能力。经过不同的体验和学习,我可以在很小的年龄就知道我喜欢什么和不喜欢什么。同时,他们也从来不会告诉我必须在很小的年龄就要在同龄人中出类拔萃。所以,我的童年生活还是比较放养式的,无忧无虑。

> **黄博士**:我们都擅长找出自己和别人身上的缺点,但是知道并且说出自己的特质也同样重要。在肯定自己的时候,关注后天的努力比先天的聪明更能产生动力!

我一直到了上初中之后,才逐渐发现了自己身上的几个特质:上进,努力和坚持。我第一次在学习上投入努力是在差不多四年级的时候,在那之前我并没有在学业上花费太多的精力。我的成绩中等偏上,但绝不顶尖。从四年级的日记中我发现,一个激励我努力学习的关键因素是我看了一部关于中国偏远山区孩子上学的纪录片。我看到他们为了去学校学习,每天花费很多时间步行在危险的山路中,这让我感触很深。从那时起,我突然为我没有认真学习而感到愧疚和自责。这一感触促使我开始有动力在学校发愤学习了。

随着时间的推移,我逐渐成为班级里表现最好的学生之一。我的小学并没有太多丰富多彩的课外活动,所以我花了很多时间参加"英语拼写大赛"⊖,并且在我的年龄段取得了非常不错的成绩。

---

⊖ 英语拼写大赛(Spelling Bee)始于1925年,如今已是美国家喻户晓的英文拼字竞赛活动。多为学校自发组织或各州电视台举办,选手通常要求是十五岁以下并且最高不超过八年级(相当于国内初中毕业)。这个比赛近年来除了美国本土参赛者外,也吸引了来自加拿大、新西兰的选手。

## 中学时期：强中更有强中手

在上初中之前，我已经在我的学校里因为成绩名列前茅小有名气了。因为我的交际圈几乎都是我的小学同学，这让我沾沾自喜，觉得自己很优秀、很特别，能和我比的人更加少之又少。我从来没有想到其他学校的那些天才学生，更不用说别的国家了。而事实上，我引以为傲的成绩其实根本就微不足道。

初中时，我去了一所离我的小学一个小时路程外的中学，也正因这所学校，我的心态发生了巨大的改变。不同于小学的60人一个年级，我的初中一个年级就有200个学生。我初一第一学期的成绩也大不如前，发挥最好的时候，成绩也不过才中等偏上。这一突然的环境变化，让我不再把自己看得那么了不起了。我开始敬佩那些在我年级里被认为是天才的人，这段经历也间接地促使我变得更加谦虚。

被一群更聪明的同龄人包围，让我变得更加谦虚且努力。我的动力来源于自己并不是这个集体中最聪明的人，我希望能够再次重回巅峰。虽然说我认为我最终也并没有成为那个"最聪明的人"，但是相比刚进入初中的时候，我已经取得了巨大的进步。在中学时期，我在体育运动和乐器方面并不十分出色，仅有的能够让我自信的来源就是学业上的成就。

> **黄博士**：这是"成长型思维"，具体表现就是看见自己不如别人时，不是自暴自弃，而是寻找差距，思考自己如何才能取得进步，迎头赶上。即使赶不上，至少跟过去的自己比已经有进步了。

虽然我在初中阶段并没有参与很多的课外活动，但是我在高中参与了很多对我有极大影响的社团活动。其中，有一个叫作"扶幼社"的志愿者服务社团，极大地激励我去帮助那些有需要的社群。尽管目前我对志愿服务的兴趣更侧重于 STEM 教育而不是慈善，但是参加"扶幼社"始终标志着我对服务社区、服务社会的兴趣的开始。

## 高中时期：聚焦目标，提升学习效率

代表我高中生涯的主要活动就是科学奥林匹克竞赛和化学奥林匹克竞赛。我对化学的兴趣始于一些由我的化学老师组织的奥林匹克竞赛的俱乐部活动。她对于化学的激情和热爱间接影响了我对这一科目的深入学习和思考。因此，为了准备全美化学奥林匹克竞赛，我在高二时花了大量的时间上网课和阅读。一开始的参与是因为我自己的好奇心，但是之后我逐渐对其产生了巨大的兴趣，尤其是蛋白质建模和化学实验，这让我剩下的整个高中生涯都和化学奥林匹克产生了连接。这些经历激发了我在未来把化学作为一门潜在的大学专业和毕生的追求。

我在高中时期上了较难的课程，而引领我取得比较高的 GPA 的一个原因和我的高效学习方式有关。我运用了很多理查德·费曼（Richard Feynman）㊀ 的学习技巧。即要想真正学会某个知识点，就要做到和老师一样用体系化的语言和结构将所学材料的重点进行复述，将书本的知识内化为自身的知识体系。所以，我就把自己当作老师和学生，一遍遍地解释一个概念或知识。如果我不能清楚地解释某个概

> **黄博士**：费曼高效学习法的核心是"以教为学"，就是验证你是否真正掌握一个知识点，看你能否用简单易懂的语言把这个知识点讲清楚。可以说给自己听，也可以找父母兄弟姐妹练习。既锻炼自己的表达能力，又检验了知识掌握程度。

---

㊀ 理查德·费曼是美籍犹太裔物理学家，加州理工学院物理学教授，1965 年诺贝尔物理奖得主。

念或内容的时候，就意味着我得重新回顾课本了。再次复习之后，我会重新给自己解释一遍看看有没有进步。在学习的过程中，我发现大声地解释概念比写在纸上获益更多。

在做作业时，我做的一件最重要的事情是记录每天花了多久进行深度学习。这是我在卡尔·纽波特（Cal Newport）⊖那里学来的"深度工作"方法。我对于深度学习的定义十分严格，一个小时的深度学习意味着一个小时不受干扰地专注于一项任务，就连打开邮件或者查看新短信都不行。随着时间的推移，我渐渐开始挑战自己最多能够沉浸深度学习多少个小时。慢慢地，我的深度学习平均每天有 3 小时，而 AP 课程考试周的时候则是每天 6 小时的深度学习时间。

> **黄博士：**《深度工作》是卡尔写的书，核心意思就是在无干扰的状态下专注工作和学习，使个人的认知能力达到极限。在电子产品和社交软件无处不在的时代，如何深度工作和学习值得大家好好学习。

在高中时期，我在时间管理和学习效率方面相比初中有了很大的进步。我在上中学时，经常浪费很多时间看短视频，用社交软件和别人闲聊。为了改正这些浪费时间的坏毛病，我在节假日期间屏蔽了这些网站和软件，同时我还阅读了许多关于减少使用电子产品的文章，这让我删除了很多浪费学习时间的 App，比如说手机游戏和社交软件。我必须要感谢那些对我产生极大影响的人，他们给了我很多如何提高学习效率的信息，包括作家卡尔·纽波特（Cal Newport），还有一些短视频博主，例如托马斯·弗兰克（Thomas Frank）和约翰·菲舍（John Fish）。

---

⊖ 卡尔·纽波特是麻省理工学院计算机科学博士，乔治城大学计算机科学副教授，畅销书作家。

我决定减少电子产品的使用，因为如果不这么做，我就会在课外活动上花更少的时间，同时这也就意味着我不会在比赛中取得好成绩以至于进不了一所好大学。在快要进入九年级时，我阅读了关于如何进入名牌大学的书，而我进入这些学校的主要动机是希望环绕在一群积极向上且愿意互相鼓励的同伴中。说实话，我当时也想通过一封顶尖大学的录取通知书来证明我足够优秀，但实际上，大学录取通知书并不能真实地反映一个人的自我价值。

## 大学申请：听见你独特的声音

> **黄博士：** 美国大学申请文书是少数几处可以让学生自由表达展现自己与众不同之处的地方。除了主文书，排名前三十的大学几乎都要求辅助文书。题目也是五花八门，从标准四问——为什么申请我们学校、你的学术兴趣、你的特色课外活动、你对社区做过什么贡献，到不拘一格的奇葩问题——请造一个词、请发明一个新的计量单位、哪首歌代表了你的生活，以及如果让你教一门大学的课，你打算教什么……

当我再回忆我整个大学申请的过程时，我认为我之所以能被麻省理工（MIT）和斯坦福录取的一个主要原因是我的文书写得很好。而我文书中最好的部分就是我提及了很多在高中时期的日记和博客。其中的几篇博客为我的大学文书打下了很好的基础。比如说，我申请 MIT 时写的一篇小作文被发布在了学校优秀文书的官网上⊖。文书的题目是《让我们写一件自己纯粹为了开心而做的事情》。学校想了解你除了会学

---

⊖ 麻省理工学院要求申请人除了递交一篇 650 字以内的主文书以外，再额外写五篇辅助文书。主题包括家庭背景、让自己放松的事情、想去 MIT 学习的专业方向、曾经面临过的一个大挑战或者一件重要的不如意的事情等。

习，还会做什么事情让自己放松。我写了自己喜欢听的一个广播节目"美国生活"，描述了自己透过广播的声音想象每一个故事中的人物和场景，想象力给了我无穷的乐趣，也很好地帮助我放松。在我的《斯坦福室友》㊀这一篇文书中就很好地运用到了我之前所写的博客。

一个写出高质量文书的简单方法就是在刚刚知道主题时便马上动笔，并且给自己设定一个看似难以完成的截止日期，比如说在九月之前写出第一稿。这样，之后就会有很多的时间去修改和写更多稿，同时也能收到更多别人的反馈。如果可以的话，想一些新颖且绝大多数人都不会用的题材。但是如果你实在没什么头绪，也不用太担心。我对大学文书有一个有趣的看法，我想让考官享受他们阅读文书的工作，所以我尝试使用很多生动的描写，就像讲故事一样把我的文书呈现出来。

另一个在大学申请中帮助到我的因素就是来自于我 AP 课程的化学老师的推荐信了。我曾是他课堂上最优秀的学生之一，并且是唯一一位在他从教二十年来获得全美化学奥林匹克竞赛前 150 名的学生，同时我一直积极参与化学奥林匹克社团会议，在十二年级时，我成为这一社团的主席。

我并不觉得我进入这些学校是因为我的学术和课外活动，因为我并没有像别的申请者一样获得那么多的奖项，也没有上很多难度很大

---

㊀ 斯坦福大学要求申请人除了递交一篇 650 字以内的主文书以外，再额外写八篇辅助文书。其中一篇就是要求申请人向自己未来的室友介绍自己。

的课。说句实话,在我的申请中幸运女神也眷顾了我,一定有很多没录取的人比我更加优秀。

## 大学时期:了解自己,了解大学

别人问我最多的一个问题就是为什么最终选择了麻省理工而不是斯坦福。最主要的原因就是 MIT 的文化和学生特质。作为一个对科学非常有激情的人,我认为 MIT 的环境相比斯坦福大学更加符合我的价值观。尽管斯坦福的确在科学和工程方面实力雄厚,但是 MIT 里的人和我更像。同时 MIT 的地理位置于我而言更加理想,环绕着蓬勃发展的生物技术产业中心和著名的研究中心,如罗德研究所。这对于学生物和化学的学生来说有很多的机会。我会向那些非常注重本科研究的学生推荐 MIT。90% 的 MIT 学生参加了 UROP(本科生研究机会计划),很多人甚至在大一的春季或者夏季就开始了。我也会向那些不介意周围都是对 STEM⊖ 感兴趣的"书呆子"的学生推荐 MIT。如果想提前了解 MIT 是不是适合自己,我建议大家可以去阅读学校官网的招生博客,看看这些博客是否能让你产生共鸣。当然,如果能亲自去拜访一下校园,或者在 MIT 上上课就更棒了。

---

⊖ STEM 是科学(Science)、技术(Technology)、工程(Engineering)、数学(Mathematics)四门学科英文首字母的缩写,其中科学在于认识世界、解释自然界的客观规律;技术和工程则是在尊重自然规律的基础上改造世界、实现与自然界的和谐共处、解决社会发展过程中遇到的难题;数学则作为技术与工程学科的基础工具。

## 结语

我给读者最主要的建议就是，不要把所有的心思都放在申请大学上，因为这会使你的生活充满痛苦且枯燥无味。比如说，不要一味地为了提升进入常春藤名校的概率而去参加各种比赛或者考证书。相反，打开你的视野，去做一些你感兴趣的事情。一旦尝试的活动足够多，你就可以缩小范围，知道你真正喜欢什么，然后专注于做一两件自己擅长的事情。作为一个不能同时兼顾很多事情的人，我决定把我绝大部分的时间放在化学奥林匹克竞赛上，最终我也获得了不错的回报。

祝大家在学习中找到乐趣！

## 推荐书单

1.《深度工作》(卡尔·纽波特)

   推荐理由：这本书从根本上改变了我工作以及学习的方式。以前，我的效率很低，经常在一项任务上花费较多的时间。通过阅读这本书，我尝试将作者的建议运用到我的日常生活中。例如，首先，试着接受无聊，这样我就可以有一个强大的大脑在学习中承受不适。其次，学会计划我日常生活中的每一个小时。

2.《数字极简主义》(卡尔·纽波特)

   推荐理由：这本书让我对自己使用电子产品的习惯产生了质疑，同时这本书也让我重新评估了我与电子产品之间的关系。读完这本书之后，我试图摆脱那些没有给我的生活带来价值的数字化产品和习惯，比如浏览网页。我决定用一些更加有意义的事情去替代，比如写日记和阅读。

[妈妈视角]

### 家长的三件大事

文 | 胡瑞琳

我家有两个孩子，在他们的成长过程中，我们因为工作关系搬了很多次家。由于搬家频繁，两个孩子从小学到高中都经历了六七所学校，有公立学校、私立学校，也有国际学校。老大——女儿Vivian（颜思敏）于2003年出生在美国东部的新泽西州，老二——儿子Stanley（颜思远）于2005年出生在美国中北部的印第安纳。2006年夏天，我们全家搬去了美国西部的科罗拉多州。2012年初举家搬往中国台湾，2016年夏天又搬回美国西部的旧金山湾区。女儿被斯坦福大学和麻省理工学院同时录取，最终她选择去波士顿就读麻省理工学院（MIT）；儿子就读于新泽西的寄宿高中劳伦斯威尔（The Lawrenceville School）㊀十一年级。

---

㊀ 劳伦斯威尔高中是全美顶级的寄宿高中之一。1810年成立于新泽西州，校园占地700英亩，校内建筑多为古典建筑，历史悠久。是一所学术强校，文科理科都非常强，学霸云集。学校以圆桌讨论的授课方式闻名，启发学生的批判性思维和独立思考能力。

## 学习力：早期习惯、兴趣、能力的培养

我比较注意培养孩子爱看书的习惯，常常带孩子去图书馆看书借书，也买了很多二手书放在家里，书的种类涵盖广泛。家里的每个房间都有书，书无处不在。从刚开始的读给孩子听，到后来孩子自己喜欢读，这是有一个过程的。每天家长要安排一定的阅读时间，孩子渐渐就有看书的兴趣和习惯了。还有学习态度的培养，让孩子们从小认识到认真学习是学生的责任。

在培养孩子的兴趣爱好上，我遵循小时候多尝试，多发掘孩子擅长又喜欢的项目，再进一步精进的道路。女儿学过两种乐器（钢琴、小提琴），多种舞蹈（芭蕾舞、踢踏舞、爵士舞），多种运动（游泳、高尔夫、花样滑冰、网球、羽毛球、滑雪）；儿子尝试过多种运动（冰球、足球、棒球、滑雪、高尔夫、游泳、网球、羽毛球），多种乐器（钢琴、吉他）。结果，女儿对钢琴情有独钟，儿子对冰球非常喜欢。经过多年努力和坚持，爱好变成了特长。尝试过程中，孩子难免会说不喜欢不想继续，我一般都会让孩子坚持完一整个学期，对课程有一定程度的了解和体验后再做决定。最终，我都会尊重孩子的决定。孩子所坚持的项目遇到环境资源限制时，家长就要想尽办法支持。比如在台湾新竹的时候，儿子的冰球无法继续了，我们只好让他穿滑轮鞋打陆上曲棍球（field hockey）来代替；女儿学钢琴找不到合适的老师，我们就尽量多问多试，直到找到相对满意的老师为止。

生活能力的培养也是我所看重的。这是一个

> **黄博士：** 美国明尼苏达大学名誉教授 Marty Rossmann 长达二十五年的研究表明，从三、四岁开始让孩子做家务有助于孩子建立持久的掌控感、责任感和独立感，有利于孩子在学术上、情感上甚至职业上的成功。

循序渐进的过程，比如孩子年幼时学会自己穿衣、吃饭、系鞋带、洗澡等，再大一点可以学会铺床、扫地、擦桌子等。到了初中，我会要求孩子们分担一些家务，比如叠衣服、吸尘、洗碗等，他们各自的卫生间也让他们自己打扫。刚开始孩子们往往无法做到家长要求的那么好，比如衣服叠得不够整齐、碗洗得不够干净等，家长要少批评多鼓励，并不厌其烦地展示如何正确地做，他们就会越做越好的。也可以教孩子做饭，女儿在高中最后一年学会了好几样家常菜的做法，儿子也会做一些他喜欢的烤薄饼、香蕉蛋糕、炸土豆饼，等等。

**关键问题：提供帮助，独立决策**

在女儿的大学申请过程中，我会跟她一起讨论大学名单和申请策略，也会跟她一起对文书的所有问题进行头脑风暴，列出多个可写的素材。在分析不同选择的利弊后，会让她自己做决定。至于申请文书的修改，她主要是根据学校申学顾问的反馈不停完善。总体来说，她有很强的主动性，也很有自己的想法和目标。作为家长，我会尽量给她减压，让她不要把能否进入梦校看得过于重要，抱着"努力尝试过就值得"的心态就好。

儿子十年级时，从美国西部旧金山湾区的一所私立学校横穿整个美国申请到东部的寄宿高中。这中间的申请过程跟申请大学也有类似之处，除了标化考试、申请文书、推荐信、面试一样都不少之外，还要家长写陈述，每一步都不容易。刚开始儿子对申请顶尖寄宿高中不感兴趣，但在访校后发生了转变，这之前我都鼓励他去看看再做决定。现在，他很喜欢这所学校，无论在学术上还是运动上，还是在学生的多样性上,都让他非常满意。他交到来自不同国家不同州的朋友,打开了眼界。

**家长:让自己的生活丰富多彩**

在孩子成长过程中,我看重习惯和性格的培养,并没有把学习成绩当成头等大事来抓。基本采用一种尊重孩子兴趣或意愿,不算严厉但也不骄纵的方法来培养孩子的各种技能,并让他们学会自己做决定。目标是把他们培养成自尊、自信、自强、自立、有责任感的人。在陪伴他们的过程中,我也在时间允许的情况下学一些自己想学的东西(比如,在台湾时学国画和书法,在加州去社区大学修几门室内设计方面的课程),尝试新的工作(比如,在科罗拉多州做窗帘窗饰设计,在新竹做药厂的品质工程师,在加州做地产经纪人)。现在两个孩子都不在身边了,我更有时间关注自己的健康,开始报名瑜伽营,同时也在学习一些理财知识。"生命在于运动""活到老学到老",这些我都打算身体力行。

# 果壳中，成为无限宇宙之王

姓名：张超谦
高中：青海湟川中学
大学：清华大学经济管理学院

**送给大家的话**

1. 认识你自己。
2. 要多想！
3. 抱朴守拙。

## "中庸"的父母教育

我的家庭似乎没有什么特别之处，父母都是兢兢业业的公务员，给予我踏踏实实的家风，同时也给予我家中成堆的各类图书。开玩笑地讲，有一种家长类型的分野如同政治分野，分别叫"鹰派"和"鸽派"。"鹰派"会倾向于将孩子当小鹰一样从悬崖上推下，让它在磨难中成长为雄鹰；也有从小到大尽可能为孩子规避不必要的苦难，就像家养鸽子一样，用自己的经验使孩子少走弯路（虽然很多时候事与愿违）。如果按照这种分法，我的家长或许算中间派——就如同他们职业习惯的中庸之道。他们一方面尊重我的选择,在任何重大决定的时候都会充分尊重我自己的考虑;另一方面会给出意见性比较强的建议,毕竟他们在很多事情上不仅有经验(有过时的,也有逢时的),而且还有更全面的信息,而信息是难能可贵的。这样做的利弊也是明显的——好处在于,我会少走弯路,习惯拥有更多、更深刻、更成熟的思考角度(至少下意识有这种倾向),或许在一些重大事项的抉择上不会出现难以挽回的损失;坏处在于,我会缺乏失败的磨砺,缺乏逆商的锻炼,也缺少面对挫折如何快速调整自己的体验。当然,任何一种教育模式都有它的利弊,都是权衡取舍,本质上并没有两全其美的方案。而评价一种教育模式是否有效的很好的标准在于,是否符合了这种教育的初衷——你能否成功成为你想成为的人(或者教育者渴望你成为的人)。

我觉得我的父母带给我最好的礼物就是一种尽量看得远一些、看得全面一些的习惯。比起让我品尝自己的决定带来的结果,他们更加要求我三思而后行。而这个"三思"是包含很多他们的信息和意见的。比如在我选大学专业时,我在自动化和经管两个方向上犹豫不决——这两个专业我都很感兴趣,但是显然不同的专业将会面临截然不同的人生轨迹。我的父母期望我未来从事金融行业,但是我有些迷惘。于是他们竟然找到一些清华的毕业生来和我聊天,让我全面了解我将要经历的学业和职业,而不是"专制"地帮我做决断。最终权衡再三,我选择了经管学院(当然如果我最后的决定是自动化系的话,他们也会同意)。

和很多同学的家长不同的是,在我小时候,我的父母并不经常肯定或者否定我的观点，总会用更多的证据超越我的观点，让我发现自己观点中的薄弱之处。从最简单的生活中的小事，到评论一些社会问题，肤浅幼稚的回答总是难以得到父母的青睐，他们并不想打击我，但是总是叮嘱我——再多想想。今天看来，这种方式当然也有它的利弊：坏处在于，自信心建立的时间比其他人晚一些，而好处在于，一旦养成了这种三思的习惯，或者说是面对自己的谦逊的习惯，批判性思维就很容易建立，同时，一旦建立了成熟的思考模式，自信心也会更好地被巩固。回望人生短短的二十多年，我从上幼儿园到上大学几乎没有做过什么特别艰难的抉择，每一步似乎都在按部就班，所以抉择几乎只存在于小事之中（或许大部分人的人生都没有太多戏剧性的抉择时刻），不过或许也正是这些小事一件件的因果联系才连接起我的人生故事。而和我一样的平凡的大多数人正是这样成长起来的，这种教育方式或许非常契合风险厌恶性格的人生。

## 阅读给你的思想带来翅膀

"即使我身陷果壳之中，仍自以为是无限宇宙之王。"这句话是莎士比亚在《哈姆雷特》中借哈姆雷特之口说出的令人感动到流泪的台词。这是哈姆雷特作为王子被弑君夺权的叔父囚禁后的独白，他内心燃烧着复仇的火焰，如此强烈的意愿使他不可能被身体困住。我想这是支持我在学校的学习生活中最有力的指引。

高中的生活是非常单调的，好处在于你可以心无旁骛地专攻学习不被打扰，坏处在于，人在单调的事物中总是难以看清全貌，迷失在孤独的森林里。于是高中的我将自己寄托在阅读上，现在回过头来看，正是阅读塑造了我。我在学校的图书馆借书，自己买书，就是为了可以让我的思想不被束缚，为了自由，为了跳出高考的果壳，活在一个广阔的世界里。学校的学习说到底是枯燥的，如果不能让心灵活在一个自由的天空下，一定是可怕的。我总保持着这样一种信念，就是如果自己迷失不知道该去做什么时，多读一本书总没有坏处。于是我属于那些罕见的不怎么刷题的同学，我在高中时期读过的课外书要比我的所有练习册、课本叠起来厚两倍。

> **黄博士**：阅读能力也是一种思维能力。通过大量的阅读，可以提升读者的交际水平，有助于形成健全的人格，也就是一个人稳定的心理品质和成熟的行为方式。斋藤孝在《阅读的力量》一书中提出了一个观念，就是阅读会帮助我们打造一个广大的人际关系网（虚拟的和实际的）——跟名人先哲"对话"，跟故事中的人物"共情"，跟有同样读书爱好的朋友交流等。这个网络会拓宽我们的眼界。

其实现在回过头来看，真正塑造"我是谁"的正是那些厚厚的书本中闪耀的人类群星。有人说，这不是被困在象牙塔里了吗？其实不然。当阅读成为一种喜好和习惯以后，社会的实践反而变得理所当然，没有厚此薄彼的说法——毕竟智慧和幸福就写在那里，我只可能由于缺少人生体验而读不懂，而这怎么能怪书本身呢？

我在高一的时候参加了一个到浙江上学的交换项目。第一次长时间离开家，加上刚进入高中学习生活的不适让我的内心充满孤独。我记得很清楚，有一次躲在被窝里听音乐，听到李宗盛和李剑青合唱的《匆匆》，其中有句歌词是：

> 青春期 熬夜 冲锋
> 上小县城的高中 已光荣

路的尽头的少年宫

兀自沉默在风中

听到这里,我顿时泪流满面,想起家乡、父母、儿时的玩伴,想起学业的压力、人生的选择。在人生第一次真正意义上的孤独感中,我被迫重新认识我自己,因为至少我知道,孤独感是某些东西缺失的警告,我必须知道我需要什么。

这才真正开始了对我影响最大的高中生活。读小说最有意思的地方在于寻找自己:当你看到一个个鲜活的角色时,总想着自己是什么样的人,自己和他有哪些相似之处,他要面对什么样的命运。而读哲学作品时,最有趣的地方在于审视自己,站到自己的外面,用一个超越自己的眼光去打量自己。读一些社会评论等杂文时,最有意思的地方在于自己的观点要么和作者的相反——这变成了辩论;要么和作者产生共鸣——这是找到了同志知己。其实这些阅读无不在暗暗做一件事——认识我自己。认识到我是一个如是的人,认识到我要成为如何的人,过怎样的生活。我在高中时经常写日记、写诗,没有别的意思,只不过是想要记录自己的心路历程,让自己在高中学习生活这单一的果壳中保持对自由的野心,在浮躁或者说躁动不安的社会中保持独立的自我。

当然,认识自己的过程其实是塑造自己的过程——就像早期物理学家做实验看似在"发现科学规律",其实他们正是在用这种方式"建立科学"。你接触的内容和经历将在很大程度上决定你如何塑造你自己。所以最好的办法是,先培养自己的审美,剩下的便顺理成章。

我有种育儿的冲动（哈哈哈，为时尚早），就是要在孩子还小的时候培养取向正确的审美。这听起来有些"矫情"，为什么忙碌的青年时光要拿来培养审美？别误会我，我可不是说要把自己搞得像个艺术家。亚里士多德所著的《尼各马可伦理学》一书是西方最早的伦理学专著，而他的伦理学又被叫作"美德伦理学"。没错，你想要知道做什么对，就得知道什么是美；你要杜绝那些错误的行径，就得知道什么是丑——于是才有了"美德"这个词，"美"和"道德"画上了等号。"美"可以是善良，可以是同情心，可以是勇气和毅力，可以是智慧，总之是你的价值取向的理想状态，而这个"美"的标准如果歪了，那么人生所做出的决定也不可能美好。如何建立良好的审美能力呢？我的办法是，多读经典，经过时间的淘洗留下的必然是最闪耀的珍宝。

我非常喜欢卡尔维诺的《为什么读经典》，分享给大家一个片段。

经典是那些你经常听人家说"我正在重读……"而不是"我正在读……"的书。至少对那些被视为"博学"的人是如此；它不适用于年轻人，因为他们处于这样一种年龄：他们接触世界和接触作为世界的一部分的经典之所以重要，恰恰是因为这是他们初次接触。……经典作品是这样一些书……我们年轻时所读的东西，往往价值不大，这又是因为我们没耐心、精神不能集中、缺乏阅读技能，或者因为我们缺乏人生经验。这种青少年的阅读，可能（也许同时）具有形成性格的实际作用，原因是它赋予我们未来的经验一种形式或形状，为这些经验提供模式，提供处理这些经验的手段，比较的措辞，把这些经验加以归类的方法，价值的衡量标准，美的范式：这一切都继续在我们身上起作用，哪怕我们已差不多忘记或完全忘记我们年轻时所读的那本书。当我们在成熟时期重读这本书，我们就会重新发现那些已经构成我们内部机制的一部分的恒定事物……这种作品有一种特殊效力，就是它本身可能会被忘记，却把种子留在我们身上。

## 好奇心和多巴胺让我成为一个"好"学生

> **黄博士：**好奇心对思维和记忆来说都非常重要。美国社会心理学专家汤姆·金斯曾经说："好奇心缺乏……会危害智力的发展，其严重性丝毫不亚于脑组织受损……没有持久的好奇心，就无法获得任何一种人类能力。"人天生是好奇的，那么，是什么偷走了孩子的好奇心呢？往往是大人、规则、恐惧等这些外在要求。感兴趣的朋友可以看一下乔治梅森大学心理学教授托德·卡什丹的著作《好奇心》。

这一部分关乎我是如何成为一个学习还不错的理科生的。著名摄影师 Platon 曾为物理学家霍金（Stephen Hawking）拍摄人像照片，拍摄结束后采访霍金："您如何看待这个世界？"霍金坐在轮椅上，面前的显示屏上随着光标的移动，打出一个词"Wow"。人类世界对于知识的探索几乎很少由"好奇心"以外的因素推动，当然对于学习和掌握这些知识而言，好奇心也同样是绝佳的推动力。

中国古代哲学很喜欢做一些"术"和"道"的区分，不妨借用先哲们的二分法，"术"是方法、步骤，使得某种目的达成的手段；"道"是指导思想、形而上的推动力，是"术"所要达成的目的。而在绝大部分的讨论中，"道"都是被放在第一位的，也就是说比起方法，目的和推动力更加重要。更有人认为，如果"道"被确定，那么"术"的产生几乎是顺其自然、理所应当的。为什么要说这个呢？社会上总是有着很多关于"方法"的介绍，而且似乎受到了很大的欢迎。成功的方法、赚钱的方法、做人的方法、说话的方法、学习的方法……甚至书店有专门的"成功学"分区，却很少有人站出来问为什么要成功、为什么要赚钱、为什么要学习。如果我们同意"道"是高于"术"的，或者我们坚信"道"可以指导出合适的"术"，那么或许这样做就有些本末倒置了。具体到学科、到知识，如果知道为什么自己在学它，那么学习方法应该是顺理成章的。我个人觉得，学习中的"道"应该是好奇心，而在好奇心的指导下，学习方法几乎是水到渠成。当然，我们要区分学习成绩和学习，以免和我前文所说相矛盾——为了较高的学习成绩可能是因为要上好大学，但是为了好的"学习"几乎只能是因为对知识的热情，也就是好奇心。

标题中的"多巴胺"指代一种具体的好奇心产生作用的机理之一，作为一种神经递质（神经元之间或神经元与效应器细胞如肌肉细胞、腺体细胞等之间传递信息的化学物质），多巴胺负责人的新奇感、兴奋、愉悦和上瘾。很多毒品的作用就是代替多巴胺或者多巴胺的类似物来发挥作用的。正是这种信息分子的作用使得以"好奇心"作为学习的动力是极为有效的，不但让人身心愉悦，而且还会成瘾——如果学习变得像"毒品"一样却不会使人产生不良反应，那是多么幸福的一件事。比如学习一门新的语言、学习一门乐器、学习一些新的学科，这些学习总会让人开心，那么将相似的体验投射到课内（当下最关切的可能就是应试教育成绩）在一定程度上会有更快乐的学习体验。

> **黄博士：**我们人的大脑里会同时住着不同的"小人"。这些"人"会在不同的事件面前给"主人"发不同的反馈。比如在一个知识点面前，有"人"会说"太难了，我不想学"；有"人"说"我该怎么拿高分"；也有"人"说"好神奇啊，我迫不及待地想要学明白"。不同的声音会激发不同的行为，就看"主人"选择听谁的。为了人为地训练自己脑海里的声音，"主人"应该刻意更多地关注那个积极的声音，久而久之，这类声音会更容易穿破噪音来到"主人"身边。

作为一个理科生，我对自然科学有着极大的好奇。每当到了一个新的知识点，我不会想到"这种题该怎么做""我该怎么记下这个知识点"，而是怀着很大的热情想到"为什么会这样""这背后有什么机理""世界真奇妙"。于是我几乎很难忘记这些知识点，只因为他们变成了我美好的生命体验，而非枯燥的信息。我几乎不需要强迫自己预习、复习，因为强烈的好奇心会驱使我关心接下来要学习的内容，而如果我没有理解掌握知识点，那种好奇心带来的强烈的不安会促使我去真正弄明白之前学习的内容。再比如学习中很关键的一环——笔记，我很少强迫自己记笔记，但是<u>当我遇到那些醍醐灌顶的时刻，或者遇到信息突然变得繁芜丛杂的时刻，记下笔记几乎是下意识行为</u>，因为我真的关切自己是否掌握了这些知识，这完全是由好奇心驱使的，就像饥饿的人无须提醒自己吃饭。

一旦拥有了强烈的好奇心，那么找到合适的学习方法就是简单的事。就像前文提到的，每个人都有自己的学习方法，关键在于如何找到最适合自己的手段打造独属于自己的方法。而这个建立在认识自己的基础上的"找到"则是简单的——如果我记性不那么好，那就多记笔记，反复复习，利用艾宾浩斯遗忘曲线等系列科学方法去加强重要知识点记忆；如果我是个很难沉下心读书的人，那就强迫自己离开那些干扰自己的因素；如果我是个粗心大意的人，那就在每一次运算后都检验，每一次读题都确保读到了题目的意思，大不了慢些读、多读几遍；如果我是个考试容易紧张的人，那就去学习如何科学调整自己的心理状态。其实，上述的"如果"或多或少都是我自己，当然也是绝大部分同学曾经面对过的"学习方法"上的困扰。当你意识到，这些问题总可以通过你的分析去解决，加之你有足够的好奇心（也就是热情）去解决它们，这些问题就会迎刃而解。当你有分析思考的耐心和一只鱼竿，而你又恰好肚子空空，你总可以学会钓鱼的办法，而对于一个不想吃鱼的人，学会钓鱼是相当困难的。

## 保持思考，保持批判

笛卡尔说："人只不过是一根苇草，是自然界最脆弱的东西，但他是一根能思想的苇草。用不着整个宇宙都拿起武器来才能毁灭他，一口气、一滴水就足以致他死命了。"在虚无主义思潮逐渐让人更难被意义说服的今天，人这根苇草面临了一天甚过一天的风吹雨打，而且和笛卡尔的那个思想闪闪发光的时代不同，近代以来人的思想也变得异常脆弱（即使在某种程度上是件"好事"），人变得越来越像随风飘逝的蜉蝣，被各种纷繁的声音裹挟着在混乱的世界前行。当感受到这种社会的挤压，对于安全感的诉求变得愈加强烈。

而对于我来说，保持思考、保持批判就像一件武器或者铠甲，可以让我从容地走进黑暗的森林，这让我想起那句"君子藏器于身，待时而动"。似乎社会的热点问题一旦没有"反转"就像缺了生命力，事件本身和大家眼中的事件经常被割裂开，"真实"变成了一个不存在的事实，"事件"变得越来越主观。法国社会学家勒庞在《乌合之众》

中说,群体无意识。这句话对于处在群体中的我们而言,是相当恐怖的——没有意识就不会有自由意识,没有自由也就不会有自我,没有自我何谈真正切实地活在这世界上。于是,某种出于对自我存在的一种迫切的确立感或是一种警戒感,让我们必须做些什么来对抗企图剥夺我们自由的群体的混乱的力量。当然,办法是多样的。比如,我们可以选择一个已经构建好的价值然后放弃自己做出价值判断——比如皈依宗教;或者我们可以构建一套自己的价值体系,虽然这很难——比如做个尼采式的哲学家;当然,我们也可以用自己的一定的不成体系的标准去批判已有的价值——这个简单可行。这些方法其实并不冲突,就像在一个连续的量表的两端——一端是放弃自己的价值自由,另一端是完全重构价值,重估一切。而我们最简单的办法是在其中找到安全而轻松的一个解,我的解就是保持批判和警觉,保持思考。

  批判性思维在很多时候可以分为两步,一步是对于客观事实的分析,另一步就是价值判断。前一步需要科学的步骤和锻炼。比如,如何区分事实和观点?如何判断和检验相关关系、因果关系?如何确定信息的可靠性?做出判断的时候是否存在逻辑谬误?后一步则需要伦理学的价值选择。比如,什么是合乎道德的?令我感到难受就一定不道德吗?当利益发生冲突的时候,我们应该厚谁薄谁?

  如何能够习惯于批判呢?很简单,从怀疑一切开始,系统的怀疑是所有学问建立的基石。就像我们说的"道"和"术",逻辑学、因果检验、信息调查无非是"术",而"道"在于保持怀疑一切的对人生的好奇。如果有的事情或者力量(比如教育者)不容你怀疑,那一定是因为它经不起怀疑。那么,批判性思维本身是否值得被怀疑呢?这种怀疑有尽头吗？其实在几千年前这种讨论就被古希腊人讲得明明白白，在近代又不断若隐若现在智者思想的角落中。当然，批判一切在一定程度上是自洽的，我们当然需要反思批判是不是合理，是不是必需，会不会造成生活中的困扰——确实如此，反思它自己也是它的一部分。

关于送给大家的三句话的详细解析：

**1. 认识你自己。**

这句话被古希腊人刻在菲尔德神庙上，也被哲学家苏格拉底作为座右铭。我第一眼看到这句简短的话就被深深震撼到，如此透彻，如此豁然开朗，同时又如此让人肃然起敬。在人生中，尤其是青少年时期，我们总是被这世界各种各样的问题迷惑、引诱，甚至蛊惑。当然，我们可以问出无数个根基不深的问题，也可以给出无数个回答，而当你不断问下去，总会回到一个核心的问题上：我是谁。举个简单的例子，当你考试成绩不佳时，你可以问，为什么没考好？没考好会怎么样？为什么需要考好？为什么高考得考一个好成绩？为什么要高考？为什么需要一份好工作？而当这些无尽的问题折磨着你时，你总可以问自己一句——"我为什么需要做些事""我到底需要什么"，进而回到那个永恒的主题——我是谁。最基本最核心的问题，往往最抽象，以至于很难在具象的世界中显示她的魅力——除非你有一双智慧的眼睛，不然很有可能错过藏得很好的真理女神。我会在后面的故事中详细讲讲"我是谁"。

**2. 要多想！**

我们都涉世未深，缺乏经验——我指的是可以足够让你凭借直觉和记忆做出抉择的经验,那么我们唯一能做的就是多想想。这个命题似乎非常奇怪,毕竟我们谁不会动脑子想呢,我们都是智力相同的同一物种。虽然看起来是老生常谈了,不过并不影响这是个任何层面上都意义非凡的问题。具体说来,在面临任何一个选择的时候,充足的考虑是至关重要的,不幸的是,这也是我们这些年轻人所欠缺的。在做任何一个决定之前,一定要问问自己,代价是什么。既然鱼和熊掌不可得兼,那么你是更需要鱼还是更需要熊掌呢?西方经济学里有一个最基础最核心的概念——权衡取舍,指的是你做任何一件事都会伴随牺牲掉别的东西,是的,任何一件事。不信?举个例子,今天的物理作业很难,晚自习时间很紧张,你要作何选择呢?我画了一个简单的二叉树的示意图。

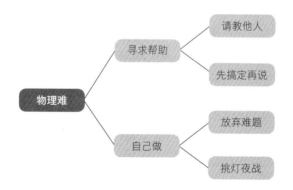

最终得到大概四个选择,大家可以想想自己会做什么样的选择,或者说,自己做过什么选择,如果可以,再仔细想想自己为什么要做这个选择。我做这番分析并不是要说出这些做法孰优孰劣,而是让大家通过这个例子明白什么是代价。方法一:请教老师或同学,好处是你可以在短时间内将少部分题解决,可是万一你做不出的题很多呢?

或者是晚自习物理老师不在，同学们没时间帮你解答，这个办法就没法成立。方法二：先搞定再说，这个说法比较委婉，其实就是先抄袭一下，过了今天这关再说。好处是你不用再为没有完成作业而遭受批评，代价是你掌握不了本次的知识。方法三：放弃难题，好处是可以早点休息了，代价是可能失去了做出难题的机会，如果空的数量太多很可能还会遭受批评。方法四：挑灯夜战，好处和代价想必大家都懂，用身体换知识。请注意，我在这里不是想提倡某个方法，而是想让同学们掌握这个简单的思考方法。收益和代价之间，你们所做的选择，一定是你们所需要的。比如你只有几道题不会，那么请教是你的最优选择，如果你是一个很有自控力的同学，那么你也可以选择先借鉴一下交上去，因为你可以确定你一定会把它在第二天搞懂，而不是抛之脑后。如果你正处于高三的复习阶段，压力巨大，对自己的定位没有那么高，那么适当放弃难题才是你应该做的，而挑灯夜战除非你体质特殊，睡眠需求不高，一般是不推荐的。

这是一个大家经常会遇到的问题。同学们回想一下，你们做出选择的时候，真的认真思考了吗？这当然也说明一件重要的事——面对同样一件事，每个人的代价和收益都是不同的，所以每个人做出的最好的决定，一定是只属于他自己的。你所需要的是什么？你能接受的代价又是什么？你看，问题终于又回到了"你是谁"。

### 3. 抱朴守拙。

这个词第一次被我真正注意到，是在一场课程报告后。大一的时候我在一堂课上作汇报演示，当时我讲了一个有关从电影中的人工智能形象看人的自我异化思潮，主题听起来确实很花里胡哨。当时在座的有清华的副校长彭刚教授，他曾经是人文学院的副院长。当我和几个同学讲完以后，彭校长做了一个简短的讲评，我印象最深的一句话是，抱朴守拙。当时我脸一下子红了，因为我觉得这话是说给我听的，我这个展示太花里胡哨了，不过事后想来或许也不是，因为回想大家的展示其实都很花里胡哨。当然，这并不是为自己开脱，而是说明这是一个很常见的现象。什么是抱朴守拙呢？我想从两个角度谈谈。

第一点，尊重事物的本质。年轻人很容易受到表象的蒙蔽，大家都一样，只有极少的人会在早年就真正意识到事物的本质的重要性。或许尼采会将这种人归为超人，人的第一阶段是骆驼，学习和接受一切的价值和道德；第二阶段是狮子，勇敢地反抗那些价值，充满质疑和挑战；最后一个阶段是婴儿，用全新的客观的视角去丈量这个世界的本质。

我看过一个视频，是罗素留给未来年轻人的话——我想对他们说的理智的事情是，当你在研究任何问题或研究任何哲学时，只问自己"事实是什么""事实证明的真相是什么"。我是理科生，我之所以学理科科目比较轻松，是因为我对本质的好奇心，当我真正好奇什么是能量，为什么滑块会滑下斜坡的时候，我觉得我才能真正学好物理。

第二点，简简单单做一个真实的人。学生接触的社会是比较狭隘和单一的，但是学校以外的社会是复杂的，正是因为这样，简单才是珍贵的。一场花里胡哨的报告可能会迎来同学们的赞许，但是不会为你挣得足够的学术水平；写一篇虚张声势的文章不会带你进入文学的大门；阿谀奉承的老好人不会赢得真正的挚友，就像吹牛和虚伪，不会为你带来长久的回报。抱朴守拙代表的是智慧，而那些虚头巴脑的东西在智慧面前更像是小把戏。放在学习上,不要搞那些花里胡哨的东西,从写作文到做作业。老老实实,不是要求大家做笨蛋,相反越是聪明的人越需要踏实一些,仰望星空,脚踏实地。

## 推荐书单

我只推荐一些我在初高中读过而且深爱着的,或者大了以后后悔没能早些读过的书。选书的宗旨无非是三点:智慧、善良、通俗。显然,这些作家总是有着挑逗我们对生命的热情的智慧;而且他们都是真诚正直的人,绝不会在书中带着虚伪和恶意;最后,这些书在初高中就可以读得进,读得懂(当然长大后重读也会有完全不同的体验)。我列出的只是冰山一角,书单的作用就像药引子或者钥匙,当你有了自己的审美和价值取向以后,你不需要找书读,书会自己找上门来。

1. 哲学类:《苏菲的世界》(乔斯坦·贾德)、《人生的智慧》(叔本华)

2. 文学类:《荒原狼》(赫尔曼·黑塞)、《故事新编》(鲁迅)、《小径分岔的花园》(豪尔赫·路易斯·博尔赫斯)、《我是猫》(夏目漱石)、《了不起的盖茨比》(弗·司各特·菲茨杰拉德)

3. 杂文:《沉默的大多数》(王小波)、《朝花夕拾》(鲁迅)

4. 其他:《君主论》(尼科洛·马基雅维利)、《时间简史》(霍金)

# 教育中求自由，有限中寻超越

姓名：张仁杰
高中：山西省交城中学
大学：北京大学

**送给大家的话**
当风暴过去，所有的一切都将成为你人生路上最美的风景！

作为一名学习教育、研究教育的学生，一直以来，我都想以自己为样本，以叙事为方式，来梳理自己的成长过程，以诠释生命的意义，重构自我的理念框架。在这篇小文中，我尝试把成长过程中的关键事件抽取出来和大家分享，并期望对您有所启示。这是作为个体的我，自身成长与发展的故事，也是作为社会成员的我，在与家庭、学校、社会的互动中实现突破的故事。

## 家庭教育："有限培养"与终身影响

我出生在一个小县城的普通家庭，父母都是普通职工。安妮特·拉鲁（Annette Lareau）在《不平等的童年》⊖中把中产阶级和低收入家庭的教养方式分别概括为"协作培养"和"自然成长"。"协作培养"是指家长会主动培养孩子的天赋、才能和主见，在课余时间给孩子精心安排各种兴趣活动，在与孩子沟通上，以讲道理和协商为主，引导孩子形成、组织和表达自己的观点。而"自然成长"则是家长允许孩子安排自己的时间，大多与同龄小朋友一起玩耍，在语言上以指令的方式使其听话和服从。

> **黄博士：** 这本书的副标题是"阶级、种族与家庭生活"，作者是通过对十二名九到十岁的中产阶级和低收入家庭的孩子进行调研，说明家庭的社会地位和家长的教育模式之间是有关联的。研究中的六名中产阶级的孩子都申请到了大学，而六名低收入家庭的孩子除了一个选修社区大学的课程外，其他五名都放弃了学业。

我把家庭对我的影响概括为"自然成长中的有限培养"。说是自然成长，是因为父母工作的原因，对我的学习过问不多，管理的氛围也比较宽松，我童年大部分时间都是和小伙伴们自由玩耍，和所谓的"鸡娃"家长相比，父母对我的教育少了很多"精心设计"；说是有限培养，是因为父母深知教育的重要性，一直在他们的能力范围内为我提供力所能及的支持，然而，受制于知识背景和文化程度，他们提供的支持始终是局限在自己的认知视野中。即使这样，这种"有限的培养"也给我留下了终身的影响。

我的母亲中专毕业，虽然文化程度不高，但却对自己要求严格，

---

⊖ 安妮特·拉鲁是加州伯克利大学的博士，现任宾夕法尼亚大学社会学教授。《不平等的童年》是她的代表作，主要探讨了不同社会经济阶层的父母会通过生活方式、语言、关系、社会资源和价值观等因素，采取不同的育儿逻辑，而这些观念和行为会进一步塑造孩子的未来，从而形成一个不平等的再生产和循环的过程。

每到一个新的工作岗位和环境，都会认真钻研和学习。这种身教使我受益良多。我到现在脑海里仍然能浮现出幼时我们俩一起看书的场景。她重视阅读，给我买了很多故事书，也会坚持每天给我讲故事。每个儿童或许都是天生的问题家，在听故事的时候，我总有许多形形色色、天马行空的问题，母亲从来不会用成人世界所谓的"常识"来回答我这些问题，反而会反问和支持我的问题。比如在过马路等红绿灯的时候，我会问她："为什么红灯停，绿灯行，而不是其他颜色呢？"她不会像其他家长一样，懒得解释，也不会以成人世界的语言进行科普，而是问我："你认为什么样的颜色更合适呢？"这样的引导，让我从小对世界产生了浓厚的好奇心和兴趣。

父母对我的学业没有多严格的要求，但在做人上，<u>一点小错误都会让我受到严厉的惩罚</u>。邻居家的小朋友买了一个很贵的玩具，玩了一下午后，我偷偷把它带回了家。母亲发现后，狠狠批评了我，并让我写了检查，带着我登门道歉。这样的例子很多，可以说印象中童年时期我学习功课不好，不会受到批评，而在道德品质方面出现问题，是一定要进行反思和检讨的。独立、自强、诚实这些品质都是在家庭潜移默化中形成的。父母的教育对我人格的养成起到了很大的作用。直到现在，我仍然受益。

家庭给予我最大的支持还有宽松民主的家庭氛围，父母从来不会干预我的选择和想法，即使在外人不看好的时候，仍然支持我坚持自己的想法。高三的时候，我曾因机械、套路的刷题模式而一度对学校产生厌恶情绪。我和父母商量，想根据自己的节奏，在家里自学。在别人看来，我正在高三复习的关键时期，这个时候回家自学，难免会松懈，影响节奏。况且在家也没有老师的引导和帮助，学习效率一定会受影响。父母了解我的想法后，主动和班主任沟通，说明了我在家自学的意愿，并表示愿意承担责任，接受风险。进入大学后，我的每一个选择和决定，也都得到了父母的大力支持。我想，我作为家里第一代大学生，在所谓的"文化资本"上，父母相对于我处于劣势，所以他们能更多地支持我的想法和意见，没有强势地介入和干预。正是这种宽松的氛围给了我巨大的生长空间，让我可以无所顾忌地挑战人生的每一道关卡。

## 学校教育：挣扎中成长

一直以来，在同学眼中，我的学校经历有些"逆风翻盘"的味道。高考我并没有考取理想的学校，后来靠自己的努力一步步实现突破。而实际上，在我内心，从高中开始，我一直与学校教育有一种抗衡和挣扎，在这种挣扎中，我一步步认识自己，实现了成长。

我的高中是一个县城中学，以传统的刷题为主要的教学方式，按照现在的说法，学生更像是被培养成了"小镇做题家"。我所在的班级是当时的实验班，到了高三之后，班级学习氛围一度让我抑郁。所有的同学从进入班级的时候起，就开始做题背书，下课之后也鲜有交流，甚至上厕所都需要赶时间、避高峰。我想绝大部分县城和农村的学生，都有这样类似的经历。当时的我极其厌倦这种学习氛围，好在学习成绩还不错，于是更加有恃无恐，开始逃课、厌学，成为老师眼中的"问题学生"。我当时把自己看作"反叛不合理教育的斗士"，企图以一己之力与不合理的应试教育做斗争,⊖ 这种反抗促使我开始思考究竟什么是真正的教育与学习,也让我与教育结缘。

高考失利以后,我来到了一所普通的本科学校。在这里,经过了几年的探索,我逐渐找到了自己的学习方法和未来方向。带着高考失利的沮丧,加之老师说教式的教学,我很快就对课堂失去了兴趣。这也让我有更多的时间,去自由地追求自己的兴趣。我经常在图书馆里,不带目的地阅读各类书籍。让我印象深刻的是当时读到周国平先生写的一篇《向教育争自由》⊜,他从哲学家的视角,把教育问题与人生问题联系起来,并对现行教育体制的弊端做了鞭辟入里的分析。他提到,著名的科学家爱因斯坦认为创造的基本要素来自"神奇的好奇心"和"内在的自由",即拥有对事物探究的兴趣和独立思考的能力。他提出,要像爱因斯坦一样,善于向现行教育争自由,不要做各门功课皆优的"好学生",而要做一个能够按照自己的兴趣安排学习计划的"自我教育者"。这句话让我醍醐灌顶,也让我不过分关注绩点、排名等,而是更多地聚焦在自己的兴趣,找到真正吸引自己的学科和问题领域。于是我开始积极参加体育和文化活动,马拉松、戏剧表演、辩论赛等活

> **黄博士:** 在教育形式、教育资源和人才评估多元化的今天,在我看来,"自我教育"的重要性甚至超过了学校教育。想学什么,不想学什么,学生这个个体掌握了更大的自主权。虽然一直在名校学习,我可以负责任地说,我在工作中和人际交往中用的很多知识都是在拿到博士学位后自学得来的。学校教育只是一个学习的通道,并不是全部。

---

⊖ 保罗·威利斯(Paul Willis)在 Learning to Labor(《学做工》)一书中,对工人阶级子弟的"反学校文化"做了精彩的描述,我的这种反叛也有异曲同工之处。
⊜ 收于《周国平论教育》一书中,2009 年华东师范大学出版社出版。

动中都有我的身影。我也热衷于了解当地民俗和文化，时常背着相机和背包穿梭在山野农村采风，和当地人请教聊天。我还积极参与校外的各类活动，与当地的社团、社会组织等保持良好的关系。这一系列主动自觉的行动，对我的视野拓展、价值观形成等，都起到了重要的作用。

实际上，我和学校的关系一直保持着一种张力。因为一直能取得不错的成绩，学校给了我很多成就感和自信心。但学校教育中不合理的部分，如过分注重成绩和专业，忽视人的个性与特长等，也让我产生了很多冲突和挣扎。在"趋同"的学校教育中，我不断思考"我是谁""我要做何事，成何人"，一步步了解了自己的优势与缺点，明晰了未来的方向。

### 学习：被动选择与主动为之

高中时期，我一直对经济学和金融学感兴趣，但最后却被调剂到了教育专业，这可以说是一种被动选择。起初，我对这个专业缺乏兴趣，认为学教育只能做老师，不符合我对职业的预期。于是，我的大学生活并不是很积极，逃课迟到是常有的事，甚至在第一学期末的时候，一度挂科。那时候的我，也知道大学生活不应该这样过，但是如果不应该这样过，那又应该如何过呢？这是很多学生都会面临的迷茫。

带着这个问题，我一头扎进了图书馆，期望通过阅读来解决自己的困惑。通过一段时间的阅读和思考，我明白了很多问题与迷茫来自于自身的局限，对学科认知的局限，对职业认知的局限，对教育认知的局限，对世界认知的局限。"学某个专业，需要从事某个工作""学科知识只在学科内有用""教育和学习只能发生在学校和课堂"，这些都是在大学初阶段，由于中学向大学的过渡没有完成而残留下来的中学时期的认知。当我们把自己置于更宽广的世界时，一种联系的思维就开始建立，这个时候我们会发现更多的未知，而在不断追求这种未知的过程中，我们的知识、能力、思维得到了扩充和发展，我把这一阶段的学习总结为主动为之。

当我把教育学科内的知识与社会中的现象和问题建立联系的时候，我发现很多知识可以在更多元的场景中获得，书本理论也可以在实践中加以印证和修正；当从历史发展的进程来了解教育的时候，我又发现了诸多平时未加反思的看似合理的事物背后的不合理。即当你把当下的生活、社会放置于更大的时空中时，你不仅会去理解，更会去质疑当下的合理性。当一种联系的、批判的思维开始建立，人就拥有了好奇心，这种好奇心就带来了强大的学习力。而这种主动为之的学习一定能让你更加敏感地发现生活中的问题，拓宽获取更多知识的渠道，认识更多的人和更广阔的世界。

主动为之的学习就是以自己为目的的学习，是使自己不断完整的学习。在这个过程中，我认为大量的阅读、与环境的互动、批判性思维和国际视野的养成尤为重要。

首先，不管任何专业、任何学科，都应该以广泛的知识积累为基础，这就需要静下心来，与经典对话，与先哲对话。到了大二大三阶段，我主动减少了很多所谓的"社交"，在图书馆里看书学习。阅读不求多、不求快，重要的是要结合自身的处境，多进行一些思考和反思。名著经典本来就是人类社会先贤智慧的结晶，理解起来有些困难。我经常用一下午的时间只能看几页的内容，但这些内容往往能真正激发思考，使我从另一个视角去认识问题，这种思想上的碰撞让人着迷。很多学生把考证、备考称作学习，我认为是有失偏颇的。只有以一种不太功利的目的去学习，以一颗谦卑和好奇的心去学习，才有可能得到更多意想不到的收获。

与环境的互动更强调在正规学习以外的非正式的学习机会。在学校和课堂以外，学习的场域有很多，要主动去寻找和融入这些不被发现的学习场域。大学期间，参与竞赛、社会实践、旅行、与不同专业的朋友交流等，都是一种很受益的学习。阅读书本经典的同时，参与社会的互动，两者交织在一起，一方面有来自理论的滋养，一方面有对社会的洞察，加之自己持续不断的思考，对个人的综合素质提升也是十分显著的。

在全球化和智能化的时代，强调批判性思维和国际视野也是十分必要的。在整个社会大谈创新创造的时候，批判性思维被放在了前所未有的高度。但思维的养成始终是建立在知识大厦的基础上。很多大学在通识教育上做改革，但大部分通识教育还是在广度上进行扩展，若要实现真正的"通"，一定要树立整体的世界观，认识到世界是整体的而不是割裂的，专业只是看待世界的一个透镜，必然会带有局限。而只有综合不同的透镜，才更有可能看到全貌。"通"也不是意味着抛弃"专"，只有对本学科和专业深入钻研，并达到一定深度时，跨学科的知识和视角才更有意义，才能真正做到融会贯通。在广泛涉猎和阅读的基础上，我会"悬置"和"提问"。"悬置"要求在学习和看待问题时，把已有观念放在一边，尽量不带预设和成见地去倾听和感受。"提问"要求我们具备一定的敏感度，对真实存在的问题进行发问，不仅要去问为什么"是"，也要多问为什么"不"，对问题的核心进行发问，久而久之，批判性思维就会逐渐养成。

国际视野在当今也越来越重要，其原因不仅是当今世界日益成为一个整体，每个人都某种程度上是一名全球公民，更因为只有在比较中，你才能更好地认识本民族的文化和历史，从而更好地了解自己。国际视野的形成，首先要关心国际领域的信息，了解本领域内的前沿。以我的专业为例，我会主动了解和学习不同国家的教育政策、教育体制和教学模式。在此基础上，我会把其放置在东西文明发展的历程中去审视，即需要了解不同国家的文化和发展历史，并与中国进行对比。这样实际上极大地加深了对我们本国教育现象和问题的理解。所以，国际视野不是泛泛地了解国外在做什么，国际视野更是一种认识世界的方法论。在这个层面进行学习和训练，我想才会有更多的收获。

## 成长：质疑、推翻与重新定义

迷茫、浑浑噩噩是很多学生刚进入大学时期的通病，其中也不乏很多名校生。对学校的不满意、对专业的不喜欢、对人际关系的不擅长、来自父母的期望和同辈的压力与自己内心产生冲突，都是问题产生的原因。每个成长阶段都面临着不同的问题，结合自己的体会，我把实现成长的过程分为质疑、推翻和重新定义三个阶段。

首先，是质疑。苏格拉底曾说过，未经反思的生活是不值得过的。我们往往容易对别人进行质疑，而对自己进行质疑就比较困难。对自己怀疑和反思，其实是一件需要勇气的事情。它意味着你需要对自己已经形成的知识体系和价值观念做一次"清算"和"归零"，意味着对过往的人生经历和已经在模式化的训练中形成的所谓"惯习"（habitus）㊀与"经验"，进行分析和归置，而这些"惯习"和"经验"往往在过去起到了许多正向作用。许多人只有在遇到旧有经验不能解决新问题时，才会对自己进行反思和质疑，而我习惯于不定期对自己进行主动的质疑，以检视自己现有的局限。对于个人来说，从怀疑自己的那刻起，就已经是某种突破和自醒。

去年夏天，我带领几十人的团队在家乡开展社会实践，项目设计与执行、团队分工、总结评价，每个流程都近乎完美，我们也总结出了一套项目运行的标准化的模式，如从目标到结果的项目开发流程、社会调研的方法与注意事项、文稿撰写与宣传的工作流程与注意事项等。后来，我在做类似的事情时，总习惯于把此期间总结的经验当作我的行动指导。虽然在某段时间内也算是屡试不爽，但时间久了，难免僵化与陈旧，缺乏创新。我意识到，自己已经在不自觉中陷入了这种模式化、标准化的思维中，这种思维让人安于现状，而放弃了其他可能。于是，我对自己进行了一次剖析，并在之后把这些经验尽量抛

---

㊀ "惯习"（habitus）是法国著名思想家皮埃尔·布迪厄（Pierre Bourdieu）提出的概念，是个体在社会环境中形成的某种能力、习惯和性情，是个体主动性和社会客观性建构的结果。

在一边,去尝试新的可能。

其次,是推翻。在对自己的旧有观念和行为模式产生怀疑后,我会去阅读相关资料,请教师友同学。每个人不同的经历给了我不同的启示,让我能更加照见自己的局限。这个时候,我会去推翻自己观念和知识体系中不合理的部分,随着认知的半径增大,对问题的体悟也就更升一级。推翻自己其实是一件很难的事,需要每个人诚实地面对自己,承认自己的无知。

最后,要在实践中实现自我的更新,对自我进行重新定义。这一步要求把理论和观念与实践联系起来。单纯持续的理论学习容易使人飘浮在空中,而只有深入社会和实践,了解真实的世界,才会让你的根基更加牢固。在我的专业学习中,我时常会去到学校,听一线教师上课,与校长、教师进行交流,了解他们的困惑;去乡村和老人交流,感受中国传统文化的根系和现代化发展中的一些问题,在此基础上实现的更新才是深入骨髓、脱胎换骨的。

> **黄博士:** 学习的多元性、一个优秀的学习者的自省和调整能力在这段社会实践中得到了充分的展示。我们每一个人都带着固有的思维模式和行为方式,难得的是随时随地的自我觉察,做到"吾日三省吾身"。当发现问题的时候,用成长型思维引导自己打开学习的"通路",向书本学习、向同学老师学习、向生活的践行者学习。

## 建议:有限中追求超越

如果说要对学生、家长提一些人生、成长方面的建议,我认为第一点就是要认识到自身的有限性。每个人,无论受到多好的教育、拥有多么优质的资源、付出多么艰苦的努力,你能经历和体验的终究是这大千世界的一隅。对于学生来说,承认自身的有限,意味着你需要谦卑地与同学、师长相处，需要从他人和经典上汲取力量，需要持续不断地对自我进行反思。对于家长来说，承认孩子的有限意味着你不能把无限的希望寄托在孩子身上，不能盲目地要求孩子参与到所谓的"教育竞赛"中，不能片面地只关注学习成绩的提高。

认识自身的有限，并非是被动的、不作为的。反而，人只有把自己限制在某一个领地里，追求超越和突破才更有力量和根基。我们每个人，即使力量很弱小，也不能阻挡我们对人生意义的追寻。"<u>在有限中追求超越</u>"是一种智慧，它彰显出人的精神和力量的高贵。

如何追求超越？

我认为首先要立志。没有理想和志向，人的发展就没有了方向。古往今来的名家大家，无一不在青年时期就拥有崇高和伟大的志向。很多学生的迷茫，都源于没有确立自己的目标和志向，无法给自己的生活和行动赋予意义。而无法确立适合的目标，根本原因还是对自己缺乏了解。我的建议是先立大志，对自己未来想要成为什么样的人，有基本的想象。这个想象可以是模糊的、看起来不切实际的。然后根据自己当下的阶段，确定一个个可以达到的小目标，通过小目标的不断实现，来不断精进。目标实现的过程实际上是探索自己的过程，更加"了解你自己"㊀的过程。在这个过程中要不断地反思，并与变化的环境互动，及时调整自己的规划。

> **黄博士**：古语有云"取法于上，仅得为中，取法于中，故为其下"，是说我们制定标准要高一些，才能取得好的成就。其实，在英文中也有类似的说法，"Shoot for the moon, even if you miss you'll land among the stars"，意思就是"瞄向月亮，即使你错过了，也至少会降落在群星之中"。

---

㊀ "了解你自己"（Know yourself）是希腊德尔斐神庙阿波罗神殿门前的石刻铭文，被奉为德尔斐神谕。

二是要持续不断地终身学习。在终身学习的时代，每个人都是自己学习的规划者、行动者和评价者。在书本中学习，我们能领略经典的智慧；在工作中学习，我们能弥补自己专业上的不足；在日常中学习，我们能感受到生活的魅力。通过学习，我们可以不断赋予自己意义，不断实现自我更新。强大的学习力在当代，不仅是竞争力，更是幸福力。

最后我想说的是，你的家庭、学校、经历等在成就你的时候，同时也会限制你；在磨炼你的时候，同时也会塑造你。所以，不管现阶段的你遇到了什么困难，拥有什么样的迷惘，都不要失去信心。当风暴过去，所有的一切都将成为你人生路上最美的风景！

## 推荐书单

1. 《周国平论教育》（周国平）

    推荐理由：著名哲学家、作家周国平先生对教育论述的合集，涉及家庭教育、生命教育、阅读与创造力培养等。作者还对当今教育世界的弊病做了入木三分的评论，倡导教育回归常识和本质。对学生来说，期望您读完这本书，能对人性和生命、成长的本质和目的进行思考，从而在"乱花渐欲迷人眼"的教育中找到自己的方向。对家长和教师来说，期望您读完本书，能对教育的本质和目的、培养什么样的人有所思考，在面对当前的教育竞争时增加一分定力。

2. 《论语》《孟子》《大学》《中庸》

    推荐理由：儒家经典，中国传统的《四书》，涉及立志修身、明德齐家、待人接物、治国理政等，是了解中国传统文化和哲学的基础读物。其中涉及的为学次序、读书要义、个人与家庭和社会的关系等，蕴含着深厚的智慧，在当今仍有学习和借鉴价值，值得细细品读。

3. 《西方哲学简史》（勃特兰·罗素）

推荐理由：梳理了从古希腊时期到二十世纪西方哲学的发展，是了解西方哲学史的入门读物。对于理解西方世界的现象和问题、形成基本的国际视野有重要意义。

4. 《精进：如何成为一个很厉害的人》（采铜）

推荐理由：知乎大牛采铜著。作为一本畅销书，作者在书中提出了有效的个人成长的工具和方法论，涉及时间管理、如何选择、高效行动、学习方法、思维工具和个人特性等多方面的内容。文中观点犀利，方法实用，相信只要坚持践行，一定能实现自我的精进。

## 不随波逐流的倔强

姓名：胡峪诚（Eric Hu）
高中：WLSA 上海学校
大学：耶鲁－新加坡国立大学学院（Yale-NUS College）

**送给大家的话**

1. 比问为什么更重要的，是问为什么不行。
2. 你既然生来便是独特的，为什么要费尽心思融入集体呢？
3. 你所承受过的苦痛，会凝聚成心中闪耀的黄金。

针对送给大家的话，我稍作解释。

成长过程中，问"为什么"让我学到了很多，但在知行合一、探索验证的过程中，我觉得思考"为什么不行"或许更为可贵。在人生的转折点，我的"为什么不行"起到了更大的作用——"为什么不能去美国""为什么十几岁不能创业""为什么高中生不能去找嘉宾聊天并且建立联系"……

小学时候的我害羞腼腆，考过不及格，也许很少有小学同学会相信到了初高中的我会跳级、创业并且考入一所大家认为的"名校"。我经常听到家长抱怨自家孩子不特别，所以那些"闪闪发光的孩子"

的经历并不适用。其实，没有一个人的路是一样的，我也没见过任何同学、家长从小到大一直都是那个"闪闪发光"的人。我身边的许多朋友，包括我自己，都是矛盾集合体，与其刻意磨平棱角、随波逐流，不如做你本来的自己。谁能说格格不入的人就一定不能卓尔不群呢？

在和家长们、同龄人甚至小学生的交流中，我发现许多人经历过家庭暴力、体罚、校园霸凌、同僚压力、心理问题等。很多人的心中都有个"洞"，这些"洞"对我们的影响不言而喻。但我们并不需要对这些过往避而不谈。人生是座高山，因为还没被开发成景点，所以在没有一步一步平稳的台阶前每个人都需要徒手向上⊖。而人生中，当你弱小时，有人可能会恃强凌弱。当你强大时，也很可能有人会嫉妒、中伤你。不管怎样，守住自己的内心，努力向上。

在接下来的文字里，我会从家庭教育、名校良师益友、学习力、自制力、自驱力和批判性思维等几个方面谈谈我的成长经历和思考，希望给大家带来启发。

## 不一样的鸟爸爸鸟妈妈

我出生于一个既普通又特殊的家庭。说普通，是因为见过太多各式各样的家庭情况，我既没有出生在贫困山区，也没有出生在大家

---

⊖ 就像纪录片 *Free Solo*（《徒手攀岩》）中的亚历克斯·霍诺尔德（Alex Honnold）那样，时刻一边思考宏观的向上路线，一边考虑下一个落脚点。

族。说特殊,是因为我觉得我父母的思想比较独特。我们家庭的特殊,绝对在我的成长中对我有重要的影响。我认为,我父母最特殊而可贵的,是他们对家庭教育的看法、态度。总结下来,主要有三个重点:

> **黄博士:** 这三点听起来好像有点"残酷",但这是一颗"苦味维生素",虽然刚尝起来是苦的,但它是帮助孩子提升免疫力的,跟"糖衣炮弹"恰恰相反,刚开始时候的"甜",到最后可能是埋下的炮弹。

一、坑,自己去摔。

二、钱,自己去赚。

三、决定,自己去做。

在讨论这些之前,我想先讲一个我在 2021 年我的创业夏令营项目闭幕式上即兴分享的比喻——家长们和孩子们,都像鸟一样。当小鸟还没长出翅膀,鸟爸爸鸟妈妈自然对孩子百般呵护。当小鸟有了翅膀,有些父母会像老鹰一样把孩子从高空扔下,让他们尝试学习飞行;另外一些父母,则是选择先用言语教授,等待合适时机;还有一些父母,可能到小鸟已经长得很大时,还舍不得放手。

我们家的教育,可能是相对比较偏向老鹰式的,即很早就"放养"。但父母并没有弃我不顾,而是一直在我身后,保证当我遇到问题时能靠向他们坚实的怀抱。同时,他们从我十四五岁开始就让我自己做决定,只提供建议,不帮我选择。鸟儿会自己飞了,选择要飞去哪里,渐渐也成为自己的事。随着我长大,他们慢慢"变异"了,变成了鸟类观察员,在越来越远的地方看着我。

可能有的家长会说,"可是我的孩子好像没有目标感,没有主动性,没有自控力,我怎么能放它自己飞呢?他会'摔死'的!"

而且,鸟儿也会遇到其他的鸟,有些来自陌生而神秘的土地,有些是另外的物种。虽然每只鸟、每个人都不一样,但我相信大部分鸟儿都会找到同行的鸟儿(有些是忘年交或是伯乐,有些是同学,有些可能是创业伙伴等)。可能听起来对家长有些残酷,但我的经历、我周围人的经历都告诉我,大部分孩子随着年龄、阅历的增长,相比于家庭影响,朋友们可能会对孩子更有影响力。这几乎是无可避免的,而且往往发生的比很多家长想得更早。

言归正传,接下来想跟大家分享之前提到的重点:

### 一、坑,自己去摔

很多家庭教育中的矛盾,来自于一个现象——父母常跟孩子说,"这个……是什么样的,如果……就会……所以你要……"或者"不行,我之前……"。就像是在孩子的人生之路上,父母牵着孩子警告说,"前方二百米有个大坑,我当年就在这里狠狠摔过一跤,你记得绕开走。"有些孩子听话绕开了,有些真的会掉进坑里,然后父母往往会跟一句"我早就跟你说了吧"。

这个现象有两个根本性问题:

1. 时代在快速变化,有些坑已经挪了位置,或者消失了,甚至成了超级玛丽里的蘑菇一样的机遇或增益魔法。

我的父母曾经也做过"避坑指导员",但他们现在常劝身边的家长们不要这么做。我的爷爷奶奶那一辈是 30 后,爸爸妈妈是 60 后 70 后。相比他们的父母,他们的青春行走在国家不同的发展阶段,脚下的路、踩过的坑都与他们的父母十分不同。他们的同龄人中,许多也曾听过避坑指南,可是有些踏进了坑,有些发现坑不见了或者成了机会。

举个例子，我父母的成长过程中游戏、互联网是新生事物，我爸还曾经开过网吧。而到我们这一辈，游戏和互联网仿佛无处不在。时代在巨变，2003 年，广受争议的游戏 / 电子竞技成了国家体育总局认证的体育项目。我身边就有打游戏打到世界排名的人，真的可以靠打游戏赚钱。同时，游戏正变得越来越具有成瘾性，也成为同龄人社交中越来越重要的部分（更多关于游戏的想法请期待后续电子游戏的部分）。

2. 自己摔的跤自己记得最牢，自己掉下去的坑，何尝不是一种重要的学习呢？

在我入住大学宿舍的第一个周末，我遇到了假扮中国警察的骗子，被骗了二十几天，差一点就要开始配合骗子骗家里的钱。这件事情我发到朋友圈后，身边朋友、家人都很不解我怎么过了二十几天才反应过来。事后我也觉得自己真的挺傻，并且深刻意识到了街头智慧、法律知识的重要性。但这个故事，这个坑，我认为是重要的一课。2016 年，我建立了自己的小创业项目，也挣了一些小钱。在过去的几年里，我认识了很多企业家、投资人，时常觉得自己仿佛已经成了成熟的成年人。这次事件，无疑如当头棒喝，让我时常反思自己的自负、自傲，并意识到有多少社会阅历还等着我去经历。

我爸是"天网"等法律科普栏目的忠实用户，为此我还曾经不礼貌地问他为什么花这么多时间看电视，明明工作非常多。然而，少了这些"电视休闲"的我，却连国内公安不会以电话形式通知海外涉案人这样的基础知识都全然不知。（这里提一句，我认为纪录片是非常好的学习手段，不仅可以娱乐放松，也有许多有趣的、课本上往往没有的知识可以汲取。）

在我即将被骗子得手时，我违背"林警官"的命令去图书馆查询了什么是取保候审、跨国洗钱套路等。查完，我打电话跟父母说了之前一直保密的这件事。爸爸和我说，他也曾被骗过五千块，吃一堑，长一智。

的确，我摔了一跤，损失了好心情和时间，还差点损失高额财产。但我上了重要的一课，包括但不限于我在心理课学过的登门槛效应（Foot In The Door Effect）的实际运用："林警官"先让我删除了可能触犯保密的 App、退出群聊、每天汇报我的动向，后来差点让我向父母要钱。很显然，我的爸爸曾摔在几乎一样的坑里，虽然他被实际骗了五千块，而这次骗子张口问我要四十万元，如果我没有悬崖勒马，后果十分严重。但即使爸爸知道如何避坑（对天网节目他如数家珍），也没有在我出国前跟我唠叨这些（"唠叨"也许会让我在第一时间识破骗局），更没有在我与他打电话时嘲笑我或指责我。

哪怕我真的被骗了四十万元，自责与压力驱动下一步一步给父母还钱的经历，想必可能比我在学校学到的还更有价值。这句话听起来好像很"败家子"，但我相信如果真的发生了，这段经历也是宝贵的。我敢确定，学校肯定没有这样的课程。

> **黄博士：**"在错误和失败中学习，在跌倒后复原"，这是我们所有人都需要练就的能力。在这个不确定的年代，谁都无法保你一世周全。

> **黄博士：** 在研究很多中外名人的成功故事的时候，我发现一个共同点：就是从小时候起，父母都会让孩子打工赚钱，有的是家境贫寒被迫的，有的是父母刻意培养孩子的财商观念。

## 二、钱，自己去赚

现在很多人谈论智商、情商，但逆商、财商

也十分重要。我的母亲是一位理财师，还曾在我的小学开过财商课程。不难想象，我们家对财富的教育和看法比较透明、开放。我们家从不避讳谈钱、房子、股市、公司等话题，像中行石油宝、3.27 国债事件等这样的大事件也在话题之列。

我记得小学时，班里有同学在讨论相亲与婚房，我听到大家基本上都有房可以继承，回家便问爸妈我们家在继承房产方面是什么打算。没想到爸妈直白地说，家里的房子、股票等都与我和姐姐无关。在十八岁以后，除了学费，我们需要自给自足。我们家的财务是预算制，不是审批制。每月需要多少零花钱自己做好预算，如何使用要自己计划。这个习惯在我后来创业时的成本控制中起到了很大作用。

我曾以为爸妈只是吓唬我们，但从姐姐去美国上大学以后的状况看，他们是认真的。姐姐大学期间就开始打工，生活中也非常节俭，不仅保持收支平衡还有了自己的存款。大学毕业以后，姐姐很快自己找到了全职工作，过着自己想要的生活。这些年她都没有从家里获得帮助，仅仅是和家里分享她的进展。在这样的"家庭政策"鞭策下，我很早就对钱敏感，并一直认为钱是要自己赚的。小时候，做家务赚钱；十四岁以后，通过创业赚钱。

### 三、决定，自己去做

父母对孩子的陪伴、支持固然重要，但给他们机会独立同样必要。小学三四年级时，我开始自己走读上下学，并有了自己的手机。

六七年级时，我和家人共同商量讨论是否走国际教育路线。虽然最后的决定是父母做的，但是我充分参与了讨论，并强烈表达了自己的愿望。

我第一次自己按下决定的按钮,是在八年级毕业的时候决定是否去美国上高中。总体上,妈妈支持我出国,爸爸支持我留在国内,父母都各自向我阐述了他们认知里的利弊。那天晚上,在最后的决定阶段,爸爸妈妈离开了家庭会议的餐桌,让我自己思考。最终,我决定留在国内。

之后,还有申请哪些学校、是否聘请中介、是否补课/补SAT、选择什么专业等决策,都是在父母提建议、我自主做决定的情况下完成的。

每个家庭情况不同,但总体来说,我非常支持尽早鼓励孩子自己做决定,教孩子权衡利弊,放手把决定权留给孩子。

## 交一些不一样的朋友,不被名校绑架

我认为上名校不是成功的必要条件,人生的意义也不能仅用世俗单一的成功标准来衡量。

我在申请耶鲁-新加坡国立大学学院前,去了很多次耶鲁北京中心举办的论坛活动。我听了Shelly Kagan关于"死亡"这个话题的观点,后来也在Coursera㊀上免费上了关于医学研究的耶鲁网课。你不是耶鲁学生,不代表你不可以上耶鲁的课,不代表你不可以从耶鲁的开学演讲中汲取灵感,不代表你不可以打开王芳校务卿的《耶鲁中国缘》

---

㊀ Coursera是大型公开在线课程项目,由美国斯坦福大学两名计算机科学教授创办。旨在同世界顶尖大学合作,在线提供网络公开课程。

> **黄博士**：给不认识的教授发邮件希望建立连接，这一招在博士申请的时候经常用到，叫"套辞"。其实，不需要等到申请博士，人生的任何阶段都可以想办法跟自己想认识的人联系，只要你足够真诚和好奇。你能等到的最坏的结果就是对方"不回复"，而这个结果并没有比写信之前更糟糕，你还是不认识他而已。

> **黄博士**：名校毕业或者学历越高的人越容易形成"路径依赖"，一方面是害怕失去，另一方面选择越来越聚焦，大多数情况下身边的朋友圈可能会越来越单一。所以，跟不同的人交朋友，别太把自己当回事，也许就更能有新的突破。

了解容闳、詹天佑等人的传奇经历。高中时，我在大学官网找到教授的 e-mail 地址，通过发陌生人信件的形式认识了很多世界级的教授（回复我的绝大多数教授从没听过我的高中）。

其实，有一个问题十分值得我们思考：为什么在中国，最耀眼的企业家们大多都不是耶鲁、哈佛等名校的校友？诚然，耶鲁的校友网络非常强大，在海内外都有优秀的校友，如耶鲁北京中心的赞助人张磊先生、沈南鹏先生等，但不论是福布斯还是胡润，中国十大企业家中少有哈佛、耶鲁的毕业生。

一位耶鲁毕业的投资人曾和我说，拿到耶鲁学位以后，你创业成功的概率也许反而下降了，因为有太多可以失去的了，也很可能会掉进理想主义的陷阱、在象牙塔里出不来。Vivo、OPPO、步步高等公司背后的段永平对中国农村市场的理解，有多少名校学生真正拥有，或有兴趣拥有？2021年胡润中国十大企业家第二名的牧原集团创始人秦英林放弃公务员职位和妻子回老家养猪的决策，有多少名校生有勇气复制？

如果你经历过精英教育，你想创立一家汽车公司，你会怎么做？市场调研来确认市场需求？找风投喝咖啡？寄你的商业计划书给投资人？学习伟大汽车企业的历史？你能否像农民出身的企业家李书福一样，说出"汽车有啥了不起，不就是四个轮子、两部沙发加一个铁壳吗",并在度过无数次危机后,做到能收购莲花、入股戴姆勒的规模?

此外,成功的定义,难道只有钱吗?人生的意义,仅在于成功吗?

在一节普林斯顿的免费网课"Effective Altruism"(高效利他主义)中,我被 Peter Singer 教授的这门课程深深震撼了,这是一门改变我人生的课,尽管它只持续了几周。课上教授请到了一位普林斯顿的毕业生,他在华尔街工作,赚很多钱,但是他决定捐出收入的50%。就像安德鲁·卡耐基(Andrew Carnegie)㊀曾说"如果一个人死的时候还有很多钱,他应该为此感到羞愧"。课程学完后,我还给 Singer 教授写了邮件感谢他对我的改变,没想到教授不但很快给我回信,还让我如果到普林斯顿读书的话,联系他。

聊完了这些,我想说说"名校"最有价值的地方,在我看来就是老师和同学。

### 1. 听君一席话,也许真的比死读十年书还有价值

高中时,我有幸参加了唯一对中国高中生开放的去哈佛本科学院进行学期内交换的项目。在哈佛时,一些教授给我留下了深刻的印象。

说说其中一位教"达尔文主义"的教授。上课前,我十分紧

---

㊀ 安德鲁·卡耐基(1835—1919),出生于苏格兰,苏格兰裔美国实业家、慈善家,卡耐基钢铁公司的创始人,被世人誉为"钢铁大王""美国慈善事业之父"。原文是:"The man who dies thus rich dies disgraced."

张,因为早早离开体制的我当时还对生物一窍不通。走进燕京图书馆的大教室,迎接我的却是节奏感极强的摇滚乐——Hotlegs 的 *Neanderthal Man*。等待了一阵子后,教授出现了:满头白发却精神抖擞的 Andrew Berry 教授(他曾与 DNA 模型发现者之一的 James Watson 一起做研究、一起出书)走上了讲台,解释说他选了这首他喜欢的摇滚乐曲,因为我们今天要学习 Neanderthal(尼安德特人)。

课上,Berry 教授上蹦下跳地用肢体语言解释概念,用几个小测验检查大家的注意力与理解。课后,教授回答了我的问题,关心起我在交换项目的感受,并和我边聊边一起走出教室,他还给我留了张字条,写着祝我一切顺利,下次在哈佛再见。这张字条我裱了起来,留在我的桌面上。在我想偷懒时或不够自信时,常常会低头看一眼字条,那一行字好比一剂强心针,让我重新振奋。

我常感受到自己是如此幸运,在过去的几乎每一所学校里,都遇到了不少改变我人生轨迹让我感动的老师。由于篇幅原因,我不能一一表达感谢,但正像我上完"高效利他主义"的课后,对利他主义与我人生的目标有决定性改变所展示的,我认为跟随良师,是一大幸事。

### 2. 你周围的同学,纯粹吗?

同学是名校最吸引我的地方之一。然而,优秀不是单一的标准,更不仅与成绩相关。我更愿意以纯粹、热爱等标准来衡量"优秀"。在高中时期,尤其是高三,有几位朋友对我的影响,甚至超过我一周见一次的父母。就像我前面提到过的，<u>雏鹰长大了，会和别的鸟儿们一起探索，也越来越习惯在遇到问题、寻求建议时先找别的鸟儿。</u>

在我的班上，我左边的朋友去了斯坦福，前面的同学去了康奈尔，再前面的同学去了芝加哥。我们四个是非常好的朋友，有个群聊叫"大学路学习恰饭小分队"（我们经常在学校旁边的大学路一起学习或一起吃饭）。在充满焦虑的申请季，他们是我重要的精神支柱。

我也有朋友是全校知名的"Idol"，每次学校活动表演她都能点燃现场。同样是这个朋友，和我在高中的哲学课上、课后，畅聊后现代主义，一起看康定斯基展，一起从我们觉得无聊的讲座中溜出会场谈天说地。也许藤校没看到她的闪光点，但这不妨碍她向周围的人放出光芒。

除了同校同学，在我可谓是"五彩缤纷"的朋友圈里，很多都是我通过课外活动诸如哈佛峰会（HSYLC）、耶鲁全球青年学者项目（YYGS）、斯坦福夏令营等平台认识的。我认识的同龄人里，有好几个有自己的公司，有些规模大到可以雇司机接送。但这几个人里，截止到我写这篇稿子，没有一个来自美国大学排名前三十，或者英国的名校，也不是每一个都是有背景的富二代。我认为他们是纯粹的，也是优秀的。

有和我一起登台唱 Rap 的朋友，他来自唐山，在网易云音乐上出过自己的歌，也在线下表演过，他现在在加拿大读书。

有在悠悠球全球专业比赛中拿到了亚洲前三的来自美国高中的朋友。

有资深彩虹六号游戏玩家，一个喜欢挑战自己、和我一样走音还喜欢唱歌，最后上了芝加哥大学的朋友。

有在国内某大学实验室搞科研，但也特别喜欢读小说，还是个空手道女选手的朋友。

有钢琴比赛屡获金奖，同时对医学很感兴趣的朋友。

有热爱舞蹈获得国家级金奖，奥赛奖牌拿到手软，同时运营很多项目，还是哈佛峰会全国委员会的区域主席的朋友。

列举这些朋友，我想表达的是人是多元的，纯粹、热爱才是优秀的本质。

我还认识了很多不同国家的朋友。有些朋友告诉我他们的国籍后，我得查一下才知道那个国家在哪里。

我的一个朋友是温哥华人，她十六岁时就作为青年政客登上了当地报纸封面。在某个图书互换活动中，精通法语的她选了她认为翻译得最好的《局外人》译本送给我，这本书也是我了解加缪的入门作品。

有一个好友来自中东四个国家间的争议地区，移居到英国后自学成才，拿到了奖学金在英国顶尖私校学习，成绩单上门门 A+，还精通音乐。

有高二拿到飞行执照的朋友，虽然学习成绩不是最顶尖，但他用飞机帮助救灾运输，多次为国际救灾提供了帮助，是他的小镇上人人称道的小飞行员。

有来自黑山，精通多门语言，走遍欧洲几乎不用翻译的朋友，在被我带入哲学"大坑"的一年后，她拿到了全欧洲哲学论文大赛第四名。

有来自比利时的朋友，他是所在的公立高中的学生会主席，曾给教育部长提建议的他拿到了剑桥大学全奖，后来又拿到了哥伦比亚大学等一些名校的录取通知，最后他选择了宾夕法尼亚大学的沃顿特殊奖学金项目。

在一群这么优秀的朋友中，我有时会有冒充者综合征（Imposter Syndrome）㊀。这是一个非常真实、非常常见、却不太被提及的问题，也是名校很多学生自杀的原因。名校不全都是美好的、冒着粉红泡泡的。

曾经有一张哈佛图书馆凌晨三四点依然灯火通明的照片火遍网络，在录取率不到哈佛一半的耶鲁－新加坡国立大学学院（2024届录取率为2.2%），我经常是在图书馆待到最晚的一个人。在写这行文字的时候，也已经是凌晨03:58分了，我隔壁还有学姐在那里开网络会议。

我也有自己的冒充者效应时刻。我的第一所高中光华浦东（后改为光华剑桥），我考了两次才进，后来在光华跳级才摆脱冒充者的感觉。我的第二所高中WLSA，我也考了两次才进，还降了一级，最终回到和年龄符合的年级。

进入WLSA的第一学期，我的GPA非常差，曾一度想转学。带着这个3.09的GPA（满分4.0），我申请了耶鲁的一个夏校，居然录取了。在夏校，登上演讲台之前，我的衬衫被汗水湿透了，我能感受到

---

㊀ 冒充者综合征，又称为自我能力否定倾向，是一种社会压力症，是保琳（Pauline R. Clance）和苏珊娜（Suzanne A. Imes）在1978年发现并命名的，是指个体按照客观标准评价为已经获得了成功或取得成就，但是其本人却认为这是不可能的，他们没有能力取得成功，感觉是在欺骗他人，并且害怕被他人发现此欺骗行为的一种现象。

自己在抖。飞行员、无人机专利、报纸封面、联合国嘉奖的慈善机构创始人，这些同龄人仿佛和我不在一个世界，我怎么能和他们一起演讲呢？

当来自赞比亚创立了受联合国嘉奖的慈善机构的印度裔朋友，边比大拇指边递给我麦克风的时候，我发现他握过的麦克风是湿的。

后来我才知道，我之前的每一个演讲人都怀揣着大抵相似的想法。我的比利时朋友说，他见过我以后觉得自己不够优秀。我笑着告诉他，他才更优秀。后来，我们才慢慢摆脱了这样无谓的比较。

有一阵子我满脑子都是工作、学习、申请，几乎不留时间给睡觉，也几乎不留时间给朋友。我一个非常优秀的朋友问我，如果你达到了你的最终目标，拥有了你要的所有成功，但你没有一个健康的身体去享受你的成就，或你没有任何朋友一起分享你的喜悦，就算暴富了，一个人在纳斯达克敲钟，一个人在游艇甲板，一个人坐私人飞机，这一切还有意义吗？你能全心全意享受吗？

这是个把我敲醒的当头棒喝，也是朋友的重要性的诠释。<u>当你在走一条有问题的路时，有没有一个人的话你听得进？有没有一个人，不强硬把你拽到另外一条路上，而是问你一个或几个问题（这几个问题却足够让你自己反思、清醒）</u>？决定是我做的，但是这些来自朋友们的问题也至关重要。

在地中海神话中，Midas 国王许愿拥有点石成金的力量，但他得到了这项神力后，他拥抱他的女儿，于是公主变成了黄金，他伤心欲绝。如果全世界都是你的成就、财富，但没有一个朋友和你一起享受，我相信你会和 Midas 国王一样，认为这些东西一文不值。

下面分享几条我的交友方法,供大家参考。

**第一,友谊是两个人的事,但有一个人得迈出第一步。**

友谊是相互理解、互帮互利的。互利不单指学术上、财务上、商务上,更包括比如我和你在一起聊天很开心,互相给对方带去一段愉快的谈话也是互利。如果我长期只从朋友那里获得,却不给予对方或给予太少,那就是占朋友便宜;如果长期我给予很多获得很少,那我更情愿把时间精力花在别的人和事上。诚然,没有任何一段关系是完全平等的,包括哪方在友谊中更主动。我发现,在和我的不少朋友交往中,我其实并没有走出第一步,但成为朋友后我也许是更主动的那一方。<u>两个人之间,总有一个人要第一个开始这段友谊,但开始的被动不代表永远被动,不代表主动的人应该一直推动、维持这段友谊。</u>

**第二,找三观不同的朋友!**

这点我和很多人的观点可能不一样。我敢说我绝大多数朋友和我的三观十分不同,尤其是外国朋友。我也与不少朋友有过非常激烈甚至险些结束友谊的争吵。然而,除非这个三观不同指的是对方认为爱读书的都是蠢人、喜欢哲学的都是疯子之类的,一般来说,我认为三观不同是可以做朋友的。世界观上,我认为没有一个人的世界观是完整的,世界这么大,我有两位朋友从没来过中国,我们因为世界观不同而发生冲突,这种争论反倒让我们眼界更开阔。人生观也五花八门:有人不认为人生需要努力工作;有人比我更工作狂;有人认为人生是享受;有人认为人生是修行;有人认为我们活在模拟器里;有人认为我们拥有永生。这难道有绝对的对错吗?没有的话,有什么可以阻止我们成为朋友呢?

**第三，友谊像铁树，喜欢阳光，不需要浇太多水，但不浇水会死。**

我小时候家里养了两棵大大的铁树。我记得铁树非常喜欢阳光，我认为友谊也如此。维持友谊最重要的就是互相支持。当我跌落在谷底，或是卡在一个牛角尖里出不来，或者心情不好，我经常会找朋友聊天。当朋友遇到类似的情况，我也尽全力保证我能在场给对方支持，哪怕可能需要放下手边的工作。有时，我和朋友会打视频电话互相监督对方，每天在微信上打卡学习新语言，有时我们也会在四五点聊感情上的挫折、生活里的重压与纠结。然而，友谊并不一定需要每天几小时的相处。至少对我来说，大家的时间都很宝贵，基本上也都挺忙的，我要是每天和每个朋友几小时的相处，一天48个小时也不够用。但是随着大家物理意义上的距离、不同学校不同日程不同时区等，和朋友们时常会觉得有些"渐行渐远"的感觉，这时候也许就需要"浇水"，尤其"定时浇水"。我的高中同桌在斯坦福，我在耶鲁-新国大，我们之间有15小时的时差，她是编程大佬，我是几乎全文科的编程小白，我们的课程自然也十分不同。然而，我们约定北京时间每周五晚视频聊天，总能找到不少话题，笑着聊天的时候几乎感觉没有距离。

> **黄博士**：约定时间聊天这个做法真的特别好。对于自己特别重要的朋友，其实有时候需要有仪式或者规则的。比如说观点不一致的时候，约定就事论事，绝不能因为情绪上头进行人身攻击。及时道歉和肯定对方都是维持友谊很重要的要素。

## 学习压力也可以是动力

学习压力是个有意思的东西，它与学习兴趣息息相关。如果你觉得学习是好玩的，那学习的压力便是一种正向压力；虽然有压力但同时也会是动力，而且完成后会有莫大的成就感。

如果您的孩子时间都花在上课和补课上，他就没有时间玩无人机、悠悠球，也没时间创立一个联合国嘉奖的非营利机构、学一门新语言或是结交可能改变一生的朋友。

也许您会说，不不不，我的孩子不是那些孩子，不是那块料。也许您还会拿您孩子的成绩来举例子："这样的成绩，不补课吗？"

首先，您怎么知道您孩子一定不是"那块料"？您说不是，他/她就不是那块料吗？

您认为，齐白石、张大千是值得尊敬的人，对吗？如果您的孩子成为他们那样的人，您会觉得骄傲吗？我相信您会的。但以他们的数学成绩，别说美院硕士，在现在的环境下考上本科都是小概率事件。

> 黄博士：没有人能预示未来。家长眼中"不是那块料"的孩子最怕的也许就是父母的失望。所以与其给孩子"判刑"，不如鼓励他"只要你努力，我相信你会进步的"，然后真的要给予足够的信任和耐心。而这并不代表"不作为"，而是更积极地观察孩子的状态，及时交流、疏导和鼓励，让孩子重新长出坚硬的翅膀。

虽然，我目前认为学习是好玩的，很有信心自己会是一个"活到老学到老"的终身学习者，但是我也并不是从小就觉得学习好玩。那么，这个转变是怎么发生的呢？

**1. 课程多元、作业有趣、多看闲书**

小学时，我幸运地被选入了一个由沈敏校长主持的实验性教学项目。项目中的学生可以每周一个下午不上课，聚在一个教室里，由校长、副校长以及校外请来的老师一起教我们。这个项目里，我们进行了经典的鸡蛋下坠实验（设计保护装置防止鸡蛋破裂）学习牛顿三大定律，设计了自己的钟摆学习胡克定律，去外滩和证券博物馆进行上海金融史探索等等有趣而多元的探索。当课程内容不只是公式、背诵，而是多样化的教学时，学习便不那么无聊，变得有趣了起来。当作业内容不只是抄写、默写、套用模板、计算，而是抒发自己的创意，从实验、探索、搜寻信息中学习时，学习便不那么抽象枯燥。

我不记得小学正常课程里的任何具体题目，但这个项目中的牛顿定理、胡克定律、豫园地砖中蝙蝠图案"五福临门"的含义、京汉铁路的股票，直至今日都深深刻在我的脑海中。

> **黄博士**：基于现实世界的学习会加深孩子的理解和记忆。

### 2. 学习，不只在学校里发生

（1）与有趣、有知识的人交流，是我最常用的学习方式。

我有几个和我一样有些"书呆子"的朋友，我们定下规矩，每次一个人向对方推荐一本书，对方必须也推荐一本书（如果当场想不到，就后续补上）。我看到有趣的论文就分享给朋友，他也会发给我一篇最近对他有启发的论文。

我有两个朋友，是一对双胞胎，她们都是牛津的学生。她们不仅有自己的教育创业项目，还组织了一个读书会，每个月所有成员一起投票选出这周的三本重点书籍，以及若干本推荐书籍。每个人每个月必须读至少一本重点书籍，每个月聚在一起讨论重点书籍（每本书都有领读人）。我推荐了很多朋友一起加入，收获良多。尤其是领读，强迫自己复习读过的内容并想出有趣的问题以供讨论。她们的故事在这本书中也能找到。

（2）我还通过纪录片、书、网课（通常是免费的）、网上的 Research（直译为"搜索"，但我认为有些不准确，Research 更加偏学术性一些）学习。

最近我看的纪录片有:

《造就美国的食物》（好时与 Reese、汉堡王与麦当劳、百事与可口可乐、乐事与 Fritos 等公司的兴衰史与爱恨情仇）；

《铸造美利坚的泰坦》（皮埃尔·杜邦、JP·摩根、亨利与埃塞尔·福特、沃特·克莱斯勒、威廉·波音等巨头的相爱相杀，以及与富兰克林·罗斯福的博弈）；

《舒马赫》（F1 传奇迈克尔·舒马赫的奋斗史与个人传记）；

《真正的太空先锋》（NASA 成立初期的几次任务纪实）；

《恐惧之都：纽约对战黑手党》（黑手党与纽约检察官、调查机构的斗争史）。

另外，我还研究了智利前总统阿连德与智利"911"事件、苏联前领导人勃列日涅夫以及他对车的热爱，不同种类拉丁语在梵蒂冈的运用、罗马尼亚近代史、苏联解体后各加盟国的发展、缅甸民选政府与军政府间的纠葛、007 原型之一的鲁维罗萨的人生经历、盟军"第一间谍"胡安加西亚的传奇故事，等等。

这些都是学校不会教的。

（3）最后才是学校的教学。如果你成绩不好，或者至少有一两

> **黄博士**：申请哥伦比亚大学本科的时候，有个短文书的题目就是让学生分享她们读过的书报杂志、散文故事，看过的电视、电影、纪录片、社交媒体博物馆，听过的音乐、讲座等。答案没有对错，只是名校希望录取的学生是有广阔的知识和兴趣的。

门一直学都学不好，你会觉得学习好玩吗？曾经的我经历这样的状况时，不但不认为学习好玩，还觉得学习如折磨般痛苦。这就是为什么扬长心态十分重要。

高中的每堂哲学课，我都满怀期待与兴奋进入课堂，满心欢喜、意犹未尽地离开。离开高中的时候，我很肯定我将来大概率会选哲学专业。但到了大学，我认真分析我的时间都花在哪里、课内外最感兴趣的都是哪些方面的内容时，我发现了两个严重的"问题"。

第一，我发现自己非常容易受老师的影响。我平常几乎完全不看虚构类作品，但文学课上，教授充满热情、专业、趣味的阐述让我爱上了《奥德赛》《松迪亚塔》等文学作品。在大学的哲学课上，老师们更偏向学术研究，我在课后对哲学的时间投入也减少了一些，历史成为我最投入的领域，我也才发现自己分数最高的其实是历史课。大学一节哲学研讨课后，我曾和教授聊了许久历史，还互相推荐了不少历史书籍。

第二，我发现自己是一个非常在乎成绩的人。一个优异的成绩会给我极大的成就感，这个成就感会和热爱揉成一团。单论热爱，我可能更热爱历史，但大家的历史成绩都不错，我拿满分也没有很特殊的感觉（这句话真是好狂，哈哈哈哈），而我的哲学课成绩是一路上升的，而且最后拿到了很好的成绩，这让我有了极大的成就感。虽然我很喜欢哲学，但身体是诚实的，我的播放列表、书单都出卖了我：相比哲学，我可能还是更喜欢学历史。

虽然我喜欢学习，我也讲求投入产出比。我发现在一些科目上，我的兴趣、天赋等多种因素造成我的成绩并不好。实际上，我直到高三开始之前，数学都经常不及格。可以说，数学、编程、物理是我的短板（糟糕程度由重到轻）。

这时候，我有两个选择——扬长与补短。

在故事进行到这里的时候，我想请您回想一下"坑，自己去摔"。当时我父母根据他们学习的经验（我母亲曾经数学不好，就下狠心恶补，结果有很大提升），建议我补短。

然而，每天复习到四五点，我的数学也就是从 30 分提升到 50 分。高二的一次期末考，我通宵复习，还是没及格。

这时，我是无奈的。我像一只困在井里的小兔子，感觉往上爬是徒劳的，井口的胡萝卜是如此遥远。

我踩了踩脚下的土地，惊喜地发现有一条地道——扬长。地道中每隔一段就有一根胡萝卜，吃完胡萝卜就像玩马里奥按下 B 键还吃了超级蘑菇一样，速度提升、力量增强。

对我来说，胡萝卜代表着阶段性成就，比如成绩提升。一般达到以后，我会给自己物质上的奖励，比如和朋友一起吃顿好的，或者买个购物车里躺了很久的东西之类的。比如写到这里，我感觉一下子写了不少，起身离开图书馆去楼下买瓶饮料奖励自己，然后再回来写。

同样是六七小时的额外时间，花在数学上我可能没有多大提升，但分配到三门优势课程上，每门都能从 B+、A- 变成 A、A+，对最终的总成绩提升更明显，过程更有趣、快乐，也更增加自信。

如果您的孩子成绩极其好，但过得不好，您希望看到那样的结果吗？我相信相比之下，您更希望看到孩子过得好，不论成绩是否好。成绩好和过得好有些关系，但成绩并不是好的生活的必需条件。

教育焦虑成为主流的当下，很多家长十分担心孩子的教育，甚至过于担心孩子的教育。从高中开始，我认为学习、教育、平衡都是孩子自己的事情。家长可以提供观点、建议，但如之前所说，按下那个决定按钮的应该是孩子本人。

## 如何培养自制力（刹车）、自驱力（油门）？

自制力和自驱力是两个看似矛盾的力量，但在我看来是相通的。自驱力来自兴趣和反思，而自制力是在自己的"兴头上"加个刹车装置，关键是有颗不停思考的头脑提醒自己踩刹车。

我其实不是一个完全自律的人，我相信大多数人都不是完全自律的。

我也会花几个小时"不干正事"：我喜欢F1，我喜欢看纪录片，我喜欢看脱口秀。有时，我也会先做我想做的，而不是我该做的。但是在我的经验里，有两点我觉得有借鉴价值。

### 1. 使用日程表，简单而有效

我的日程表几乎永远是排满的，这是我的自制力"秘密"之一。我会设置自动重复让我不用每次设置上课的时间、交通的时间。有新的事情来了，我就马上在日程表上加上。

为了方便，我使用的是苹果自带的数字化的日程表。我会把不同学科、类型的事件块设置成不同颜色。比如，深绿色为与朋友相处的时间，紫色为创业项目的时间，深蓝色为"文学与人文"课程，深红色为"哲学政治思想"课程，深灰色为"比较社会研究"课程，深黄色为"量化思考"课程，浅蓝色为网课，红色的包括校内额外注册的选修课以及其他校内杂项。对我来说这样的设置非常受用。在开始使用之后，我几乎从没错过任何截止日期。

### 2. 用好"他制力"

我如果一个人在房间里，几乎很难长时间地工作或学习。我爸妈开玩笑地说我像兰花一样，非常脆弱，对环境非常敏感。我发现我身边也经常有同学和我相似，我们喜欢在咖啡馆、图书馆之类有工作/学习"气息"的地方学习；有人互相监督，就会更有生产力。

> **黄博士**：更换场景和适当的噪音对提升学习效率是有帮助的，这一点在《纽约时报》顶级科学记者本尼迪克特·凯里的畅销书《如何学习》中有详细的描述。

我和我的"大学路小分队"朋友们经常一起自习，有的时候周一到周四放学以后，我就没有一天是自己学习的（周五回家）。如果我在写论文，对面坐的朋友分心了（比如在看电影）或者我分心了，学习的那一方会向偷懒的那一方投去怀疑的眼神，这眼神还是挺有效的。

如果对方是刚做完一项工作在休息呢？没事，和你的朋友设置一个规则，开始和结束一项工作的时候，用微信向对方发个信息。如果对方在学习，他们不会被信息打扰到。如果对方发现你很长时间都不在学习，他们看着你，你就马上看手机检查是不是有"报备"过，以及哪怕有"报备"，是不是时间太长了。如此，问题迎刃而解。

刚开始这可能有点尴尬，但请相信我，至少在我的经验里，这是十分有效的。

当然,每个人有不同的学习方式。我并不希望每个家长或学生都盲目跟随某个模式。都试试,找到你的模式,也许"时"半功倍。

我的自驱力激发过程,主要来自于"顿悟"(遇到人的顿悟与遇到事的顿悟)。这两者都伴随着不断思考以及随之而来的调试。

如果您或您的孩子和我一样是"顿悟"型选手,那我的建议可能比较有用;如果不是,我恳求您给孩子一些时间自然生长和尝试,也许顿悟会来。

**遇到的人带来的顿悟:**

直到高一开始前,我都非常讨厌哲学,觉得哲学晦涩难懂。我当时一看到哲学论文,脑袋就开始变重,哈欠连天。然而,等高二开学选修课只能挑一个时,我选了哲学。为什么会这样呢?是一本书、一个老师改变了我。

高一寒假,阅读作业是《美丽新世界回顾》(*Brave New World Revisited*)。我对这本半哲学半文学的书十分喜欢,很快就看完了。我去我的一个朋友家玩的时候,和他偶尔聊起了这本书。我的朋友喜欢航空航天工程,擅长 3D 建模,后来和我一起上哲学课的他和我就书中的概念聊了起来。我非常享受这场谈话。

回到学校的第一周,我就去找了我们学校的哲学老师之———教我思辨课的老师,想找他讨论这本书,并告诉他我很喜欢书中的内容以及和朋友的讨论。

老师建议我读柏拉图的《理想国》,但建议我和几个同学一起读,一起讨论。于是，我们致敬《死亡诗社》( *Dead Poets Society* ) 电影，成立了 WLSA 死亡哲学社（WLSA Dead Philosophers Society）。我们每周趁着午休、放学的时间，聚在行政楼的一个闲置房间，讨论《理想国》。后来，WLSA 死亡哲学社的几乎所有成员都成了我哲学课的课友。

**遇到的事带来的顿悟：**

2016 年的暑假，我去了柬埔寨做一个月义工兼翻译，也是在这个暑假，我创立了我的小创业项目。在柬埔寨首都，我们住的酒店和上海的四星级酒店差不多，在首都一个商场的地下停车场里，停满了兰博基尼、法拉利、劳斯莱斯等一众豪车。

短短一两小时车程后，我来到了 Baray 的一个村庄。这里就一条水泥路，剩下的地方都没有路。没有网络。很多人吃不饱饭。很多人没法负担教育。

我从没对阶层、贫富差距的悬殊有如此深刻的体验。

与此同时，和光着脚的当地孩子一起踢球时，我感受到了许久不曾体会过的快乐。他们纯真而炙热的笑容和真诚，也让我感触颇多。我再次想起这点，是在几年之后读到尤瓦尔·赫拉利的《未来简史》时：新加坡的人均 GDP 远远高于很多国家，但抑郁、自杀的常见程度却也远高于很多国家，国民快乐指数更是全球最低之一。经济更好，发展更好，就更快乐吗？很多时候，并不是。

这两段经历让我越来越愿意去尝试自己不曾试过的事情，甚至是自己原来抵触的事情；也越来越愿意找不同的人聊天交朋友，因为不是所有的学习和感悟都是能提前设计好的。往往在<u>不经意间的学习，</u>

> **黄博士：** Eric 提到的这种学习方式有个学术名词叫"偶发性学习"（incidental learning），它的理论依据是约翰·杜威的"在实践中学习"（learning by doing）。学习不一定都是设计好的，在实践中的非正式和偶然学习是创新的来源之一。很多企业也在他们的工作场景中设计了"偶发学习"概念，比如谷歌的工作环境是出了名的有意思，员工可以带着狗上班，公司有按摩室、理发室、心理咨询室、滑梯等不拘一格的设计，就是希望员工跳脱常规的工作场景，增加员工之间的非正式互动。

会带来很多受益终身的感动。所以，请给自己的孩子更多空间和时间去尝试，也许自驱力和自制力都会在这些摸爬滚打中滋生出来。

## 电子游戏是精神鸦片还是益智陪伴？

幼儿园时，我被诊断出先天性远视、弱视，除了配上厚厚的眼镜，医生推荐了三个治疗方式：用电子游戏快速变化的丰富颜色刺激眼部发育、多看绿色植物、玩找不同与用线穿针眼。没记错的话，我和爸爸走出医院，就去了电子市场，父亲给我买了任天堂 NDS——我人生中第一台游戏机。不久之后，我又拿到了 PSP 和 Wii。在接下来的几年里，我又拿到了一台 PSP、一台 PSV、一台 XBOX360、一台 XBOXONE、并在第一时间拿到了一台任天堂 Switch。（有用吗？有。我现在平时已经不戴眼镜了，八百多的度数变成了一两百。）

乍一看，这是让不少同学都羡慕的游戏机数量。然而，从买任天堂 Switch 到现在几年的时间，我一共玩了不到 20 次。

游戏，也是会打腻的。

小学时候，不少朋友最喜欢来我家，因为游戏机很多，游戏畅打。而在他们自己的家里，大部分一台游戏机也没有，或者几乎是完全不让打游戏。他们对游戏比我感兴趣多了。我发现周围的朋友们经常"报复性游戏":家长不让我打,我偏要打。

报复性游戏与青春期的叛逆发生化学反应,造成了很多家长十分头疼的游戏成瘾问题。随着时间流逝,我越发觉得游戏无聊,书有趣多了啊!五彩斑斓的大千世界、可以畅聊谈笑的朋友们,难道不更有趣吗?

也许您会说我家孩子他不会这样想,他觉得游戏更有趣。您给孩子觉得游戏腻了的机会了吗?自己不想打,相比外界原因造成的打不了,能更好地控制游戏时间。

> **黄博士**:在一本由斯坦福商学院任教的尼尔和《福布斯》商业媒体撰稿人瑞安合著的《上瘾》里提到了"上瘾模型"四步骤中的第一步是"触发",就是"吸引注意力"。当一个孩子没有什么兴趣爱好的时候,他的注意力特别容易被游戏的界面和环节设计所吸引,然后被它的奖赏机制一步步套牢。所以,预防一个孩子游戏上瘾的有效方式就是提前让他的世界充满各种有趣的事物,书是一个有效的工具。

朋友,是又一个与游戏相关的关键词。

由于各种原因,游戏已经成为全国各地学生社交生活的重要组成部分。两个陌生的孩子相遇,可能不太聊得开,但一旦聊起游戏,也许饭局前一个小时他们就开始了一段友谊。

我有一个高中哲学课同学,文采十分好,思想也很深邃。他曾发表过一篇关于王者荣耀的文章。作为一个五年的玩家,他感觉对游戏越来越没有热情了,因为在游戏之外他交到了很多朋友。但他认为王者荣耀这样的游戏,并不是精神鸦片,大部分人都不会长期上瘾。另外,他指出对有社交恐惧的孩子来说,王者荣耀更是一种帮助社交的媒介,可以在游戏中建立友谊。

游戏等于成绩差吗?也不尽然。

我同学,全国奥赛获奖者,拿到过清北保送,最后去了康奈尔大学。他考前考后都会玩游戏,有时一玩就好几个小时。他有一款很喜欢的游戏叫钢铁雄心，他为这个游戏开发了一个 MOD，畅想如果德国赢了二战，各国会有怎么样的政策决策等。这个 MOD 后来也是他申请康奈尔大学的一个亮点。设计 MOD 甚至玩这款游戏，都需要很多思考甚至计算。作为 MOD 设计者，他需要根据历史设计特殊不确定性事件的发生概率等。我看他玩的时候，眼花缭乱，感叹自己智商不够。

游戏也要分类型，不该一刀切。

我所有电子设备上现在仅有一款游戏——文明六（又名：席德梅尔的文明六）。这款游戏比较符合我"文科生"的特色，是一款基于历史的游戏。游戏中，你可以在几十个世界各地各个时代的文明中选择一个，在各种各样的地图上发展你的科技、文化，吸引各式伟人等。我可以选择高棉帝国与其领袖阁耶跋摩七世，然后离开历史的条条框框，建个紫禁城，招募艾森豪威尔、孙子或汉尼拔为将军等。

高中学习美国历史时，老师讲到西班牙殖民者入侵特诺奇蒂特兰。我当时一拍脑袋：这不是阿兹特克都城吗？我玩过啊！于是我去了解了很多关于阿兹特克、蒙特祖玛、特诺奇蒂特兰的历史。

我并不认为我们家对游戏的态度对每个家庭都契合，也不主张每个家庭都给孩子买七八台游戏机，但我希望您能考虑对游戏的态度和管理：我周围很多同学的家庭将游戏时间与成绩、努力程度等挂钩，而不是完全禁止，基本上都取得了双赢的局面。

<u>适当游戏益智，过度游戏伤身。</u>这其中的度，需要仔细探索。

## 批判性思维的培养

看任何事情，我都先看反面。然而，事情往往不止两面，很可能还有三面，甚至更多。

关于批判性思维，其实我觉得多看相关的书籍、科普视频、多学习逻辑学就能很快提升。

举个例子，《史记》是一本伟大的作品。在我的大学，全球各地的学生必修课中都包含司马迁的这本著作。然而，《史记》完全可信吗？

《史记·高祖本纪》记载："高祖，沛丰邑中阳里人，姓刘氏，字季。父曰太公，母曰刘媪。其先刘媪尝息大泽之陂，梦与神遇。是时雷电晦冥，太公往视，则见蛟龙于其上。已而有身，遂产高祖。"

您真的相信当时刘邦的母亲与神明相遇，在电闪雷鸣、蛟龙环绕下生下刘邦吗？

哪怕是可信的记载，谁对谁错，也值得讨论。

我想重申我写下的所有东西，都希望您以批判性思维看待。我的"经验""法则"等都来自我的人生经历，某种意义上，与之前提到的"避坑指南"有相似之处，还请您注意。

感谢您看到这里，接下来是总结与书单。总结的是我自己心中的重点，也请您注意。

## 总结

1．"为什么不行"或许比"为什么"更为可贵。

2. 我们都是矛盾集合体，与其刻意磨平棱角、随波逐流，不如做你本来的自己，哪怕那个自己矛盾不断。谁能说自己的格格不入，一定不是卓尔不群呢？

3. 人生是座高山，而且还没被开发成景点，没有一步一步平稳的台阶，每个人都需要徒手向上。

4. 坑，自己去摔。（时代在快速变化，有些坑已经挪了位置，或者消失了，甚至成了超级玛丽里的蘑菇一样的机遇或增益魔法。自己摔的跤自己记得最牢，自己掉下去的坑，何尝不是一种重要的学习呢？）

5. 钱，自己去赚。

6. 决定，自己去做。（鸟儿会自己飞了，选择要飞去哪里，渐渐也成为自己的事。）

7. 我不认为上名校是成功的必要条件，人生也不仅有成功。

8. 名校最吸引我的两点——老师和同学。

9. 骆驼身上每一根稻草都值得考虑，小心冒充者效应。

10. 高中和大学的朋友，很可能是你一生的挚友。

11. 你真的想要点石成金吗？

12. 从高中开始，我认为学习、教育、平衡都是孩子自己的事情，而不是家长的事情。

13. 使用日程表，简单而有效。

14. 不够有自制力没关系，你可以找他制力啊！

15. 每个人有不同的学习方式。找到你的模式，可能不一定事半功倍，但也许"时"半功倍。

16. 如果你觉得学习是好玩的，那学习的压力便是一种正向压力，虽然有压力但同时也会是动力，而且完成后会有莫大的成就感。
17. 怎么样爱上学习？一方面，课程多元、作业有趣、多看闲书；另一方面，注意学习不只在学校里发生。
18. 虽然我喜欢学习，我也讲求投入产出比。扬长，几乎不补短。
19. 别急，不要太快下定论认为孩子没有内驱力。
20. 游戏，也是会打腻的。
21. 报复性游戏与青春期的叛逆发生化学反应，造成很多家长十分头疼的游戏成瘾问题。
22. 由于各种原因，游戏已经成为全国各地学生社交生活的重要组成部分。
23. 游戏也要分类型，不该一刀切。
24. 事情，往往不止两面，很可能还有三面，甚至更多。
25. 我写下的所有东西，都希望您以批判性思维看待。

## 推荐书单

1. 《美丽新世界》与《美丽新世界回顾》(奥尔德斯·赫胥黎)
   推荐理由：这本书改变了我对哲学的看法。
2. 《理想国》(柏拉图)
   推荐理由：这是我真正的哲学启蒙书。读这本书，我第一次知道原来哲学书也会看着笑出声。

3. 《局外人》（阿尔贝·加缪）

   推荐理由：这本书让我对社会、制度有了很多新的思考。

4. 《苏世民：我的经验与教训》（苏世民）

   推荐理由：这本书让我对创业有了新的理解（看完第一章，就让我的创业项目迎来了翻天覆地的变化）。

5. 《在火星上退休》（亚当·杰佛逊）

   推荐理由：这本书让我对梦想、阅读、执行力的重要性有了新的理解。

6. 《鞋狗》（菲尔·奈特）

   推荐理由：这本书让我对应变能力的重要性有了深刻认知。

7. 《未来简史》（尤瓦尔·赫拉利）

   推荐理由：这本书让我对过去、当下、未来有了新思考。

8. 《显微镜下的大明》（马伯庸）

   推荐理由：这本书让我对历史中的批判性思维有了实践。

9. 《善恶的彼岸》（尼采）

   推荐理由：这本书让我对道德、知识有了新的思考与认知。

10. 《遥远的救世主》（豆豆）

    推荐理由：这本书让我对社会、人性有了新的思考与认知。

---

**妈妈视角**　　**Eric 成长背后的故事**

说实话，看完 Eric 写的成长故事，我都看入迷了。已经很久没有阅读他写的中文作文了，没想到他写得很有意思，也非常认真。我也透过他的文章了解了他最新看的书，他最近的思想变化以及在新加坡遭遇电信诈骗后的反思，我深深地为他骄傲。我们中国父母一向都对自己和孩子比较谦虚，很少会表达为孩子感到骄傲这样的语言。但我觉得<u>来自父母的认可和欣赏是一个人底层自信的非常重要的基石</u>。

回顾 Eric 在中国曲折的求学之路，中学阶段读了四所不同类型的学校，为此我们也"孟母三迁"，如今回首，还是觉得一切都是值得的。作为家长，我想和大家分享几点。

> **黄博士**：孩子的成长除了生理心智的成熟，也是一个社会化的过程。他们在脱离母体和家庭后，要学会如何融入一个不一样的江湖，开始同龄人为主的集体生活。在这个社会化的过程中，孩子需要一个友好的、积极向上的、让他感受良好的环境，而不是一个单纯的名校。

### 1. 欣赏我们的孩子

作为中国家长，我们太容易聚焦在自己孩子身上的缺点，从而忽略了孩子身上的优点。而欣赏家人、欣赏孩子，也是一种需要学习的领导力。这是一个"扬长"而非"补短"的时代，极客精神被更多认可的时代，所以家庭教育里如何发现孩子的闪光点，如何欣赏孩子，是需要家长转变传统观念的。

### 2. 做个有求必应的支持型家长，以孩子为中心，自下而上地支持其成长

我们家 Eric 爸爸一直有个信念，他深信孩子一定会青出于蓝而胜于蓝。在他这个信念基础上，我们不认为自己有能力做自上而下的教育规划，所以我们家是自下而上，以孩子为中心，观察他，响应他的需求，做一个有求必应的支持型家长。平时绝不盯着孩子，但孩子一旦有需要，我们立刻放下一切去支持他。比如为孩子上学换房子，哪

怕他还没考上，我们已经破釜沉舟先买好房子换过去；比如孩子高中最后两年，天天早出晚归地接送他走读；比如他创业做英文夏令营，我们刷爆朋友圈，用人品背书帮他招生、全程休年假帮他现场做运营辅助工作；比如他申请季藤校开榜日心情不好，我们立马放下工作奔过去陪他吃饭聊天；比如现在，任何时候他想和我们谈谈心聊聊天，我们都会立刻响应他。也因此在他成长的过程中直到现在，他都是和我们无话不谈的朋友关系，知道父母不会否定他干涉他控制他，只会尽我们所能去支持他。

我们家过去四年开过无数次家庭会议，Eric每一次的择校以及各种选择，都是在家庭会议上大家各自陈述观点和利弊分析，最终由他自己做决定的。其中第一个大决定就是八年级毕业时，他爸爸放手让他决定去不去读美国高中，这是他人生中第一次为自己做的大决定。他爸爸为他这个决定感到非常骄傲，我们也从中看到他的善良和担当，因为说实话，我们那时候几乎负担不起美国高中的费用，而他本意是非常想直接去美国高中的。人生总要学会自己做选择，只有自己选择前审慎思考，选择后勇于担当，不后悔不恐惧，才能在一个个选择中积累起属于自己的人生智慧。如今，我们的家庭会议变成了视频电话，更多的是彼此的交流和亲情的牵挂。

### 3. 关注社交、思想和心情变化，胜过学习成绩

说起来我几乎从来不关心孩子的成绩，我最关注的就是孩子的社交，现在和谁是好朋友，朋友之间互动得怎样，最近在看什么书或纪录片，有什么新的认知和思想，最近心情怎样，怎么调节自己的心

情，有没有好好吃饭好好睡觉。我这个妈妈，大概是比较另类的中国妈妈，从小到大都不怎么关心学习成绩，觉得这是他自己的事情。我一直和他说，读书和工作是两个不同的游戏，前者有的人擅长学习和考试，后者有的人擅长解决问题。读书你尽力就好，这个游戏对大多数人来说，只是人生一个阶段的游戏。人生总体最优就好，不必步步最优。最让我开心的就是 Eric 一直保持着对学习的热爱，每一天都是凭着热爱而过，所以他的故事里说自己非常享受学习，会成为终身学习者，我真的为此特别欣喜。

说到朋友，我特别开心他能交到很多良师益友，也得到了贵人相助，我觉得人生的很多重大决定，从十八岁以后越来越多受朋友影响而非父母影响。在交朋友这件事上，我特别为他骄傲，他每个阶段的朋友并不多，但交情很深，也有很多忘年交。这大概是十八岁以后，他出国上大学我可以安心的原因，因为我知道他在哪里都会交到良师益友。

说到很多家长关注的沉迷游戏的问题，Eric 从小就有很多游戏机，但我们对他的观察是他几乎不沉迷任何游戏，喜欢的游戏都是策略型游戏。游戏是年轻人的社交，就像中年人聊一聊刷的剧一样。他一直有比游戏更让他沉迷的东西，比如他阶段性沉迷于看美剧、纪录片、美国脱口秀，还有阶段性沉迷于手机社交，导致晚睡。我们为此也和他设立规则，比如睡前必须交手机，以确保睡眠时间。后来十七岁时他抗议后，我们把手机还给他，只能为他祷告。他的叛逆期并不强烈，他说因为我们没有特别强地控制他，所以他也没必要叛逆。Eric 爸爸说，我们的原则是关系比问题重要，每个孩子在成长阶段都有不同的问题,我们看重亲子关系,胜过纠正孩子的问题。关系良好,问题就不是问题了。

　　以上就是我的一点分享,希望对您有启发。每个孩子就像花园里独特的植物,我们需要自己琢磨到底要浇多少水,需要用心摸索。愿我们都享受和孩子相处的短暂而美好的时光。